プリント形式のリアル過去問で本番の臨場感！

山口県 公立高等学校

2025年春 受験用　解答集

本書は，実物をなるべくそのままに，プリント形式で年度ごとに収録しています。
問題用紙を教科別に分けて使うことができるので，本番さながらの演習ができます。

■　収録内容

・解答集（この冊子です）

書籍ＩＤ番号，この問題集の使い方，最新年度実物データ，教科別入試データ解析，
解答例と解説，ご使用にあたってのお願い・ご注意，お問い合わせ

・2024（令和６）年度 ～ 2022（令和４）年度　学力検査問題

・リスニング問題音声《オンラインで聴く》　詳しくは次のページをご覧ください。

○は収録あり	年度	'24	'23	'22		
■ 問題収録		○	○	○		
■ 解答用紙		○	○	○		
■ 配点		○	○	○		
■ 英語リスニング音声・原稿		○	○	○		

全教科に解説
があります

JN132304

☆問題文等の非掲載はありません

教英出版

■ 書籍ＩＤ番号

リスニング問題の音声は，教英出版ウェブサイトの「ご購入者様のページ」画面で，書籍ＩＤ番号を入力してご利用ください。

入試に役立つダウンロード付録や学校情報なども随時更新して掲載しています。

書籍ＩＤ番号　**162335**

（有効期限：2025年9月30日まで）

【入試に役立つダウンロード付録】

「ラストチェックテスト（標準／ハイレベル）」

「高校合格への道」

【リスニング問題音声】

オンラインで問題の音声を聴くことができます。

有効期限までは無料で何度でも聴くことができます。

■ この問題集の使い方

年度ごとにプリント形式で収録しています。針を外して教科ごとに分けて使用します。①片側，②中央のどちらかでとじてありますので，下図を参考に，問題用紙と解答用紙に分けて準備をしましょう（解答用紙がない場合もあります）。

針を外すときは，けがをしないように十分注意してください。また，針を外すと紛失しやすくなりますので気をつけましょう。

① 片側でとじてあるもの

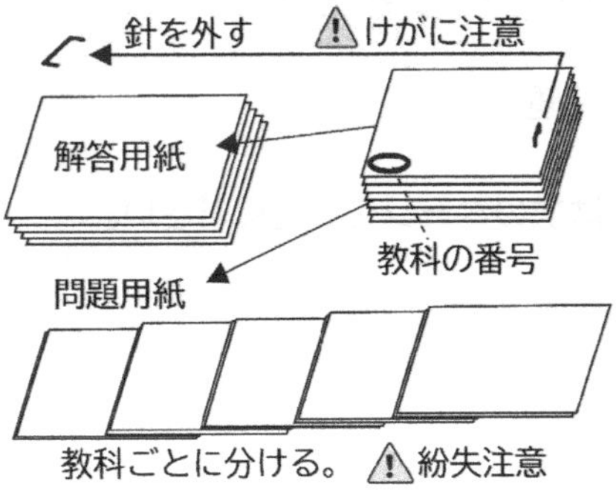

② 中央でとじてあるもの

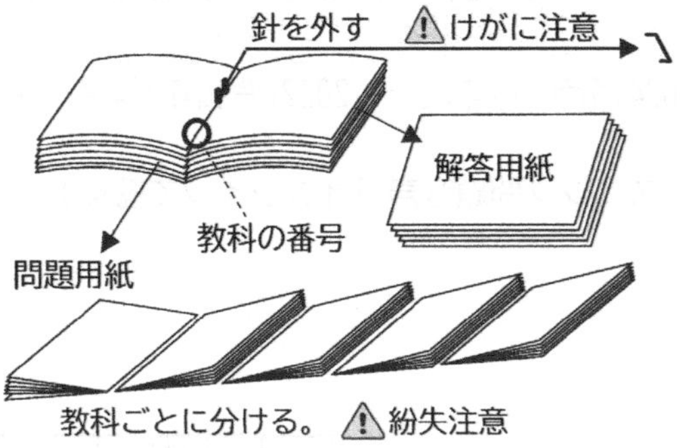

※教科数が上図と異なる場合があります。
　解答用紙がない場合や，問題と一体になっている場合があります。
　教科の番号は，教科ごとに分けるときの参考にしてください。

■ 最新年度 実物データ

実物をなるべくそのままに編集していますが，収録の都合上，実際の試験問題とは異なる場合があります。実物のサイズ，様式は右表で確認してください。

問題用紙	Ａ４冊子（二つ折り）
解答用紙	Ａ３片面プリント

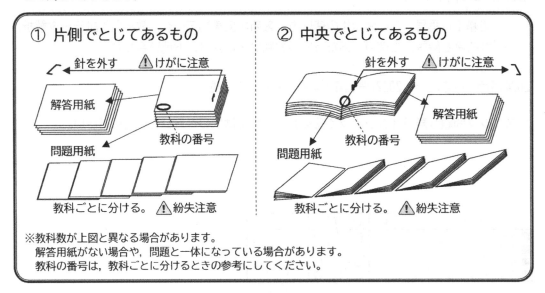

山口県 公立高校入試データ解析 国語

分野別データ			2024	2023	2022
大問の種類	長文	論説文・説明文・評論	○	○	○
		小説・物語	○	○	○
		随筆・紀行文			
	古文・漢文		○	○	○
	詩・短歌・俳句				
	その他の文章		○	○	○
	条件・課題作文		○	○	○
	聞き取り				
漢字・語句	漢字の読み書き		○	○	○
	熟語・熟語の構成			○	○
	部首・筆順・画数・書体		○	○	○
	四字熟語・慣用句・ことわざ		○	○	○
	類義語・対義語				○
文法	品詞・用法・活用		○	○	○
	文節相互の関係・文の組み立て			○	○
	敬語・言葉づかい				○
文章の読解	長文	語句の意味・補充	○	○	○
		接続語の用法・補充			
		表現技法・表現の特徴	○	○	○
		段落・文の相互関係	○		○
		文章内容の理解	○	○	○
		人物の心情の理解	○	○	○
	古文・漢文	歴史的仮名遣い	○	○	○
		文法・語句の意味・知識	○	○	○
		動作主			
		文章内容の理解	○	○	○
	詩・短歌・俳句				
	その他の文章		○	○	○

形式データ	2024	2023	2022
漢字の読み書き	5	5	7
記号選択	13	11	13
抜き出し	2	2	2
記述	6	9	6
作文・短文	1	1	1
その他	1	1	1

2025年度入試に向けて

漢字や語句に関する問題，文法に関する問題などが幅広く含まれるので，基礎知識をしっかり復習し，得点源にしよう。文学的な文章は，場面の展開に応じて，登場人物の心情をていねいに読み取ろう。説明的な文章は，段落ごとの内容をとらえ，そのつながりを理解しよう。そのうえで，本文全体で筆者が何を言いたいのかをつかもう。古文と漢文は，歴史的仮名遣いや返り点のきまりをしっかり身につけておこう。資料や話し合いを踏まえて書く作文も出題されている。条件にしたがって言いたいことを端的に表現できるように，過去問で練習しておこう。

山口県 公立高校入試データ解析 数学

分類		2024	2023	2022	問題構成	2024	2023	2022
式と計算	数と計算	○	○	○	小問	[2] (3)2次方程式	[2] (1)2次方程式 [9] (1)道のり・速さ・時間	[2] (3)平方根
	文字式	○	○	○				
	平方根	○	○	○				
	因数分解				大問	[1] 計算問題 [6] 文字式，連立方程式の文章問題	[1] 計算問題 [3] 不等式，連立方程式の文章問題 [6] 文字式	[1] 計算問題 [3] 不等式，連立方程式の文章問題 [5] 文字式
	1次方程式							
	連立方程式	○	○	○				
	2次方程式	○	○					
統計	データの活用	○	○	○	小問	[2] (4) [8] (1)標本調査等	[2] (4)，[5] (1)	[2] (2)，[6] (1)，[9] (1)
					大問			
	確率	○	○	○	小問			
					大問	[5] 2個のさいころ	[5] (2)5本のくじ	[6] (2)2個のさいころ
関数	比例・反比例	○			小問	[2] (1)反比例 [8] (2)山の標高と気温	[2] (3)変域	[2] (1)1次関数
	1次関数	○	○	○				
	2乗に比例する関数	○	○	○				
	いろいろな関数				大問	[4] 放物線の形，平均の速さ	[8] 放物線，直線，長方形	[7] 変化の割合 座標平面上の放物線，三角形
	グラフの作成							
	座標平面上の図形		○	○				
	動点，重なる図形							
図形	平面図形の性質	○	○	○	小問	[2] (2)平行線と角度 [8] (3)正八角形の対角線の長さ	[2] (2)円と角度 [9] (2)街灯が照らす円の半径と街灯の高さ	[2] (4)三角形，等積変形 [9] (2)三平方の定理 (3)トラックのスタート位置
	空間図形の性質		○	○				
	回転体			○				
	立体の切断			○				
	円周角	○	○		大問	[3] (1)回転移動 (2)作図 [7] 平面図形 三角形，証明	[4] (1)おうぎ形と正三角形の面積 (2)相似な直方体 [7] 作図，証明	[4] 回転体，投影図 立体の切断 [8] 作図，証明
	相似と比	○	○	○				
	三平方の定理	○	○	○				
	作図	○	○	○				
	証明	○	○	○				

2025年度入試に向けて

全体的に難易度は高くないが，一見しただけでは，どの分野の問題かわからない問題が多いのが特徴である。問題文をよく読んで，求められている解き方を素早く判断していかなければならない。分野別の問題集ではなく，テスト形式の総合問題をたくさんこなして，対応力をあげておこう。

山口県　公立高校入試データ解析　英語

分野別データ		2024	2023	2022
音声	発音・読み方			
	リスニング	○	○	○
文法	適語補充・選択	○	○	○
	語形変化	○	○	○
	その他			
英作文	語句の並べかえ			
	補充作文	○	○	○
	自由作文	○	○	○
	条件作文			
読解	語句や文の補充	○	○	○
	代名詞などの指示内容			
	英文の並べかえ			
	日本語での記述			
	英問英答	○	○	○
	絵・表・図を選択			
	内容真偽	○	○	○
	内容の要約	○	○	○
	その他			

形式データ			2024	2023	2022
リスニング	記号選択		8	8	8
	英語記述		4	4	4
	日本語記述				
文法・英作文・読解	読解	会話文	1	1	1
		長文	2	2	2
		絵・図・表	2	2	2
	記号選択		12	13	14
	語句記述		5	4	3
	日本語記述				
	英文記述		1	1	1

2025年度入試に向けて

基礎的な文法問題が出題されるので，英語が苦手であれば，必ずここで得点したい。読解問題では，長文を読みながら問題で問われている箇所を見つけ，正しい答えをすばやく出す練習をしよう。リスニング問題や読解問題で，「図や表と英語の両方」を理解しないと答えが出せない問題が出題される。過去問を使って慣れておきたい。

山口県　公立高校入試データ解析　社会

	分野別データ	2024	2023	2022	形式データ	2024	2023	2022
地理	世界のすがた	○	○	○	記号選択	7	6	7
	世界の諸地域（アジア・ヨーロッパ・アフリカ）	○	○	○	語句記述	3	4	5
	世界の諸地域（南北アメリカ・オセアニア）	○	○	○	文章記述	3	2	2
	日本のすがた	○	○	○	作図	1	1	1
	日本の諸地域（九州・中国・四国・近畿）	○			計算	1	1	
	日本の諸地域（中部・関東・東北・北海道）	○	○	○				
	身近な地域の調査	○	○	○				
歴史	原始・古代の日本	○	○	○	記号選択	8	5	7
	中世の日本	○	○	○	語句記述	2	7	5
	近世の日本	○	○	○	文章記述	3	4	3
	近代の日本	○	○	○	並べ替え	1	1	3
	現代の日本		○	○				
	世界史	○	○	○				
公民	わたしたちと現代社会	○	○	○	記号選択	5	5	5
	基本的人権	○	○		語句記述	2	5	3
	日本国憲法			○	文章記述	4	5	4
	民主政治	○	○	○				
	経済	○	○	○				
	国際社会・国際問題	○	○	○				

2025 年度入試に向けて

2022 年度以降，地理・歴史・公民・融合問題の構成となっている。記号選択と記述の割合に，ほぼ変化はない。資料を扱った記述問題は，基本的な内容を問う問題が多いだけに，重要事項について記述練習を何度もしておきたい。社会科全体からバランスよく出題されるので，苦手分野を作らず，重要事項とその関連項目を理解する学習が必要である。

山口県 公立高校入試データ解析 理科

分野別データ		2024	2023	2022
物理	光・音・力による現象	○		○
	電流の性質とその利用	○	○	
	運動とエネルギー		○	○
化学	物質のすがた	○	○	
	化学変化と原子・分子	○		○
	化学変化とイオン	○	○	○
生物	植物の生活と種類	○	○	○
	動物の生活と種類		○	○
	生命の連続性と食物連鎖	○	○	
地学	大地の変化	○		○
	気象のしくみとその変化		○	○
	地球と宇宙	○	○	

形式データ	2024	2023	2022
記号選択	19	18	18
語句記述	7	10	10
文章記述	5	5	5
作図	0	0	1
数値	3	1	1
化学式・化学反応式	1	2	1

2025年度入試に向けて

例年大問が9まであり，問題数はそれほど多くはなく，基本的な内容を理解していれば正解できるものが多い。ただし，物理，化学，生物，地学全ての分野からまんべんなく出題されるので，知識の偏りがあると点数が安定しないだろう。苦手な分野がある場合は，教科書に載っている重要語句やその周辺の内容を確実に覚え，語句を暗記することはもちろん，その語句の説明までできるようにしておけば，十分に対応できる。また，教科書の練習問題などを繰り返し解いて，本番でミスが出ないように準備をしておくことも重要である。

山口県公立高等学校

《2024　国語　解答例》

一　㈠6　㈡4　㈢3　㈣あきらめずに工夫しながら、互いに伝えたいメッセージを伝え合うことができ、うれしく思う　㈤ころころ転～わっていく　㈥1　㈦2

二　㈠c　㈡3　㈢1　㈣対象によって満足感や感動を与えられている自分の状態を楽しむことはできる　㈤4　㈥2

三　㈠おおせ　㈡3　㈢Ⅰ．多く仮名をもつてこれを書く　Ⅱ．草花の名前を漢字で書くと、人々が読めないだろうと予想していた

四　㈠幼稚園の先生の意見を反映させる　㈡他のクラスが行っていない創作活動であるうえに、交流活動の記念になるものを残せる　㈢4

五　㈠1．おごそ　2．かんきゅう　3．陽光　4．愛護　5．承　㈡ア．1　イ．右漢文　ウ．4

相送臨㆓高台㆒

六　(1字あける)私は、冒険という言葉がふさわしいと考えます。冒険には、未知の世界に飛びこみ、新たなものにふれる楽しさがあります。それと学ぶことの、新たな知識や考え方に出会う楽しさが似ていると思ったからです。(改行)例えば、国語であれば、新しい言葉に出会うことによって、世界が広がります。また、その言葉に関連する疑問が新たにわいてきて、それを知るためにまた学びたくなります。(改行)このように、私は、学ぶことは新たなものと出会い、わくわくする冒険のようだと思ったので、この言葉を入れました。

《2024　数学　解答例》

1　(1)－8　(2)17　(3)$x+1$　(4)$\frac{6}{5}ab$　(5)$-\sqrt{3}$

2　(1)3　(2)46　(3)$\frac{-3\pm\sqrt{17}}{4}$　(4)180

3　(1)オ　(2)右図

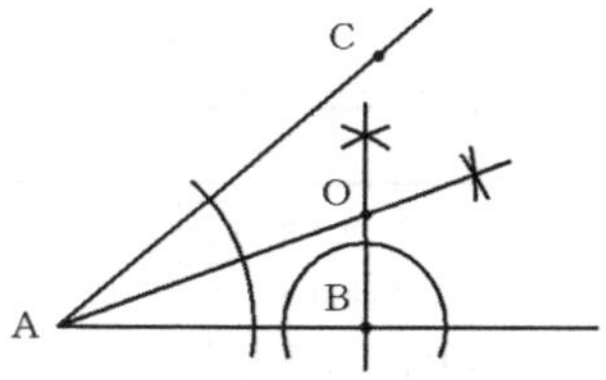

4　(1)ア　(2)ア18　イ6

5　(1)$\frac{1}{2}$　(2)さいころの1の目を，[1]，①，⚠(1)，さいころの2の目を，[2]，②と表すとき，2つのさいころの目の出方は全部で36通りあり，出る目の数の和は右の表のようになる。このうち，出る目の数の和が2になる場合は9通りあり，その確率は$\frac{9}{36}=\frac{1}{4}$である。また，出る目の数の和が3になる場合は12通りあり，その確率は$\frac{12}{36}=\frac{1}{3}$である。よって，2つの確率を比べると，$\frac{1}{4}<\frac{1}{3}$だから，出る目の数の和が3になる確率の方が高い。したがって，Rさんの予想は正しくない。

A＼B	[1]	①	△1	[2]	②	3
[1]	2	2	2	3	3	4
①	2	2	2	3	3	4
△1	2	2	2	3	3	4
[2]	3	3	3	4	4	5
②	3	3	3	4	4	5
3	4	4	4	5	5	6

6　(1)$\frac{1}{4}a$　(2)式…$\begin{cases}70x+40y=19000\\ \frac{x}{3}+\frac{y}{4}=100\end{cases}$　ドリップバッグ…180　ティーバッグ…160

7　(1)△ADFと△CEFで，
対頂角は等しいので，∠AFD＝∠CFE…①
△ABCは二等辺三角形だから，∠ABD＝∠ACD…②　仮定から，∠ABD＝∠AED…③

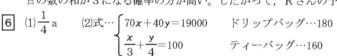

②，③から，∠ＡＣＤ＝∠ＡＥＤ…④

２点Ｃ，Ｅが直線ＡＤについて同じ側にあり，④だから，円周角の定理の逆より，４点Ａ，Ｃ，Ｄ，Ｅは同じ円周上にある。よって，弧ＡＣに対する円周角は等しいから，∠ＡＤＦ＝∠ＣＥＦ…⑤

①，⑤より，２組の角がそれぞれ等しいので，△ＡＤＦ∽△ＣＥＦ

⑵ $\frac{21}{2}$

8 ⑴評価が３以上の相対度数は，テントＡが 0.71，テントＢが 0.65 だから，テントＡの方が大きい。

⑵18．1　⑶ $(1+\sqrt{2})a$

《2024 英語 解答例》

1 テスト１．No.１…３　No.２…４　No.３…１　No.４…２

テスト２．No.１…１　No.２…４　No.３…１　No.４…３

テスト３．⑴（Ａ）group　（Ｂ）open　（Ｃ）until　⑵Why don’t we go on Friday

2 ⑴makes　⑵（Ｂ）２　（Ｃ）３　（Ｄ）１

3 ⑴often　⑵３　⑶１，４

4 ⑴black and red　⑵２　⑶３

5 ⑴ア　⑵⒜３　⒝１　⒞４　⑶①experience　②given

6 I like to play the guitar. I have been practicing it since my mother taught me how to play three years ago. I enjoy playing it before dinner every day.

《2024 社会 解答例》

1 ⑴１　⑵Ｈ　⑶い　⑷暖流の北大西洋海流と，その上空を吹く偏西風の影響を受けるため。

⑸ア．サンベルト　イ．賃金が安いため。　ウ．２

2 ⑴千葉県…３　鹿児島県…２　⑵産業の空洞化　⑶４

⑷ア．２　イ．右図　⑸領海の外側で，海岸線から 200 海里以内の範囲。

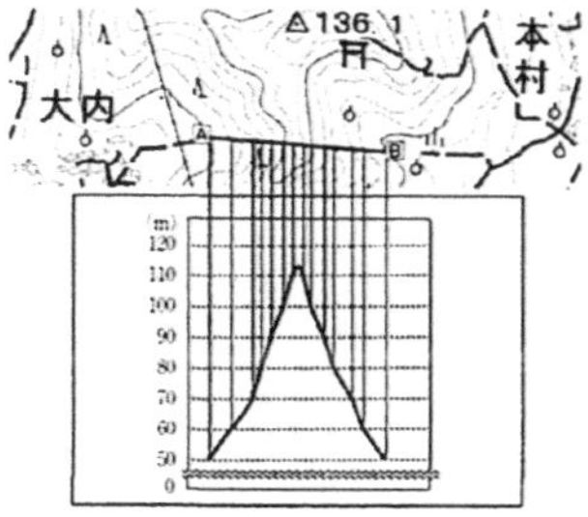

3 ⑴４　⑵１　⑶税の負担から逃れるために，戸籍がいつわられるようになったから。　⑷１　⑸３　⑹ア．ａ　イ．西廻り航路の寄港地となった

4 ⑴１　⑵学制　⑶３　⑷２　⑸世界恐慌が起きたため，日本の生糸輸出総額が大幅に減少した。　⑹ア．２→３→１　イ．川端康成

5 ⑴ア．世界人権宣言　イ．１　⑵Ｃ→Ｂ→Ａ　⑶ア．３　イ．内閣総理大臣は，有権者が選んだ国会議員からなる国会の議決によって指名される。　⑷すべてのクラスが，体育館と音楽室を１回ずつ利用することができる。

⑸ア．４　イ．２

6 ⑴４　⑵訪日外国人が急増したことから，言語の違いに関わらず，誰もが案内用図記号を理解できるようにすること。　⑶ア．ルソー　イ．国際分業　ウ．原油価格の上昇により，先進国の経済成長率が低下したこと。

《2024　理科　解答例》

1　(1)黒点　(2)2，3

2　(1)3　(2)調べようとすることがら以外の条件を同じにして行う実験。

3　(1)屈折　(2)1

4　(1)4　(2)6

5　(1)オームの法則　(2)ア．4　イ．48000　ウ．1　(3)ア．交流　イ．2

6　(1)質量保存の法則　(2)$NaCl+CO_2+H_2O$　(3)3　(4)2

7　(1)形やはたらきが同じ細胞が集まったもの。　(2)5　(3)3　(4)ア．顕性形質　イ．2

8　(1)1，4，5　(2)地下深くでゆっくり冷えてできた。　(3)4　(4)あ．2　い．3

9　(1)地質年代　(2)変形した物体が，もとに戻ろうとして生じる力　(3)4　(4)あ．4　い．1004
(5)ア．1　イ．pHの大きなアルカリ性の液ほどマーカーの色を消すことができる

《2024 国語 解説》

一 (二) 「ほとんど」は自立語で活用がなく、主に用言を修飾する副詞。下に打ち消しの表現を要求する陳述(叙述・呼応)の副詞で、「聞き取れなくて」を修飾している。4の「ゆっくり」も副詞で、「歩く」を修飾している。

1.「きれいな」は、物事の性質や状態を表す形容動詞。終止形は「～だ」となる。「花を」を修飾している。

2.「おもしろい」は、物事の性質や状態を表し、終止形が「～い」となる形容詞。「話を」を修飾している。

3.「この」は、体言(名詞)の文節を修飾する働きをし、単独で連体修飾語になる連体詞。

(三) 「不意を突く」は、相手が予期していないときに事をしかけるという意味。　1.「泣き(っ)面《つら》に蜂」は、不運や不幸が重なることのたとえ。　2.「猫に小判」は、貴重なものを与えても、本人にはその価値がわからないことのたとえ。　3.「寝耳に水」は、不意の出来事やしらせに驚くことのたとえ。　4.「渡りに船」は、必要なものがそろったり、望ましい状態になったりして好都合なこと。

(四) 奈鶴《なつる》の「結局こっちもジェスチャーと、日本語で乗り切った、のかな？～伝わってはいたと思います。笑ってくれたし、最後に手を振ってくれて、わたしも振り返しました」、奏《かな》先生の「でも、お互いに伝えたいメッセージがあって、それを伝え合ったわけでしょう～奈鶴ちゃんも相手のひともあきらめなかった。偶然同じバスに乗り合わせて～手を振り合って別れたんだよ」という言葉と、それに対して奈鶴が感じた、「うれしかった～バスの中で伝えたいことが伝わったとき、わたしの胸に広がった気持ちを奏先生が想像して、一緒に感じてくれたのがわかったから」という思いなどに着目しよう。

(五) 奈鶴は「学校帰りにバスに乗ってたら、知らないひとから英語で話しかけられた」という体験をした。そして戸惑いながらも、「伝えたいメッセージを伝え合う」という最も大切な部分で成功し、(四)のような気持ちになれた。傍線部の前の段落は、その時のことを振り返っているが、この時の具体的な体験から、普遍的で、抽象的なことを考えている。この中から「ことば」という「生きている」ものについて述べている部分を抜き出す。

(六) 奈鶴は、自分がバスの中で知らない人から英語で話しかけられた体験から留学後の奏先生の生活を想像し、「奏先生はドイツで、あんなふうにどきどきする瞬間を数えきれないほど体験するのかもしれない。毎日新しいことばに出会って、そのたびに～あらゆる感情に振り回されるのかもしれない」と述べている。また、会話の後半で二人の心理的距離はますます近寄り、傍線部の直前でも、「わたしの代わりに答えた奏先生は、あはは、と声を出して笑った～まるで友だち同士みたいな笑い方だった」と述べている。よって、1が適する。

(七) 視点は奈鶴で一貫している。したがって、2～5行目からわかるように、奈鶴の内面は直接描かれ、奏先生の内面は奈鶴の推測で描かれている。また、会話文は「すごくないです。奏先生や学校の先生に、ごめんなさいって気持ちになりました」までは敬体(＝「です」「ます」)で、「いっぱい英語教わってるはずなのに、頭からぜんぶ飛んじゃった」から常体(＝「だ」「である」)になり、「ことばって、なんか、おもしろいかも」「答え、……あ、大きな問い？　『どうして英語を勉強するのか』」と常体が続き、お祝いの言葉「大学院合格おめでとうございます、奏先生」で敬体にもどった。

二 (一) 打ち消しの助動詞「ない」をつけて未然形に活用させた時に、a「応じ・ない」、b「感じ・ない」と活用語尾がイ段になるものは上一段活用の動詞。d「考え・ない」のようにエ段になるものは、下一段活用の動詞。

c「動かさ・ない」のようにア段になるものは、五段活用の動詞。ただし、終止形が「愛する・訳する・略する」となる語や、「漢字の二字熟語＋する」などの語は「する」を含んだ複合動詞であり、サ行変格活用の動詞。「動かす」は「する」を含んでいないので、五段活用の動詞。

㈡　「多種多様《たしゅたよう》」は、種類が多く、さまざまであること。また、そのようなさま。　1．「適材適所《てきざいてきしょ》」は、その人の適性や能力に応じて、それにふさわしい地位・仕事に就《つ》かせること。　2．「絶体絶命《ぜったいぜつめい》」は、どうにも逃れようのない、差し迫った状態や立場にあること。　3．「十人十色《じゅうにんといろ》」は、考え方や好みなどが各人それぞれに違っていること。　4．「再三再四《さいさんさいし》」は、繰り返し何度もという意味。

㈢　「同じこと」は最初の段落、特に直前の文でラーメンについて述べている内容を指している。「対象の価値」と「経験の価値」の両方を押さえている、1が適する。

㈣　ラーメンについては、直後の文で「自分が食べているラーメンが他のラーメンと比べて何が良いかわからなくても、そのラーメンによって満足感を与えられている自分の状態、自分の経験をポジティブに評価することができるのだ」、芸術鑑賞については、「芸術に関する知識が少なくても、作品によって心を揺さぶられている自分、ゾクゾクしている自分を楽しむことができる」と述べている。さらに、そこで楽しまれているのは、「作品を鑑賞している自分の状態の価値」と言っている。

㈤　「『個人的な楽しみ』『好み』」を説明するために、「たとえば、多くの人が『まずい』という食べ物や『ひどい』という作品を、自分は『おいしい』『素晴らしい』思っている場面を考えてみよう」と述べている。このように、多くの人と自分の評価が一致しない例である、4が適する。1・2は、多くの人の評価と自分の評価が一致しており、3は、自分の評価が述べられていない。

㈥　最初の段落では、（X のある段落の）「そこで得られたポジティヴな経験をより増やすために、似たようなものを何度も経験し、そのうち知識が増えていく。知識が増えると、以前は気づけなかった対象の価値に気づけるようになり、それが楽しみを増やすことにもなるのだ」という「経験の価値」が「対象の価値」に影響を与える場合を、ラーメンを例にして述べている。最後の2段落では、「『個人的な楽しみ』『好み』」の方をより重視する場合、その対象によって自分が満足する様子は自分にとって良いことで、また、「『作品を自由に鑑賞する』という場合」は、「作品そのものというより、その作品に触発されてアレコレ考えている、想像力を働かせている自分の状態」を楽しんでいることを述べている。

三　㈠　古文で言葉の先頭にない「はひふへほ」は、「わいうえお」に直す。

㈡　「これをご覧じて」は「後日、主上、維時《これとき》を召して花の目録を書かしめて」に続く部分。

㈢　納言が「多く仮名をもつてこれ（＝花の名を）を書く」のを見た人々は、これをからかった。これに対して維時は、「もし実字に書かば、誰人かこれを読まむや」と言った。実際、後日醍醐《だいご》天皇が、漢字で花の目録を書かせると、維時の発言の通り、人々は花の名前が読めなかった。

【古文の内容】

　維時中納言が、初めて蔵人に任命された当時、醍醐天皇が前庭に草花を植えさせるために、花の名を下書きなさった。納言は、（そのうちの）多くを仮名でもって清書したので、（人々は）これをからかった。維時はこれを聞いて、「もし漢字で書いたなら、誰がこれを読めるだろうか」と言った。後日、醍醐天皇は、維時をお呼びになって花の目録を書かせて、これをご覧になって、漢字を用いるようにおっしゃった。維時はたちまちのうちにこれを書いて差し上げたが、そこにいた人々はどの草花の字も知らなかった。そこで争って来てこれを聞いた。維時が言うには、「このようなことが理由で、先日は仮名文字を用いました。どうしてからかいなさったのか」と言った。

四　㈠　データ２は自由記述による幼稚園の先生の意見。空欄の直前に「自分たちの考えだけではなく」とある。

㈡　データ３を見ると「かるたづくり」は他の組がやっておらず、データ２の最後の２項目にも合致する。

(三)　Bさんは、１・２回目の発言で、直前の発言者の発言を受け入れた上で、それにとらわれない新たなことを言っている。３回目は、Aさんの発言をさらに掘り下げて、司会者の最後の発言や決定を引き出している。

五　(二)ア　漢詩の形式には、五字四句から成る五言絶句《ごごんぜっく》、七字四句から成る七言絶句、五字八句から成る五言律詩《ごごんりっし》、七字八句から成る七言律詩がある。絶句は起承転結から成る。　**イ**　「台」から「臨」に二字返るので一・二点を用いる。　**ウ**　最後の「行人」と「飛鳥」との対比は、去り行く友人を惜しむ気持ちを歌っている。

《2024　数学　解説》

1　(2)　与式＝９＋８＝**17**

(3)　与式＝$7x-6x+1=\boldsymbol{x+1}$

(4)　与式＝$\frac{9a^3}{5b}\times\frac{2b^2}{3a^2}=\boldsymbol{\frac{6}{5}ab}$

(5)　与式＝$2\sqrt{3}-3\sqrt{3}=\boldsymbol{-\sqrt{3}}$

2　(1)　**【解き方】反比例の式は，$y=\frac{a}{x}$，または$xy=a$と表されることを利用する。**

$x=2$のとき$y=6$だから，$2\times6=a$より$a=12$である。よって，$x=4$のとき，$y=\frac{12}{4}=\boldsymbol{3}$となる。

(2)　**【解き方】右図のように記号をおく。Bを通り，ℓ，mと平行な直線nを引く。**

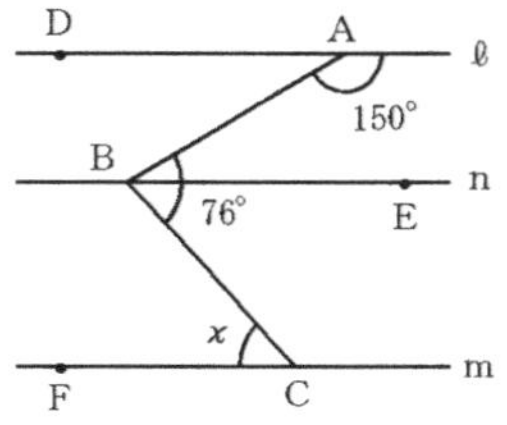

平行線の錯角は等しいから，ℓ//nより，∠ABE＝∠BAD＝180°－150°＝30°

よって，∠CBE＝76°－30°＝46°

平行線の錯角は等しいから，n//mより，$\angle x$＝∠CBE＝**46°**

(3)　２次方程式の解の公式より，$x=\frac{-3\pm\sqrt{3^2-4\times2\times(-1)}}{2\times2}=\boldsymbol{\frac{-3\pm\sqrt{17}}{4}}$

(4)　**【解き方】池にいる魚の数と，印をつけた魚の数の比は，つかまえた魚の数と，その中で印がついていた魚の数の比に等しいと考える。**

池にいる魚の数をx匹とすると，$x:50=40:11$　　$11x=2000$　　$x=181.8\cdots$より，池にいる魚の数はおよそ**180**匹。

3　(1)　アと**オ**はOについて点対称なので，重ねあわせることができる。

(2)　半直線AB，ACの両方に接する円の中心は，半直線AB，ACまでの距離が等しいから，∠CABの二等分線上にある。また，円の半径OBと半直線ABは垂直に交わるから，∠CABの二等分線と，Bを通る半直線ABの垂線の交点をOとすればよい。

4　(1)　放物線の式は$y=ax^2$で表され，$a<0$のとき，放物線は下に開く。aの絶対値が大きいほどグラフの開き方は小さくなるので，放物線$y=-\frac{1}{3}x^2$は放物線$y=3x^2$より，グラフの開き方が大きい。よって，**ア**が適する。

(2)　**【解き方】(平均の速さ)＝(ボールが転がった距離)÷(ボールが転がっていた時間)で求める。**

$x=2$のとき，$y=3\times2^2=12$，$x=4$のとき，$y=3\times4^2=48$だから，ボールが転がり始めて２秒後から４秒後までの平均の速さは，$\frac{48-12}{4-2}=\boldsymbol{18}$(m/秒)である。

$x=0$のとき，$y=0$，$x=t\ (t>0)$のとき，$y=3\times t^2=3t^2$だから，ボールが転がり始めてからt秒後までの平均の速さは$\frac{3t^2-0}{t-0}=3t$であり，これが18と等しいから，$3t=18$　　$t=\boldsymbol{6}$である。

5　(1)　さいころAの１の目は３個あるから，１の目が出る確率は，$\frac{3}{6}=\boldsymbol{\frac{1}{2}}$である。

(2)　解答例のように，３個の１の目と，２個の２の目を区別する。また，２つのさいころの目の和について考える問題は，表にまとめると考えやすい。

6　(1)　コーヒー１杯の販売価格に対する生産者の収入の割合は，$\frac{a}{400}\times100=\boldsymbol{\frac{1}{4}a}$(%)である。

(2)　**【解き方】ドリップバッグとティーバッグの金額の合計と，個数の合計についての式をそれぞれ立式する。**

仕入れの予算19000円を全額使うから，金額の合計について，**$70x+40y=19000$**より$7x+4y=1900$…①

ドリップバッグ３個を袋に入れた商品は$\frac{x}{3}$個，ティーバッグ４個を袋に入れた商品は$\frac{y}{4}$個つくるから，

個数の合計について，**$\frac{x}{3}+\frac{y}{4}=100$**より$4x+3y=1200$…②

①×３－②×４でyを消去して，$21x-16x=5700-4800$　　$5x=900$　　$x=180$

$x=180$を②に代入して，$4\times180+3y=1200$　　$3y=1200-720$　　$y=160$

したがって，仕入れた個数は，ドリップバッグが**180個**，ティーバッグが**160個**である。

7 (1) まず，問題文の仮定を図にかきこんで，証明のために必要な条件を探そう。条件が足りない場合は，問題の内容に応じて，図形の性質，平行線の同位角・錯角などからわかることもかきこんでみよう。

(2) **【解き方】(1)をふまえると，右図で同じ記号をつけた角度は等しいから，△ＡＦＣ∽△ＤＦＥである。**

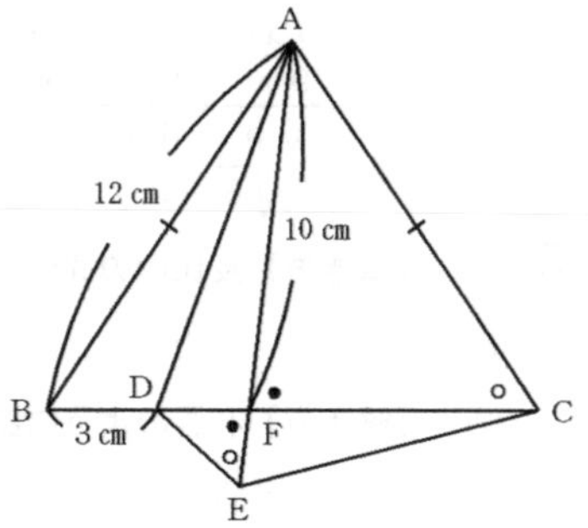

折り返すと重なる辺だから，ＤＥ＝ＤＢ＝３cm，ＡＥ＝ＡＢ＝12cmより

ＦＥ＝ＡＥ－ＡＦ＝12－10＝２(cm)であり，ＡＣ＝ＡＢ＝12cmである。

△ＡＦＣ∽△ＤＦＥで，相似比はＡＣ：ＤＥ＝12：３＝４：１である。

よって，ＤＦ＝$\frac{1}{4}$ＡＦ＝$\frac{5}{2}$(cm)，ＦＣ＝４ＦＥ＝８(cm)となるので，

ＣＤ＝ＤＦ＋ＦＣ＝$\frac{5}{2}+8=$**$\frac{21}{2}$**(cm)

8 (1) 評価が３以上の相対度数は，$\frac{(３以上の評価の数)}{(すべての評価の数)}$で求められる。よって，評価が３以上の相対度数について，テントＡが$\frac{330+168+72}{800}=0.7125$より，**0.71**，テントＢが$\frac{345+213+92}{1000}=$**0.65**となる。

(2) 山頂の標高はキャンプ場の標高よりも$800-350=450$(m)高い。気温は標高が高くなるにつれて，一定の割合で下がるから，山頂の気温はキャンプ場よりも$0.6\times\frac{450}{100}=2.7$(℃)低いので，$20.8-2.7=$**18.1**(℃)である。

(3) **【解き方】右図のように補助線を引く。**

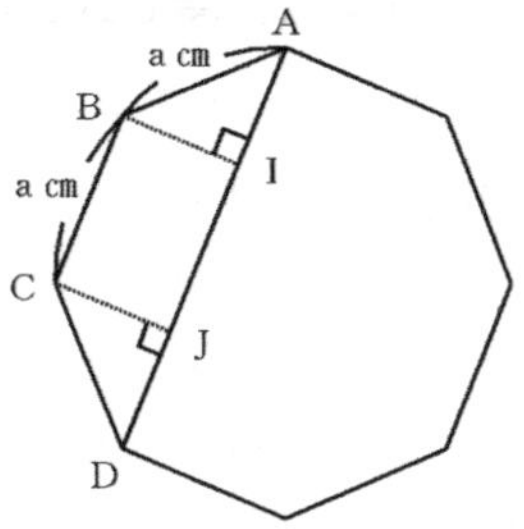

正八角形の１つの内角の大きさは，$\frac{180°\times(8-2)}{8}=135°$だから，台形ＡＢＣＤの内角の和より，∠ＩＡＢ＝∠ＣＤＪ＝$(360°-135°\times2)\div2=45°$である。

よって，△ＡＢＩと△ＤＣＪはそれぞれ斜辺の長さがa cmの直角二等辺三角形だから，ＡＩ＝ＤＪ＝$a\times\frac{1}{\sqrt{2}}=\frac{\sqrt{2}}{2}a$(cm)となる。

したがって，ＡＤ＝ＡＩ＋ＩＪ＋ＤＪ＝$\frac{\sqrt{2}}{2}a+a+\frac{\sqrt{2}}{2}a=$**$(1+\sqrt{2})a$**(cm)

《2024　英語　解説》

1 **テスト１　No.1**　質問「彼らは今日どこで英語の授業を受けますか？」…Ａ「一緒に 17 号室に英語の授業を受けに行こう」→Ｂ「うん，でも今日は 16 号室で授業じゃなかったっけ」→Ａ「ああ，そうだった」より，３「16 号室で」が適切。　**No.2**　質問「エイミーは何を食べることを選びますか？」…Ａ「お父さん，チョコレートやクッキーのような甘いものが食べたいな」→Ｂ「クッキーはあるよ，エイミー。大きいのと小さいのならどっちがいい？」→Ａ「小さいのが食べたいな」より，４「小さいクッキー」が適切。　**No.3**　質問「ケビンとユウコはどのように自分たちの町の情報を得ますか？」…Ａ「ユウコ，僕たちの町の歴史のレポートは終わった？ネットでは十分な情報を見つけることができないよ」→Ｂ「まだよ，ケビン。でも今日おじいちゃんに町の歴史について聞いて，レポートを書こうと思うの。一緒に聞きたい？」→Ａ「本当に？うん，もちろんお願いしたいよ。とても助かるよ」より，１「ユウコの祖父に聞くことによって」が適切。　**No.4**　質問「なぜエマはＴシャツを気に入って

いるのですか？」…Ａ「ジェームス，見て。これは新しいＴシャツよ！兄が東京に行って買ってくれたの。色が気に入ったよ！」→Ｂ「青い色が素敵だね，エマ！漢字もかっこいいよ。どういう意味？」→Ａ「これは『夢』という意味よ。そこも気に入っているの」より，２「色とプリントされた文字が素敵だから」が適切。

テスト２　No.１　Ａ「昨日は何をしたの？」→Ｂ「僕はＡＩに関する本を読んで楽しんだよ。１週間前に買ったんだ。昨日読み終わったよ」→Ａ「ああ，私もＡＩに興味があるよ。でも，私はそれについての本を読んだことないの」より，１「もし君が読んでみたいなら，僕のを読むといいよ」が適切。　**No.２**　Ａ「みなさん，授業は楽しかったですか？また会いましょう」→Ｂ「グリーン先生，今日の授業について質問があります。今聞いてもいいですか？」→Ａ「アキトさん，すみません，今答えたいのですが。 私はこれから別の授業に行かなければなりません」より，４「その授業の後に話しに行ってもいいですか？」が適切。　**No.３**　Ａ「今度の日曜日に僕はクラスメートとスタジアムでサッカーの試合を見るつもりだよ。ナンシー，僕たちと一緒に行かない？」→Ｂ「私はサッカーについてよく知らないよ。サトシ，私は試合を楽しめると思う？」→Ａ「うん，きっと大好きになると思うよ！事前に人気のある選手を教えてあげるね」より，１「素敵。わかったわ，私も一緒に行くよ」が適切。

No.４　Ａ「お父さん，おばあちゃんが昨日プレゼントを送ってくれたんだって！お母さんが言っていたよ。知ってた？」→Ｂ「うん。今日の午後に到着するみたいだけど，その時に歯医者に行かないといけないんだ。お前が受け取れる？」→Ｂ「今日の午後は友達の家に勉強しに行くの。ごめんね」より，３「いいよ。多分お母さんが受け取ってくれるよ」が適切。

テスト３　【放送文の要約】参照。(2)　アツシ「来週バドミントンをやるって言ってたのを覚えてる？体育館に電話していつ使えるか聞いてみたんだ」→マーク「ああ，ありがとう！」→アツシ「　(D)　」→マーク「問題ないよ！その日は空いてるよ」より，アツシはマークに長い時間体育館を利用できる金曜日はどうかと尋ねたと考えられる。Why don't we~?「(一緒に)～するのはどう？」は一緒にすることを相手に提案する表現。

【放送文の要約】

アツシ　　：こんにちは，友達と一緒に体育館を利用してバドミントンをしたいです。

ジョーンズ：ありがとうございます。開館時間は午前９時から午後７時までです。でも，火曜日は(B)休館日(＝not open)です。

アツシ　　：僕たちは来週体育館を訪れたいです。月曜日から金曜日まで，午後４時に学校が終わります。では，月曜日の４時半から体育館を利用することはできますか？

ジョーンズ：確認します。月曜日の午後４時から７時までダンス(A)グループ(＝group)が利用するので，利用できません。

アツシ　　：わかりました。それでは水曜日はどうですか？

ジョーンズ：その日は午後５時(C)まで(＝until)利用できます。午後５時からはバレーボールチームが練習します。

アツシ　　：試合をするには短すぎます。

ジョーンズ：それから，来週木曜日の午後４時から７時までは，高校が利用する予定です。(D)金曜日は利用できますが，週末は利用できません。土曜日と日曜日はいずれもブラスバンドのコンサートがあります。

アツシ　　：わかりました。友達の予定を確認して，また後で電話します。ありがとうございました。

2　【本文の要約】参照。

(1)　・make＋もの＋状態「(もの)を(状態)にする」

(2)(B)　前文にある air conditioners を置き換えた代名詞の them が入る。　(C)　What plants ～？「どんな植物

が～？」が適切。　1「部屋」，2「日」，4「窓」は不適切。　(D)　〈主格の関係代名詞(＝which)と語句(＝have beautiful flowers)〉が後ろから名詞(＝curtains)を修飾する形にする。

【本文の要約】

エミリー：植物が窓を登るみたいに生えてるね！あれは何？

ユカ　　：緑のカーテンって呼んでるよ。夏は強い日差しが部屋に入るけど，緑のカーテンでさえぎることができるよ。

エミリー：なるほどね。(A)部屋をもっと涼しくしてくれる(＝makes the room cooler)ってことね？

ユカ　　：ええ，そうよ。夏はとても暑いから，いつもエアコンを使うよ。でも，緑のカーテンがあれば(B)2それら(＝them)を使いすぎなくてすむよ。

エミリー：それはいい考えね！緑のカーテンには(C)3どんな植物(＝What plants)が適しているの？

ユカ　　：そうね，窓の一番上まで伸びていく能力が重要ね。そして，私は(D)1美しい花が咲く緑のカーテン(＝green curtains which have beautiful flowers)が好きよ。

3　【本文の要約】参照。

(1)　チラシのSpecial Ticketのふきだしより，それらの場所は何度もテレビで紹介されていることがわかる。often「しばしば／よく」のような頻度を表す副詞は一般動詞seeの直前に入れる。

(2)　トムの2，3回目とリョウタの2回目の発言より，3「梅屋敷」→「お食事処冬」→「松庭園」→「サムライ劇場」が適切。

(3)　1○「お店の自転車を4時間利用すると1000円より多く必要です」…チラシのPriceより，1時間の利用料金は300円だから，4時間利用すると1200円である。　2「×午後4時以降はお店の自転車を利用できません」…チラシのPriceより，お店の自転車は午前9時から午後6時まで利用可能である。　3×「お店で自転車を購入するとランチのチケットももらえます」…チラシに自転車の購入やランチのチケットの記述はない。　4○「お店でスペシャルチケットを購入するとフォトサービスが利用できます」…チラシのSpecial Ticketの2つ目の・より，サムライ劇場でフォトサービスが利用できる。　5×「秋茶屋と喫茶春はいずれも駅前にあります」…Mapより，喫茶春は駅前にはない。　6×「川沿いの道にはレストランがいくつかあります」…Mapより，四季川沿いの道にはレストランはない。

【本文の要約】

リョウタ：トム，いい自転車レンタルショップを見つけたよ。四季山まで自転車で行こう。無料ドリンク券も入手できるよ。

トム　　：いいね！あ，見て！3つの有名な場所を訪れるために，特別なチケットを買おうよ。テレビでよく(＝often)それらの場所を見るよ。

リョウタ：いいよ。僕は午前中に四季山に行って午後にそれらの場所に行きたいな。(2)3お食事処冬で昼食を食べて，そこで無料のドリンク券が使えるよ。

トム　　：いいね。でも，(2)3お昼前に梅屋敷に行ったほうがいいと思うな。何度も橋を渡らなくて済むよ。

リョウタ：その通りだね。そしたら，(2)3昼食後に松庭園に行けるね。

トム　　：じゃあ，(2)3その次はサムライ劇場？

リョウタ：そうだよ。ああ，何て完璧な計画なんだ！

4　【本文の要約】参照。

(1)　グラフAより，black「黒」とred「赤」の割合の合計は45＋43＝88(%)で，ほぼ90%になることがわかる。

⑵　1×「ピンク，水色，紺色が24％を占めました」…グラフBの内容と一致するが，文脈に合わない。
2○「赤はたったの6％になりました」　3×「紫は赤と同じくらいの人気でした」…グラフBより，紫は赤よりも人気がある　4「紺色のランドセルを持っている人は誰もいませんでした」…グラフBより紺色は8％を占めている。

⑶　最終段落より，アヤが発表で最も伝えたいことは，ランドセルの色が多様化し，子どもたちの選択肢が広がったことである。1「グラフAによると，青よりもピンクの方が人気がありました」　2「約30年前，学校のランドセルの最も一般的な色は黒でした」　3○「今の子どもたちは，より多様な色のランドセルを選ぶことができます」　4「2つのグラフは，当時どのような色のランドセルが購入されたかを示しています」

【本文の要約】

小学生の時，ランドセルの色は何色でしたか？

グラフAは，約30年前に使用されたランドセルの色を表しています。(A)黒と赤(＝black and red)は子どもの90%近くが持っていた色だとわかります。

次に，グラフBは2023年に購入されたランドセルの色を表しています。黒が最も一般的でした。しかし，赤を見てみましょう。約30年前は43%を占めていましたが，2023年には(B)2赤はたったの6％でした。それでは，どのような色のランドセルがより購入されたのでしょうか？紫，ピンク，水色，紺色です！さらに「その他」が4分の1より多くを占めています！本当におもしろいですよね？

グラフを見ると，⑶3今日のランドセルは，より多様な色があることがわかります。そのため，今日の子どもたちは，ランドセルの色の選択肢が増えているということです！将来，子どもたちはどんな色を選ぶのか気になります！

5　【本文の要約】参照。

⑵(a)　「ミズキは子どもたちに最初の本を読み聞かせした後に，なぜ悲しくなったのでしょうか？」…　1×「なぜなら，彼女が読み聞かせをした物語はとても悲しかったからです」　2×「彼女は図書館でボランティア活動をしたくなかったからです」　3○「子どもたちの中には，話を聞くのが楽しくなかった人もいたからです」　4×「彼女は緊張しすぎて読み終えることができなかったからです」　(b)　「2回目の読み聞かせの時のミズキのオリジナルのアイデアは何でしたか？」…1○「彼女の好きな本を選ぶこと」　2「ゆっくり物語を読むこと」　3「子どもたちのアドバイスに従うこと」　4「長い時間絵を見せること」　(c)　「ミズキのボランティア活動について，正しいものはどれですか？」…1×「タナカさんはミズキと一緒に子どもたちに物語を読み聞かせました」
2×「ミズキは子どもたちが本を見つけるのを手伝いました」　3×「ミズキは子どもたちに物語を3回読みました」　4○「タナカさんと子どもたちは，ミズキが読んだ2冊目の本を楽しみました」

⑶　ケイト「わぁ，すごいね！あなたにとって良いイベントだったのね」→ミズキ「うん。イベントでは素晴らしい①経験(＝experience)をしたよ。とても勉強になったよ」→ケイト「タナカさんのアドバイスも良かったわね」→ミズキ「その通りよ。彼から②かけられた(＝given)言葉は本当に役に立ったの」…②〈過去分詞(＝given)と語句(＝by him)〉が後ろから名詞(＝words)を修飾する形。

【本文の要約】

ミズキは高校生です。彼女は本が大好きで，たくさんの本を読んできました。

ある日，ミズキは人が本を見つけるのを手伝いたかったので，図書館でボランティア活動をしました。しかし，図書館職員のタナカさんが本を持ってきて「この本を小さな子どもたちに読み聞かせしてあげて。多くの子どもたちはこの

物語が好きだよ」と言いました。彼女は聴衆の前で話すのが苦手だったので，緊張しました。ァまた，彼女は小さな子どもたちに物語を読み聞かせする方法がわかりませんでした。

読み聞かせの時間がやってきました。最初は，多くの子どもたちが彼女の話を聞いていました。(2)(a)3しかし，数分後，何人かの子どもたちは退屈そうにして立ち去りました。それを読み終えると，彼女はとても悲しくなりました。

ミズキは午後にまた物語を読み聞かせしなければならなかったので，心配で昼食を楽しむことができませんでした。タナカさんは彼女の顔を見て「大丈夫？何が心配なの？」と言いました。「小さな子どもたちへの読み聞かせがうまくできません」と彼女は言いました。「わかったよ。重要なポイントをいくつか伝えるね。ゆっくり読んでみて。速く読めば，子どもたちは物語を理解できないよ。次に，ページをゆっくりめくって。そうすれば，子どもたちは本の中の絵を見て楽しめるよ」と彼は言いました。彼女は彼のアドバイスに従い，最善を尽くすことにしました。

(2)(b)1昼食後，ミズキはタナカさんに，読む本を替えたいと言いました。彼女は子どもの頃，ある本が好きで，子どもたちにその本を読んであげたかったのです。その本は楽しませるものでいっぱいでした。彼は微笑み，彼女の考えに同意しました。

また読み聞かせの時間がやってきました。今回，彼女はゆっくりと物語を読み，ページをゆっくりめくりました。彼女は子どもたちの顔を見ました。彼らは物語を聞いて，たくさん笑いました。彼女は彼らと一緒にそれを楽しみました。読み終えると，ある女の子が彼女のところにやって来て，「この物語が気に入ったよ。またね」と言いました。ミズキはそれを聞いてうれしくなりました。

タナカさんがミズキのところに来ました。彼はほほえんで「(2)(c)4君はすばらしい仕事をしたよ！私も子どもたちと物語を楽しんだよ」と言いました。「タナカさん，助けてくれてありがとうございました」彼女はこのボランティア活動から多くのことを学びました。

6 【本文の要約】参照。

メグとボブの質問「あなたは自由な時間に何をしたいですか？」に対する答えを20語以上30語以内で答える。無理に難しい表現は使わなくてもいいので，文法・単語のミスに注意し，一貫した内容の文を書こう。書き終わった後に見直しをすれば，ミスは少なくなる。

【本文の要約】

こんにちはケン，もうすぐあなたに会えるのが楽しみです。私たちは２週間一緒に過ごす予定なので，あなたのことをもっと知りたいです。あなたの日常生活について教えてください。　１．あなたは何か食べられない物はありますか？　２．あなたは自由な時間に何をするのが好きですか？　私たちは一緒に良い時間を過ごせることを願っています。

メグとボブ

こんにちはメグとボブ，メールをありがとうございます。僕はあなたがたと一緒にオーストラリアに滞在することを楽しみにしています！質問にお答えします。　１．何でも食べます。アレルギーはありません。　２．(例文)僕はギターを弾くことが好きです。３年前に母に弾き方を教わって以来，僕はずっと練習しています。僕は毎日夕食前にギターを弾くのを楽しんでいます。（＝I like to play the guitar.　I have been practicing it since my mother taught me how to play three years ago.　I enjoy playing it before dinner every day.）

もうすぐ会えますね。　ケン

《2024　社会　解説》

1 ⑴　1　　🄲の地域はメラネシアと呼ばれる。2は🄳，3は🄱，4は🄰。

⑵　H　　日本との時差は＋3時間または－21 時間である。日本の標準時子午線は東経 135 度の経線だから，時差が＋3時間，－21 時間になる国の標準時子午線は東経 180 度，または西経 180 度になるので，FかHのどちらかと考えられる。Zさんが留学している都市では，「最高気温が 15℃」「夜になって気温が5℃を下回った」「来月からは少しずつ暖かい季節になっていく」とあることから，8月の季節は冬になるので，日本と季節が逆になる南半球のHを選ぶ。

⑶　い　　写真はチョコレートの原料となるカカオ豆である。カカオ豆はコートジボワールやガーナで栽培がさかんである。

⑷　暖流である北大西洋海流と偏西風の2つを関連付ける。

⑸ア　サンベルト　　シリコンバレーもサンベルトに位置する。サンベルトに対して，五大湖周辺から北東部にかけての古くから工業が発達した地域をスノーベルトまたはフロストベルトという。　**イ**　20 世紀後半，日本や欧米は，安く豊富な労働力を求めて中国などの東アジアに生産の拠点を移したが，経済的な発展によって，中国などでの賃金が上昇してきた。そのため，より安い労働力を求めて，タイやベトナムなどの東南アジアやインドやバングラデシュなどの南アジアに生産の拠点を移す企業が多くなった。ヨーロッパでは，東ヨーロッパと西ヨーロッパの経済格差が問題となっており，東ヨーロッパ諸国がEUに加盟したことで，高い賃金を求めて東ヨーロッパの人々が西ヨーロッパに移り住んだり，西ヨーロッパの企業がより安い労働力を求めて，東ヨーロッパに生産の拠点を移したりするようになった。　**ウ**　2　　中国は 2000 年以降急激に生産力をのばし，世界の工場と呼ばれるほどの生産力を持つようになったことから，Tが中国であり，○が 1990 年，●が 2020 年と判断できる。

2 ⑴　千葉県＝3　鹿児島県＝2　　農業産出額が圧倒的に多い1は北海道である。残った4つのうち，畜産の割合が高い2を鹿児島県，野菜の割合が高い3を千葉県と判断する。鹿児島県では豚やブロイラーなどの畜産がさかんであり，千葉県では大消費地である東京に向けた近郊農業がさかんである。果実の割合が高い4は和歌山県，米の割合が高い5は富山県である。

⑶　4　　燃料を海外から船で輸入するため，火力発電所は大消費地に近い沿岸部に建設される。水力発電所は河川の上流部の山の斜面に建設され，地熱発電所は火山活動の活発な地域に建設される。

⑷ア　2　　1．誤り。「押山」の一帯にもともとあった小・中学校(文)がなくなった。3．誤り。「外浜」付近の山は，切り開かれて小・中学校(文)ができた。4．誤り。「西浦」の集落の南側では，果樹園(ó)の一部がなくなって，老人ホーム(⌂)や郵便局(〒)はできたが，病院(⊕)はできていない。　**イ**　25000 分の1地形図では，等高線は 10mごとに引かれているので，🄰－🄱は標高 50m～110mまで上がって下がる断面になる。

⑸　領域については，右図を参照。

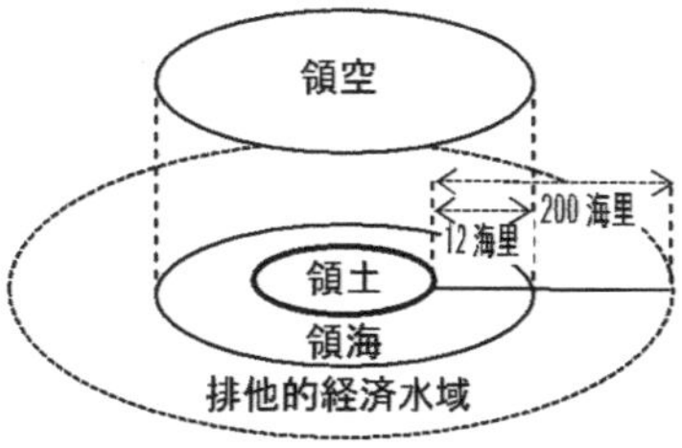

3 ⑴　4　　鉄器が伝わったのは弥生時代である。1は旧石器時代，2は江戸時代，3は鎌倉時代。

⑵　1　　4世紀末から5世紀は古墳時代にあたる。大和政権の倭の五王が，中国の南朝に朝貢したことが，『宋書』倭国伝に記録されている。

⑶　成人男性は，調・庸の負担がきびしく，兵役もあったので，重税から逃れるために，戸籍を偽ったり，口分田を捨てて逃亡したりする農民が多かった。

⑷　1　　2は安土桃山時代，3は平安時代末，4は室町時代の資料である。

(5) 3　座…室町時代の同業者の組合。公家や寺社などに税を納める代わりに保護を受けて，商品の製造や販売を独占する権利を得た。問…室町時代に水上運送業や倉庫業を営んだ。五人組…江戸時代の農村で年貢の納入や犯罪に連帯して責任を負った組織。

(6)ア a　蝦夷地のアイヌ民族とはaの松前藩が，朝鮮とはbの対馬藩が，琉球王国とはdの薩摩藩が，中国やオランダとはcの長崎で幕府が窓口となった。 イ 西廻り航路は，河村瑞賢が開いた航路である。

4 (1) 1　「無理にも一等国の仲間入をしやうとする」とあることから，まだ列強の仲間入りはできていないことが読み取れる。

(2) 学制　学制を公布し，6歳以上の男女はすべて小学校に通うとしたが，子どもが家庭の労働力と考えられていただけでなく，授業料の負担もあったため，子どもの通学に反対する動きもあり，特に女子の就学率は男子の就学率の半分以下であった。

(3) 3　1870年に始まった普仏戦争中の1871年1月に，ベルサイユ宮殿でプロイセン国王のヴィルヘルム1世をドイツ皇帝とする即位式を行った。1は16世紀前半，2は20世紀前半，4は20世紀後半。

(4) 2　帝国議会は，非公選の貴族院と公選の衆議院からなる二院制であった。

(5) 1929年にアメリカで始まった世界恐慌の影響を受けて，日本の生糸の輸出量が激減した。

(6)ア 2→3→1　2(自由党結成・1881年)→3(義和団事件・1900年)→1(国際連盟発足・1920年)

イ 川端康成　代表作として『雪国』のほか『伊豆の踊子』『山の音』などがある。ノーベル文学賞を受賞した日本人は，川端康成と大江健三郎の2人だけである。

5 (1)ア 世界人権宣言　世界人権宣言には法的拘束力が不足していたことから，1966年に国際人権規約が採択された。

イ 1　集団安全保障…同じ枠組みの中の1つの国が攻撃された場合に，その枠組みの加盟国がまとまって，攻撃した国に制裁を加える考え方。平和維持活動(PKO)…内戦や戦争で苦しむ地域において，国連が兵力の引き離し・停戦の監視・紛争の再発防止などの活動を行うこと。政府開発援助(ODA)…開発途上国に対して開発協力・食糧援助・技術協力・教育普及などの支援をする活動。

(2) C→B→A　少子高齢化が進むとともに社会保障関係費の割合が高くなることに着目する。また，Cの歳入の中に消費税収入がないことから，Cが最も古いことも確認できる。

(3)ア 3　1と4は国会，2は裁判所の仕事である。 イ 有権者が地方議会議員と首長の両方を選挙で直接選ぶ制度を二元代表制という。選挙された議員で組織された国会が指名した内閣総理大臣が内閣を組織し，国会に対して連帯して責任を負う制度を議院内閣制という。

(4) 公正には「手続きの公正さ」「機会の公正さ」「結果の公正さ」がある。すべてのクラスが同じ回数だけ練習場所を確保できていることは結果の公正が保たれていることになる。

(5)ア 4　TPP11には，オーストラリア・ニュージーランド・日本・チリ・カナダ・メキシコ・ペルー・ブルネイ・ベトナム・マレーシア・シンガポールが加盟し，2023年イギリスが新たに加わった。ASEAN…東南アジア諸国連合。USMCA…アメリカ・メキシコ・カナダ協定。NAFTAにかわって結ばれた自由貿易協定。MERCOSUR…南米南部共同市場。ブラジル・アルゼンチン・ボリビア・ウルグアイ・パラグアイ・ベネズエラの6か国が加盟。

イ 2　ドルを円に交換する動き(ドルを売り，円を買う動き)は，円の価値が高まっているために起こる。

6 (1) 4　ブラジルは南アメリカ大陸に位置する。オリンピック・パラリンピックが開催されたことがない大陸はアフリカ大陸と南極大陸だけである。

(2) 図Ⅱから，訪日外国人数が急激に増えていることを読み取り，図Ⅲから日本を訪れる外国人の地域が多様化していることを読み取る。

⑶イ　国際分業　　図Ⅳは，エアバス社の航空機生産の模式図である。　**ウ**　第１回先進国首脳会議は，第１次石油危機への対応などを協議するために開かれた。第１次石油危機…第４次中東戦争を受けて，西アジアの産油国が，原油の価格引き上げや輸出規制を行ったことで，世界経済が受けた混乱。1973 年に起きた。

《2024　理科　解説》

1　⑵　太陽投影板に映った像が移動するのは，地球の自転により，太陽が動いて見えるためである。　１×…月が太陽の光を反射して輝いていて，月が地球の周りを公転しているので，月の見かけの形が変化する。　２○…空の星が動いて見えるのは，地球の自転によるものである。なお，北極星が同じ位置に見えるのは，地球の地軸を延長した先に北極星があるからである。　３○…影は太陽と反対方向にできるから，太陽の動きに合わせて影の向きも変化する。　４×…地軸が地球の公転面に対して傾いているため，太陽の南中高度が変化する。

2　⑴　ＢＴＢ溶液は酸性で黄色，中性で緑色，アルカリ性で青色を示す。二酸化炭素は水に溶けて酸性を示すから，二酸化炭素が多くなるとＢＴＢ溶液の色が黄色になり，二酸化炭素が少なくなるとＢＴＢ溶液は青色になる。Ａではブ ＢＴＢ溶液の色が青色になったから，全体の二酸化炭素の量が少なくなったことがわかる。これはオオカナダモに光を当てたことにより，光合成が盛んに行われたためと考えられる。

⑵　ＡとＢ，ＣとＤでは光の有無のみが異なり，ＡとＣ，ＢとＤではオオカナダモの有無のみが異なる。ＡとＢの結果の違いから，オオカナダモの入った試験管では光の有無によって二酸化炭素の量が変化するとわかる。また，ＣとＤの結果が同じことから，何も入っていない試験管では光の有無によって二酸化炭素の量が変化しないことがわかる。ＡとＣ，ＢとＤそれぞれの結果の違いから，オオカナダモ(のはたらき)によって二酸化炭素の量が変化するとわかる。

3　⑴　屈折する前の光を入射光，屈折して進む光を屈折光といい，境界面に垂直な線と入射光，屈折光との間の角をそれぞれ入射角，屈折角という。

⑵　光が，空気中から水に入るとき，入射角＞屈折角となり，水から空気中に出るとき，入射角＜屈折角となる(入射角，屈折角のうち，空気中の角度の方が大きい)。よって，花びんから出た光は右図のようにＳさんに届くから，Ｓさんが水そうを通して花びんを見たとき，花びんはＳさん側の屈折光の延長線上の位置に(左にずれて)見える。

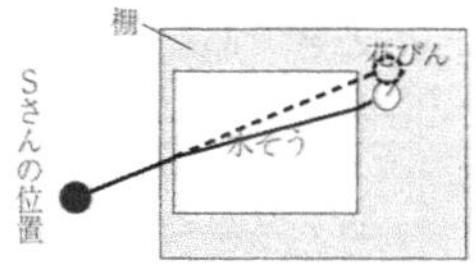

4　⑴　温度が融点より低いとき固体，融点から沸点の間のとき液体，沸点より高いとき気体になる。よって，０℃で固体，200℃で液体である物質の融点は０℃より高く，沸点は 200℃より高いから，４が正答となる。

⑵　物質の状態変化によって，粒子の運動や粒子どうしの距離は変化するが，粒子の数は変化しないことも覚えておこう。

5　⑵ア　い．〔抵抗(Ω)＝$\frac{電圧(V)}{電流(A)}$〕より，電圧が変わらずに，電流が大きくなると，抵抗は小さくなるとわかる。

イ　〔熱量(Ｊ)＝電力(W)×時間(ｓ)〕，１分間→60 秒間より，発生する熱量は 800×60＝48000(Ｊ)である。

ウ　抵抗器２つとスイッチを用いて，回路全体に流れる電流の大きさを 0.50Ａ，1.00Ａ，1.50Ａになるようにすればよい。図１のように抵抗を並列に組んだ回路では，回路全体に流れる電流の大きさは，各抵抗に流れる電流の和に等しくなる。6.0Ωの抵抗器１つに 3.0Ｖの電圧を加える(実験のスイッチ１を入れたときと同じ)と，流れる電流の大きさは 0.50Ａである。したがって，あと１つの抵抗器に 3.0Ｖの電圧を加えたときに流れる電流の大きさが 1.00Ａになればよいとわかり，この抵抗器の抵抗の大きさは$\frac{3.0}{1.00}$＝3.0(Ω)である。よって，１が正答となる。

上のスイッチのみを入れると消費電力が 1.5Wに，下のスイッチのみを入れると消費電力が 3.0Wに，両方のスイッチを入れると消費電力が 4.5Wになる。

(3)ア　交流に対し，向きが変化しない電流を直流という。　イ　〔電力(W)＝電圧(V)×電流(A)〕より，電流の大きさが 15Aを超えないから，消費電力の合計が 100×15＝1500(W)を超えないようにすればよい。ミキサーの消費電力が 300Wだから，同時に使用できる電気器具の消費電力が 1500－300＝1200(W)より小さければ使用できる。そのうち最も消費電力が大きいものを選べばよいから，2が正答となる。

6　(2)　炭酸水素ナトリウム〔$NaHCO_3$〕と塩酸〔HCl〕が反応すると，塩化ナトリウム〔NaCl〕と二酸化炭素〔CO_2〕と水〔H_2O〕ができる。化学反応式を書くときは，左右の辺で原子の組み合わせは変わるが，原子の種類と数は変わらないことに注意しよう。

(3)　図３より，加えた炭酸水素ナトリウムが 0.4ｇ増えると，発生した気体の質量が 0.2ｇ増えるから，炭酸水素ナトリウム 0.4ｇがすべて反応すると気体が 0.2ｇ発生するとわかる。これは塩酸の質量を変えても変わらないから，炭酸水素ナトリウムがすべて反応しているときのグラフのかたむきは図３と同じになる。よって，３が正答となる。なお，図３より，炭酸水素ナトリウムの質量が 2.0ｇを超えると，発生した気体の質量が 1.0ｇで一定になるから，うすい塩酸 10.0ｇがすべて反応すると気体が 1.0ｇ発生するとわかる。これより，うすい塩酸 5.0ｇがすべて反応すると，発生する気体の質量は$1.0\times\frac{5.0}{10.0}=0.5$(ｇ)である。

(4)　ベーキングパウダー2.0ｇに含まれている炭酸水素ナトリウムは 2.0×0.3＝0.6(ｇ)だから，図３より，0.3ｇの気体が発生すると考えられる。

7　(2)　核以外の部分を細胞膜も含めて細胞質という。

(3)　花粉が柱頭につくことを受粉，精細胞の核と卵細胞の核が合体することを受精という。

(4)ア　顕性形質に対し，子に現れない形質を潜性形質という。　イ　花の色を伝える遺伝子のうち，赤花のものをＲ，白色のものをｒとすると，遺伝子の組み合わせについて，図２の①はＲＲ(赤花)，②はｒｒ(白花)，③はＲｒ(赤花)と表せる。赤花に①～③のいずれかをかけ合わせて白花ができるのは，かけ合わせる両方の花にｒが入っているときだから，Ｒｒの赤花と②(ｒｒの白花)，または，Ｒｒの赤花と③(Ｒｒの赤花)をそれぞれかけ合わせたときである。右表より，Ｒｒとｒｒをかけ合わせると，子の遺伝子の組み合わせとその比はＲｒ：ｒｒ＝１：１となり，ＲｒとＲｒをかけ合わせると，子の遺伝子の組み合わせとその比はＲＲ：Ｒｒ：ｒｒ＝１：２：１となる。よって，子の白花の割合が最も大きくなるかけ合わせは，Ｒｒの赤花と②(ｒｒの白花)であり，子の白花の割合は$\frac{1}{1+1}\times100=50$(%)である。

	Ｒ	ｒ
ｒ	Ｒｒ(赤花)	ｒｒ(白花)
ｒ	Ｒｒ(赤花)	ｒｒ(白花)

	Ｒ	ｒ
Ｒ	ＲＲ(赤花)	Ｒｒ(赤花)
ｒ	Ｒｒ(赤花)	ｒｒ(白花)

8　(1)　１や４は，マグマが冷やされてできる。５はマグマに溶けていた水や二酸化炭素などが気体となって出てきたものである。

(2)　図３のようなつくりを斑状組織といい，Ａは斑晶，Ｂは石基である。Ａの部分は地下深くでゆっくり冷えてでき，Ｂの部分は地表付近で急速に冷やされてできる。

(3)　マグマに含まれる無色鉱物の割合が小さいと，マグマのねばりけが弱くなるため，噴火は穏やかになることが多い。また，無色鉱物の割合が小さいので，マグマが固まったものの色は黒っぽい。マグマに含まれる無色鉱物の割合が大きいと，マグマのねばりけが強くなるため，噴火は爆発的になることが多い，また，無色鉱物の割合が大きいので，マグマが固まったものの色は白っぽい。

(4)　扇状地は山から平地に出た(川の流れがゆるやかになる)ところにできやすい。なお，扇状地と同じようなでき方で河口付近にできるものを三角州という。また，V字谷は侵食作用の大きい上流付近にできやすい。

9 (3)　メスシリンダーの目盛りは，液面の真ん中の水平になっている部分を真横から見て読む。また，目盛りの$\frac{1}{10}$まで読み取ることも覚えておこう。

(4)　〔質量パーセント濃度(%)＝$\frac{\text{溶質の質量(g)}}{\text{溶液の質量(g)}}\times 100$〕より，[あ]には溶質の水酸化ナトリウムの質量の 4.0 g が入り，[い]には溶液の質量(水と水酸化ナトリウムの質量の和)の 1000＋4.0＝1004(g)が入る。

(5)ア　pHは 0～14 の値で表され，7 が中性で，値が小さいほど酸性が強く，値が大きいほどアルカリ性が強いから，pH 1.5 のトイレ用洗剤は酸性である。

2023 解答例 山口県公立高等学校

令和5年度

《2023 国語 解答例》

一 (一)9 (二)2 (三)見せる (四)4 (五)宮大工に必要な情熱、執念、敬意のうちの執念と敬意を、「師匠」が自分のスケッチから感じ取っていた (六)たったの数時間で人生を決めてしまうこと。 (七)3

二 (一)a，b (二)4 (三)1 (四)3 (五)Ⅰ．サステイナビリティがもともと含んでいる意味合い Ⅱ．日常会話のなかでよく使う動詞を用いて表現することで、社会に広く浸透しやすくなる

三 (一)右漢文 (二)2 (三)Ⅰ．行動に現れている Ⅱ．性は情の本、情は性の用なり

世ニ有リテ二論者一曰ク

四 (一)1 (二)インターネットの信頼度が他のメディアに比べて低い (三)信頼度が高いメディアと認識していても、必ずしも利用する割合が高いわけではない

五 (一)1．ひき 2．けいだい 3．鉄橋 4．縮小 5．険 (二)4 (三)ア．こずえ イ．桜の花の香りがすること。

六 (例文)

私は、体育祭で大切なのは力を合わせることだと思うので、案Aがよいと考えます。

体育祭では、入場行進、応援合戦、各学年で行う団体競技など、全員で動きを合わせたり、チームとして協力したりしなければならない場面が数多くあります。リーダーや運動が得意な人だけががんばってもうまくいきません。また、当日だけでなく、準備や練習のときにもみんなで意見を出し合ったり、協力して作業をしたりすることで、体育祭がより充実したものになると思います。だから、私は案Aがよいと考えます。

《2023 数学 解答例》

1 (1) -2 (2) $\frac{1}{6}$ (3) $32x-28$ (4)3 (5) $1+4\sqrt{6}$

2 (1)0，4 (2)31 (3)ア -8 イ 0 (4)70

3 (1) $20a+51b<180$ (2)式… $\begin{cases} x+y=200 \\ 0.3x+0.7y=80 \end{cases}$ カカオ含有率30%のチョコレートの重さ…150 カカオ含有率70%のチョコレートの重さ…50

4 (1)エ (2)Mサイズのカステラ1個とLサイズのカステラ1個の相似比は3：5である。よって，体積比は $3^3:5^3=27:125$ である。 Mサイズのカステラ4個とLサイズのカステラ1個の体積比は108：125である。同じ金額で買えるカステラの体積が大きいのはLサイズのカステラ1個の方だから，Lサイズのカステラを1個買う方が割安である。

5 (1)ウ (2)選び方Aのとき，くじの引き方を表すと樹形図1のようになり，全部で10通りある。このうち，2種目とも球技の種目が選ばれるのは，○印のついた3通りである。よって，この場合の確率は $\frac{3}{10}$ である。

一方，選び方Bのとき，くじの引き方を表すと樹形図2のようになり，全部で6通りある。このうち，球技の種目が選ばれるのは，○印のついた2通りである。よって，この場合の確率は $\frac{2}{6}=\frac{1}{3}$ である。

2つの確率を比べると， $\frac{3}{10}<\frac{1}{3}$ だから確率は選び方Bの方が高い。

樹形図1

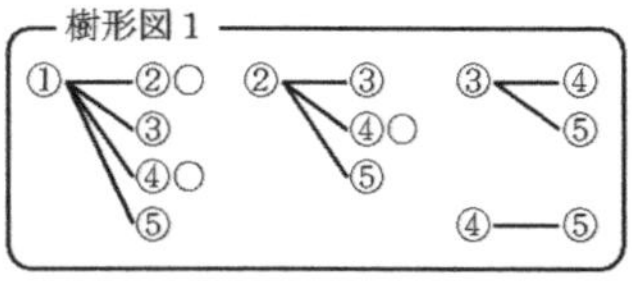

樹形図2

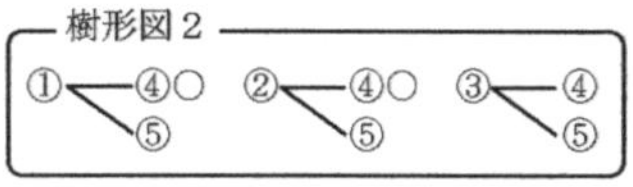

6 (1)93　(2)$4n^2+20n+24-4n^2-4n=16n+24=8(2n+3)$　nは自然数だから，$2n+3$も自然数である。よって，$8(2n+3)$は8の倍数である。

7 (1)右図

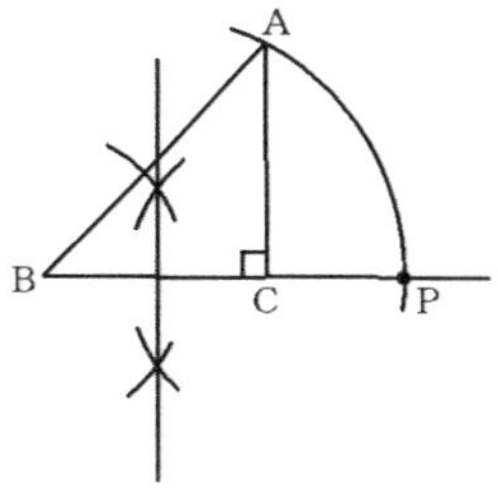

(2)△ACFと△BCDで，

仮定から，AC＝BC…①　∠ACF＝∠BCD＝90°…②

△AEDは直角三角形だから，∠CAF＋∠ADB＝90°…③

△BCDは直角三角形だから，∠CBD＋∠ADB＝90°…④

③，④から，∠CAF＝∠CBD…⑤

①，②，⑤から，1辺とその両端の角がそれぞれ等しいので，△ACF≡△BCD

合同な図形の対応する辺の長さは等しいので，AF＝BD

8 (1)ア　(2)$\frac{1}{2}x+\frac{11}{2}$

9 (1)$\frac{120}{a}$　(2)$\frac{4\sqrt{5}}{3}$

《2023　英語　解答例》

1 テスト1．No. 1…3　No. 2…2　No. 3…2　No. 4…1

テスト2．No. 1…2　No. 2…4　No. 3…3　No. 4…4

テスト3．(A)map　(B)Show　(C)topic　(D)like a music festival better

2 (1)(A)1　(C)3　(D)2　(2)were

3 (1)shapes　(2)1　(3)3，5

4 (1)3　(2)4　(3)2

5 (1)ウ　(2)(a)1　(b)4　(c)3　(3)(a)made by　(b)become an engineer

6 You should watch Japanese movies.　You can learn various Japanese words used in our daily lives.　If you practice using these words with your friends, you can speak Japanese better.

《2023　社会　解答例》

1 (1)本初子午線　(2)1　(3)パンパ　(4)1　(5)ヒンドゥー　(6)4　(7)白豪主義が実施されていた 1966 年は，ヨーロッパ州からの移民の割合が大きかったが，白豪主義が廃止された後の 2021 年は，アジア州などからの移民の割合が大きくなっている。

2 (1)大陸棚　(2)右図　(3)4　(4)3　(5)ア．2
イ．この区間は標高が低く，大雨や洪水が発生した際に，水が地下鉄駅内に流れ込むのを防ぐため。

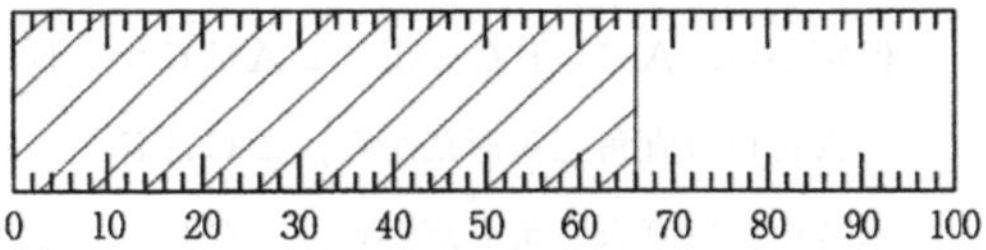

3 (1)4　(2)ア．3　イ．1　(3)ア．分国法　イ．千利休　(4)ア．中国のアヘン密輸入額が増加し，中国からの銀流出額が増加した　イ．異国船打払令

4 (1)3　(2)富岡製糸場　(3)う．孫文　え．ポーツマス条約　(4)ア．1→3→2　イ．物価の上昇に賃金の上昇が追いついていないため。　(5)3

5 (1)ア．法の支配　イ．4　(2)2　(3)国債を買い取る　(4)い．40　う．8　(5)ア．2　イ．え．増えている　お．租税負担率が高い　(6)マイクロクレジット　(7)常任理事国が１か国でも反対すると可決できないため。

6 (1)6　(2)ア．田沼意次　イ．え．百姓一揆や打ちこわしが増加した　お．米をたくわえさせる
(3)ハザードマップ　(4)ア．2　イ．インターネットの利用率が低い高齢者などにも，十分に情報が行き届くように注意する必要がある。

《2023　理科　解答例》

1 (1)重力　(2)おもりの位置エネルギーの減少する量が，位置Aから位置Bまで移動するときと，位置Aから位置Cまで移動するときで等しいから。

2 (1)1　(2)4

3 (1)H_2O　(2)2

4 (1)偏西風　(2)3

5 (1)2　(2)あ．D　い．A　う．E　(3)え．アミノ酸　お．毛細血管　か．グリコーゲン

6 (1)コイル内部の磁界が変化することで，コイルに電圧が生じる現象。　(2)ア．－極から出る　イ．2　(3)電子

7 (1)恒星からの光を反射しているから。　(2)4　(3)ア．2　イ．3

8 (1)$Zn \rightarrow Zn^{2+} + 2e^-$　(2)1，4　(3)ア．5　イ．い．鉄　う．水素　え．塩酸

9 (1)双子葉類　(2)ア．3　イ．200　(3)ア．あ．3　い．1　イ．体積が大きくなった

山口県公立高等学校

《2023 国語 解説》

一 (二) 「真《しん》(実《じつ》)を写《うつ》す」と読めるので、「(下の漢字)を(上の漢字)する」の形になっている。2は「温《あたた》かさを保《たも》つ」と読めるので、「(下の漢字)を(上の漢字)する」の形になっている。よって、2が適する。1は「花《はな》の束《たば》」のことなので、上の漢字が下の漢字を修飾している。3は「救《すく》う、助《たす》ける」と読めるので、同じような意味の漢字の組み合わせ。4は「日《ひ》が没《ぼっ》する」ことだから、上の漢字が主語で下の漢字が述語の形になっている。

(三) 打ち消しの助動詞「ない」をつけて未然形に活用させると「見せ・ない」と活用語尾がエ段の音になるので、下一段活用の動詞。「見せる」は「せ／せ／せる／せる／せれ／せろ・せよ」と活用する。「見る」は助動詞「ない」をつけると「見・ない」と直前がイ段の音になるので上一段活用の動詞。違いに注意しよう。

(四) 4の「すらすらと」は、物事が滞《とどこお》りなくうまく進む様子を表す言葉。圭人《けいと》は「ある日、友人の『歩《あゆむ》』に誘われて」「宮大工の『師匠《ししょう》』の講演会に参加した」。それまでは、宮大工や歴史的建造物について、意識して深く真剣に考えたことなどなかった。それなのに「もしかすると、ぼくのやりたいものはこういうことだったんじゃないか」と思い、「宮大工になって、歴史的建造物を守っていく」という言葉が出てきた。これまで意識していなかったことが、言葉になって「すらすらと」出てきたことに「自分でもびっくりした」のである。

(五) 圭人のスケッチを見て、すぐにローマに住んでいたと見破った師匠に、圭人が「どうしてわかるんですか？」と聞くと、師匠は「なんというか、きみのスケッチには、執念のようなものがあるからね。いい意味でね」と言い、さらに「これらのスケッチには描く対象に対するあなたの多大なる敬意が表れている。それは見ればわかりますよ」と言った。つまり、宮大工になるのに必要なものとして師匠があげた「情熱と執念」「敬意」のうちの二つを、師匠は圭人のスケッチの中に見出したことになる。そのことに気づいた圭人は、傍線部のように聞いたのである。

(六) 傍線部を含む発言は、3～4行前の圭人の発言を受けたもの。師匠が「クスクス笑ってうなずいた」のは、「たったの一時間半で将来を決めるのは、性急かもしれません」と圭人をいさめておきながら、自分も「たったの数時間で」宮大工になりたいと決意し、実際に宮大工になったことを、圭人に指摘されたから。

(七) 「びっくりした」「伝わっている。ぼくがなぜスケッチしていたか、この人には、ぼくの想いが伝わっているんだ」「自分でもびっくりした」「ああ、この師匠もそうだったのか！」など、圭人に限っては、会話以外の部分でその内面が直接描かれている。よって、3が適する。

二 (一) 「細かな」、aの「色々な」、bの「大切に」は、自立語で活用があり、物事の性質や状態を表す語で、連体形が「～な」となるので、形容動詞。よって、aとbが適する。cの「きちんと」は副詞。dの「ような」は助動詞。eの「高い」、fの「良く」は、自立語で活用があり、物事の性質や状態を表す語で、終止形が「～い」(連体形も「～い」)となるので、形容詞。

(二) 「私なりに」を「考えてみました」の直前に入れても、意味が通り、文の意味もそれほど変わらない。よって、4が適する。

(三) 噛《か》み砕《くだ》くには、難しい内容を易《やさ》しい言葉で分かりやすく表現するという意味があるので、1が適する。

(四) 直後の3段落で、「ここでの『まもる』は、『守る』であり『護る』です」「『つくる』は、『作る』であり『創る』です」「そして『つなげる』は、『繋《つな》げる』であり『継承(継いで承る)』です」と最初に述べ、それぞれの語の詳しい説明に入っている。よって、3が適する。

(五)Ⅰ 最初の3段落で、「サステイナビリティがもともと含んでいる意味合いを取りこぼさないようにしながら日本語で説明するとしたら、どのような表現があるでしょうか」「その新しい和訳を考えてみると、それは『まもる・つくる・つなげる』がよいのではないかと考えています」と述べている。　Ⅱ　最後の段落で、「こうしてサステイナビリティを『まもる・つくる・つなげる』ことととらえると、いずれもが日常会話のなかでも頻繁に使う動詞ですから、より社会に広く浸透しやすくなるでしょう」とその効果を予測、期待している。

三　(一)「者」から「有」に、二字返っているので、一・二点を用いる。

(二)　筆者は続けて「性情の実を知らざるなり(＝性情の実質を知らないのだ)」と批判している。弁論家は性情について、何を知っているのか、あるいはどういう理解をしているのか、適切なものを選ぶ。よって、２が適する。

(三)Ⅰ　「喜怒哀楽好悪欲の、～は情なり」の間の「～」の部分を現代語で書く。　Ⅱ　書き下し文の最後の文の「故に」は、「だから」という意味なので、この前に「性情は一なり」と言う理由が書かれている。

【漢文の内容】

性《せい》(と)情《じょう》は一つのものである。世の中に弁論家がいて言うには、「性は善であり、情は悪だ」と。これはただ性情のうわべを分かっているだけで、性情の実質を知らないのだ。喜《き》怒《ど》哀楽《あいらく》好《こう》悪《お》欲《よく》が、まだ外に出ないで、心の中にあるのが性である。喜怒哀楽好悪欲が、外に出て行動に現れたのが情である。性は情の本体で、情は性の働きである。だから私は言うのだ、「性(と)情は一つのものである。」と。

四　(一)　発表を聞く人に対して問いかけを行うことで、発表内容に関心を持たせようとしている。よって、１が適する。

(二)　データ３から読み取れることを書く必要がある。――部に続く一文から、インターネットの信頼度が低いということがわかるが、このことを――部の時点で言わないとわかりにくい。

(三)　データ３によれば、新聞の信頼度は全世代で１位か２位であり、すべての世代で信頼度が高いメディアだと認識されている。しかしデータ２を見ると、「『世の中のできごとや動きについて信頼できる情報を得る』ときに利用するメディア」として、新聞はテレビに遠く及ばず、60代以外はインターネットよりも利用する割合が低い。

五　(二)　１は大器晩成《たいきばんせい》、２は大願成就《たいがんじょうじゅ》、３は大義名分《たいぎめいぶん》、４は泰然自若《たいぜんじじゃく》。よって、４が適する。

(三)ア　古文の「わゐうゑを」は、「わいうえお」に直す。　イ　【和歌の内容】を参照。

【和歌の内容】

(こずえが揺れていないことから)こずえには風が吹いているとも見えないで桜花が香るのは風が吹いている証拠なのだなあ。

《2023　数学　解説》

1　(2)　与式$=\frac{15}{6}-\frac{14}{6}=\mathbf{\frac{1}{6}}$

(3)　与式$=4\times 8x-4\times 7=\mathbf{32x-28}$

(4)　与式$=3\times(-2)+9=-6+9=\mathbf{3}$

(5)　与式$=6+5\sqrt{6}-\sqrt{6}-5=\mathbf{1+4\sqrt{6}}$

2　(1)　与式より，$(x-2)^2=4$　$x-2=\pm 2$　$x=2\pm 2$　$x=2+2=\mathbf{4}$，$x=2-2=\mathbf{0}$

(2)　右図のように記号をおく。円周角の定理より，$\angle ABD=\angle ACD=62°$

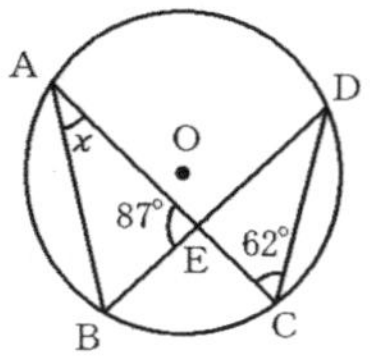

$\triangle ABE$の内角の和より，$\angle x=180°-87°-62°=\mathbf{31°}$

(3)　**【解き方】$y=-2x^2$のグラフは下に開いた放物線だから，xの絶対値が大きいほどyの値は小さくなる。**

$-2\leqq x\leqq 1$でのyの最小値は，$x=-2$のときの，$y=-2\times(-2)^2=-8$

yの最大値は，$x=0$のときの$y=0$である。よって，yの変域は，$-8\leqq y\leqq 0$

⑷　**【解き方】度数分布表から最頻値を求めるときは，最も度数が大きい階級の階級値を最頻値とする。**

最も度数が大きい階級は60回以上80回未満の階級だから，最頻値は，$(60+80)\div 2=$**70**(回)

3　⑴　スナック菓子のエネルギーの和は20ａkcal，チョコレート菓子のエネルギーの和は51ｂkcalで，この総和が180kcalより小さいのだから，**20ａ＋51ｂ＜180**

⑵　２つのチョコレートの重さの合計について，$x+y=200$…①

それぞれのチョコレートに含まれるカカオの重さは，含有率30％のものが$0.3x$ｇ，含有率70％のものが$0.7y$ｇ，混ぜてできる含有率40％のものが$200\times0.4=80$(ｇ)だから，カカオの重さの合計について，$0.3x+0.7y=80$より，$3x+7y=800$…②　　②－①×３でxを消去すると，$7y-3y=800-600$　　$4y=200$　　**$y=50$**

①に$y=50$を代入すると，$x+50=200$　　**$x=150$**

4　⑴　Ａの面積は，$6^2\pi\times\dfrac{60°}{360°}=6\pi$(㎠)である。おうぎ形の面積は，$\dfrac{1}{2}\times$(弧の長さ)×(半径)で求められるから，Ｂの面積は，$\dfrac{1}{2}\times6\times6=18$(㎠)である。$\pi$はおよそ3.14だから，$18<6\pi$なので，ＡよりＢの方が面積が小さい。また，正三角形の１つの内角は60°なので，右図のようにＡの中にＣを入れることができる。したがって，ＡよりＣの方が面積が小さい。

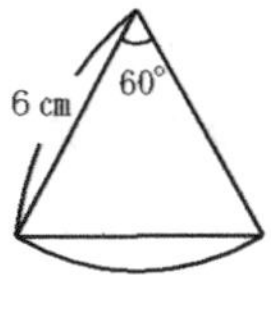

よって，**エ**が正しい。

⑵　ＭサイズのカステラとＬサイズのカステラは相似な直方体で，相似比は$1:\dfrac{5}{3}=3:5$である。相似な立体の体積比は相似比の３乗に等しいので，ＭサイズとＬサイズのカステラの体積比は，$3^3:5^3=27:125$である。ＭサイズとＬサイズのカステラの体積をそれぞれ$27x$，$125x$とすると，Ｍサイズのカステラ４個の体積は，$27x\times4=108x$だから，これとＬサイズのカステラの体積比は，$108x:125x=$**108：125**である。

5　⑴　**【解き方】箱ひげ図からは，右図のようなことがわかる。半分にしたデータ(記録)のうち，小さい方のデータの中央値が第１四分位数で，大きい方のデータの中央値が第３四分位数となる(データ数が奇数の場合，中央値を除いて半分にする)。**

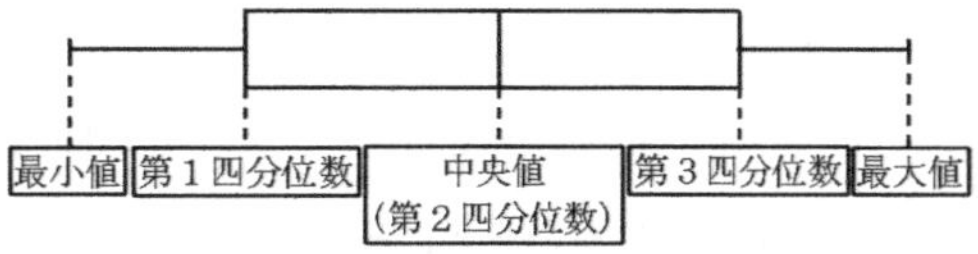

ア．令和２年，３年，４年の最小値はそれぞれ30分，30分，10分だから，正しくない。

イ．(四分位範囲)＝(第３四分位数)－(第１四分位数)である。令和２年，３年，４年の四分位範囲はそれぞれ，$210-100=110$(分)，$180-60=120$(分)，$150-60=90$(分)だから，正しくない。

ウ．生徒数は50人だから，中央値以上の人は$50\div2=25$(人)以上いる。すべての年で中央値は100分を上回っているので，100分以上の人は25人以上いるから，正しい。

エ．令和４年も令和２年もどちらも第３四分位数以上の人数についてきいている。第３四分位数以上の人数は，全体のおよそ$\dfrac{1}{4}$だから，令和４年も令和２年も同じくらいなので，正しくない。

よって，正しいのは**ウ**である。

⑵　選び方Ａ，Ｂそれぞれについて，樹形図を丁寧にかいて考える。

6　⑴　**【解き方】２けたの自然数を10ａ＋ｂとすると，十の位と一の位を入れかえた数は10ｂ＋ａと表せる。**

$(10a+b)-(10b+a)=54$より，$9a-9b=54$　　$9(a-b)=54$　　$a-b=6$

よって，ａがｂより６大きい数のうち最大の数を求めればよいので，求める数は**93**である。

⑵　８の倍数になることを説明するので，文字式を８×□の形に変形することを考える。

7 (1) $\sqrt{5}$の長さの線分をいかに作図するかがポイントである。直角をはさむ２辺の長さが１と２の直角三角形の斜辺の長さは$\sqrt{1^2+2^2}=\sqrt{5}$になることに気がつき，右図をイメージしたい。

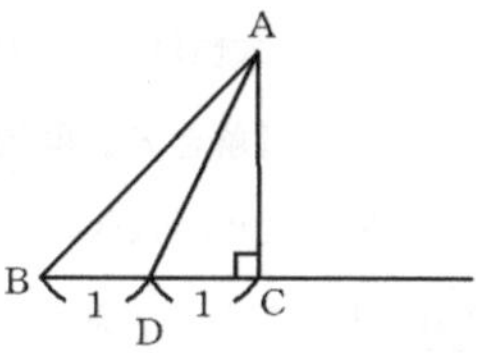

ＡＤ＝$\sqrt{5}$なので，ＤＰ＝ＤＡとなるようにＰをとればＢＰ＝１＋$\sqrt{5}$となる。

(2) まず，問題文の仮定を図にかきこんで，証明のために必要な条件を探そう。条件が足りない場合は，問題の内容に応じて，図形の性質，平行線の同位角・錯角，円周角の定理などからわかることもかきこんでみよう。

8 (1) **【解き方】直線の傾きの絶対値が小さくなるほど，グラフの傾きぐあいは小さくなる。**

直線ℓと直線mは切片が同じ－１なので，y軸との交点が同じだから，アかウが適切である。

ａ＜ｂで，図よりａもｂも負の数だから，ａよりｂの方が絶対値が小さい。

よって，直線mの方が直線ℓよりも傾きぐあいが小さいので，適切な図は，**ア**である。

(2) **【解き方】平行四辺形(長方形は平行四辺形に含まれる)の面積を２等分する直線は，２本の対角線の交点を通る。平行四辺形の２本の対角線は互いの中点で交わるから，式を求める直線は，ＡＢの中点を通る。**

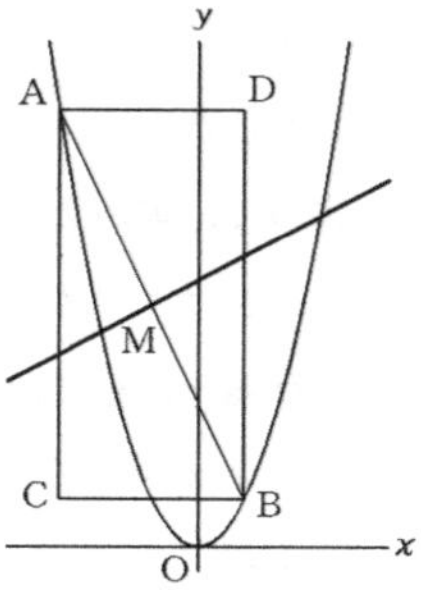

Ａ，Ｂは$y=x^2$のグラフ上の点だから，$y=x^2$に$x=-3$，$x=1$をそれぞれ代入すると，

$y=(-3)^2=9$，$y=1^2=1$となるので，Ａ(－３，９)，Ｂ(１，１)である。

ＡＢの中点をＭとすると，Ｍのx座標は，$\dfrac{(\text{AとBの}x\text{座標の和})}{2}=\dfrac{-3+1}{2}=-1$，

Ｍのy座標は，$\dfrac{(\text{AとBの}y\text{座標の和})}{2}=\dfrac{9+1}{2}=5$

求める直線の式を$y=\dfrac{1}{2}x+b$とし，Ｍ(－１，５)の座標を代入すると，

$5=-\dfrac{1}{2}+b$より，$b=\dfrac{11}{2}$　　よって，求める式は，$\boldsymbol{y=\dfrac{1}{2}x+\dfrac{11}{2}}$

9 (1) 30分＝$\dfrac{30}{60}$時間＝$\dfrac{1}{2}$時間だから，自宅から公園までの道のりは，$4\times\dfrac{1}{2}=2$(km)である。

よって，毎時ａkmで進んだときにかかる時間は，$\dfrac{2}{a}$時間＝$(\dfrac{2}{a}\times60)$分＝$\boldsymbol{\dfrac{120}{a}}$**分**

(2) **【解き方】ＭからＡ，Ｂ，Ｃ，Ｄそれぞれの点までの距離のうち最も長い距離が，街灯が照らすことができる円の半径として最低限必要な長さである。△ＡＤＣはＡＤ＝ＣＤの二等辺三角形だから，ＤＭはＡＣの垂直二等分線なので，右のように作図できる。**

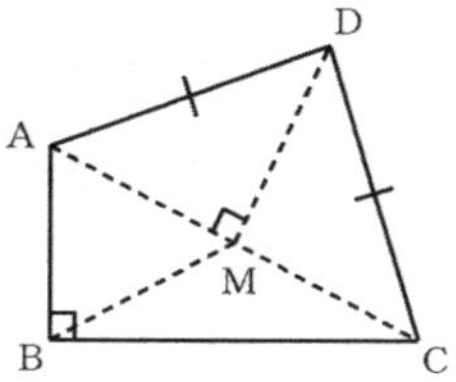

三平方の定理より，$AC=\sqrt{AB^2+BC^2}=\sqrt{10^2+20^2}=10\sqrt{5}$(m)

$\angle ABC=90°$だから，ＢはＡＣを直径とする円の周上にあり，$BM=AM=CM=\dfrac{1}{2}AC=\dfrac{1}{2}\times10\sqrt{5}=5\sqrt{5}$(m)

$\triangle ABC=\dfrac{1}{2}\times10\times20=100$(㎡)だから，$\triangle ADC=\dfrac{800}{3}-100=\dfrac{500}{3}$(㎡)

△ＡＤＣの面積について，$\dfrac{1}{2}\times AC\times DM=\dfrac{500}{3}$　　$\dfrac{1}{2}\times10\sqrt{5}\times DM=\dfrac{500}{3}$　　$DM=\dfrac{500}{3}\times\dfrac{1}{5\sqrt{5}}=\dfrac{20\sqrt{5}}{3}$(m)

$5<\dfrac{20}{3}$だから，$5\sqrt{5}<\dfrac{20\sqrt{5}}{3}$なので，円の半径は$\dfrac{20\sqrt{5}}{3}$m以上必要である。

図３より，街灯の高さと円の半径の比は２：10＝１：５になるから，求める街灯の高さは，$\dfrac{20\sqrt{5}}{3}\times\dfrac{1}{5}=\boldsymbol{\dfrac{4\sqrt{5}}{3}}$(m)

《2023　英語　解説》

1 **テスト１　No.１**　質問「彼らはいつ動物園を訪れますか？」…Ａ「明日動物園へ行こうよ。私はウサギが見たいな」→Ｂ「いいね。でも，明日は雨が降るよ。今週末はどう？ 天気がいいと思うよ」→Ａ「今週末？わかった。日曜日に行こうよ」より，３「今週の日曜日」が適切。　**No.２**　質問「母親は今，アレックスに何をしてほしいでしょうか？」…Ａ「アレックス，今スーパーに行ってトマトを買ってきてくれる？」→Ｂ「うん，お母さん。僕はち

ょうど宿題が終わったところだよ。トマトは何個必要？」→A「ピザを作るのに２個必要よ。あら，タマネギもほしいわ！１つ買ってきてよ」より，２「トマト２個とタマネギ１個を買ってくること」が適切。　**No. 3**　質問「今札幌に住んでいるのは誰ですか？」…A「ユウコ，お兄さんは元気？彼は東京に住んでいるそうだね」→B「あら，それは私の姉ですよ，スミス先生。兄は去年の４月に家を出て，今は札幌に住んでいます」→A「本当に？私は若い頃札幌に住んでいたよ。また行きたいな」より，２「ユウコの兄」が適切。　**No. 4**　質問「なぜマイクとルーシーは別のレストランを探すことに決めたのですか？」…A「マイク，このレストランで昼食を食べよう。新しくて人気があるよ」→B「いいね，ルーシー。でも，レストランには誰もいないよ。営業しているの？」→A「あ，見て！このレストランは今日は午後５時開店だって！別の店を探しましょう」より，１「レストランが開いていなかったからです」が適切。

テスト２　**No. 1**　A「リサ，学校に行く時間だよ！」→B「ノートを探しているのよ，お父さん。昨夜机の上に置いたと思うんだけど，見つからないの」→A「あと５分しかないよ。手伝おうか？」より，２「ありがとう，お願い」が適切。　**No. 2**　A「ケンタ，今年は何に挑戦するの？」→B「グリーン先生，僕は一生懸命英語を勉強します。僕の夢はいつかニューヨークに演劇を勉強しに行くことなんです」→A「ああ，君の夢は俳優になることだったね！」より，４「そうです。僕はいつか世界中で人気になりたいんです」が適切。　**No. 3**　A「カオリ，この写真ではうれしそうだね！ みんな笑っているよ。彼らは君の友達？」→B「ええ。この写真の男の子，サトシが来週日本を出てイタリアに留学するから，一緒に写真を撮ったの」→A「なるほどね。写真の中でサトシはどこにいるの？」より，３「彼は私のそばで黄色いTシャツを着ているよ」が適切。　**No. 4**　A「明日野球の試合を見に行くとき，自転車でスタジアムに行くべきね」→B「どうして？僕たちはバスに乗れるよ。停留所はスタジアムのすぐ前だよね？」→A「ええ。でも，実際スタジアムの周りはいつも車でいっぱいになるから，かなり時間がかかるよ」より，４「なるほど。君の考えは僕のよりよさそうだね」が適切。

テスト３　【放送文の要約】参照。ショウタの質問「１つ選ぶとしたら，君はどっちのお祭りがいい？」に対する答えを４語以上の英語で書く。(例文)「私は音楽祭の方がいいです」

【放送文の要約】

ショウタ：何かアイデアはあるの，ミズキ？

ミズキ　：ええ。私たちの町の英語の(A)地図(＝map)を作って留学生に渡せばいいと思うよ。お店やレストランなどの，私たちの好きな場所を地図上で(B)見せる(＝show)ことができるよ。写真も載せたいな。

ショウタ：いいね。英語の情報は彼らにとってとても役に立つよ。

ミズキ　：ええ。あと，留学生と話すときに，地図がいい(C)話題(＝topic)になると思うよ。じゃあ，あなたのアイデアを聞かせて，ショウタ。

ショウタ：いいよ。僕たちと留学生は最初にお互いを知る時間を持つべきだと思うんだ。だから，僕のアイデアは学校でお祭りをすることだよ。アイデアは２つあるよ。１つ目は音楽祭だよ。僕たちは吹奏楽部の演奏と歌を一緒に楽しむことがでるんだ。２つ目は体育祭だよ。バレーボールやバドミントンなどのスポーツができるよ。僕たちはスポーツを通してコミュニケーションをとることができるよ。

ミズキ　：それぞれのお祭りにいいところがあるわね。一緒にお祭りを楽しめると思うよ。

ショウタ：ありがとう。でも，(D)１つ選ぶとしたら，君はどっちのお祭りがいい？

2　【本文の要約】参照。(1)(A)　・arrive at ～「～に到着する」　(C)　１「毎年」，２「結果として」，４「例えば」は不適切。　(D)　１「芸術」，３「学校」，４「自然」は不適切。

⑵　wish を使った仮定法〈I wish＋主語＋動詞の過去形＋～〉「私が～ならなあ」の文。仮定法では，過去形にするbe 動詞は were を使う。

【本文の要約】

リー先生：はじめまして，ケンジ。私たちの学校へようこそ！今朝空港(A)1に到着した(＝arrived at)そうですね。調子はどうですか？

ケンジ　：僕は大丈夫です。でもここは本当に暑いですね。

リー先生：ああ，あなたの言いたいことはわかります。今，日本は冬ですよね？

ケンジ　：はい。先週は友達とスキーを楽しみました。

リー先生：本当ですか？私はスキーが大好きです。私が今日本にいたらなあ。

ケンジ　：(C)3ところで(＝By the way)，ここに来る途中にたくさんのユニークな通りの名前を見かけました。

リー先生：それらはマオリ族が話す(D)2言葉(＝language)に由来しています。マオリ族はこの国の先住民です。私たちは彼らの文化を尊重します。

ケンジ　：なるほど。僕はニュージーランドについてもっと知りたいです！

3　【本文の要約】参照。⑴　1枚目のスライドの3枚の写真より，かまぼこの形(＝shapes)が全部ちがうことがわかる。shapes と複数形にすること。

⑵　アンの2回目とユキの3回目の発言，アン「じゃあ，ご当地かまぼこを紹介するのはどう？」→ユキ「ああ，それはいい考えね！もう1枚スライドを作って，いくつかの例を紹介するよ」より，1「さまざな種類のご当地かまぼこ」が適切。

⑶　1×「1115 年の宴会で，カニの身に似たかまぼこが食べられました」…発表スライド1の1枚目の写真の説明より，1115 年の宴会で食べられたかまぼこはカニの身に似たものではないので誤りである。　2×「古い文献によると，かまぼこは 1165 年に海外から伝わりました」…発表スライドにない内容。　3○「新しい種類のかまぼこが 50 年ほど前に発明されました」…発表スライド1の3枚目の写真の説明より，カニの身に似た新しいかまぼこが 50 年ほど前に作られ始めたので正しい。　4×「木の板に乗っているかまぼこは日本の子どもたちの間で人気があります」…発表スライド1の2枚目の写真の説明参照。子どもたちの間で人気とは書かれていない。
5○「家でかまぼこを作る場合，第二工程で塩が必要です」…発表スライド2の Step 2「魚のすり身を作り，塩を加える」より正しい。　6×「家でかまぼこを作るときは，たった 20 分でできます」…発表スライド2の Step 3「20 分間すり身を蒸します」より，蒸すだけで 20 分かかり，他の工程もあるので誤りである。

【本文の要約】

ユキ：私の発表では，好物のかまぼこを紹介するよ。その歴史とレシピについて2枚のスライドを作ったけど，もう1枚作りたいの。

アン：最初のスライドに3枚の写真があるね。全部かまぼこなの？形(＝shapes)は同じじゃないよ。こっちは木の板に乗っていて，もう1つはカニの身みたいね。

ユキ：見た目は違うけど，みんなかまぼこだよ。実際，今日本中にたくさんの種類のご当地かまぼこがあるよ。前に有名なご当地かまぼこを食べたことがあるわ。まるで笹の葉みたいだったの。

アン：本当に？それは面白いわね。じゃあ，発表でご当地かまぼこを紹介するのはどう？

ユキ：ああ，それはいい考えね！もう1枚スライドを作って，いくつかの例を紹介するよ。

4　【本文の要約】参照。⑴　1「2009 年には 45 億円に達しました」，2「2016 年に増加が止まりました」，4「2017年に再び 120 億円以上になりました」はグラフの内容や原稿の前後の内容と合わない。

(2)　(B)の直後に外国人が新しいオリジナルの盆栽を楽しんでいることが書かれているので，… foreign people don't just enjoy (B) 4 traditional Japanese bonsai.「外国人は日本の伝統的な盆栽だけを楽しんでいるわけではない」とする。

(3)　1「『盆栽』という言葉が外国の辞書に載っているのが興味深いです」　2○「盆栽は世界中で発展しており，より人気を博すでしょう」　3「日本の伝統文化を守ることは難しいですが，大切です」　4「日本はもっと伝統的な盆栽を外国に売るべきです」

【本文の要約】

今日は盆栽についてお話ししたいと思います。今，世界中で人気があることをご存じですか？「盆栽」という言葉は英語の辞書にも載っています。私はそのことを知って驚きました。

グラフを見てください。2006 年から 2020 年までの庭木を含めた盆栽の輸出額を見ることができます。2006 年の輸出額は 23 億円でした。その後，グラフによると輸出額は(A) 3 特に 2016 年から 2017 年に大幅に増えました。何があったのでしょう？その理由の 1 つは，2017 年に日本で開催された大規模な国際盆栽イベントだと思います。

このグラフから，日本の盆栽が世界で人気になってきていることがわかります。しかし，今では外国人は(B) 4 日本の伝統的な(＝traditional Japanese)盆栽だけを楽しんでいるわけではありません。彼らは新しいオリジナル盆栽も楽しんでいます。熱帯の樹木を使って盆栽を作る人もいます！伝統的な盆栽文化から新しい盆栽文化を生み出していると言えます。今後は，伝統的な盆栽だけでなく，新しいオリジナル盆栽も世界中で人々に愛されることでしょう。

5　【本文の要約】参照。(2)(a)　「デイビッドの母はデイビッドとマサルを喜ばせるために何をしましたか？」…1○「彼女は彼らにヨーク行きの電車の切符を買いました」　2×「彼女は彼らに電車ファンのための映画のチケットを与えました」　3×「彼女は彼らに電車の写真が載った本を買いました」　4×「彼女は彼らに鉄道博物館についての本を与えました」　(b)　「マサルとデイビッドと母が訪れた博物館について，どれが正しいですか？」…1×「ロンドンから博物館まで電車でたった1時間しかかかりませんでした」　2×「そこで約 300 のイギリスの新しい電車を見ることができました」　3×「ロンドンの歴史を学ぶのに最高の場所でした」　4○「博物館に滞在中，彼らは日本の電車を見かけました」　(c)　「マサルは，ヨークからロンドンへ電車に乗っているとき，なぜうれしかったのですか？」…1×「イギリスでたくさんの日本の新幹線が走っていたからです」　2×「ヨーロッパで一番速く走る電車が気に入ったからです」　3○「日本がイギリスと協力していることを知ったからです」　4×「乗った電車が，イギリスで最も古いもののひとつだったからです」

(3)(a)　質問「マサルがヨークからロンドンまで乗った電車の特別な点は何ですか？」…答え「その電車が日本の技術を使った会社によって作られた(＝made by)ことです」　(b)　質問「なぜマサルは今，一生懸命勉強しているのですか？」…答え「将来エンジニアになる(＝become an engineer)ためです」

【本文の要約】

去年の夏，マサルはイギリスのロンドンにホームステイし，デイビッドという男の子のいる家族のもとに滞在しました。マサルもデイビッドも電車のファンだったので，すぐに親友になりました。

ある日，デイビッドの母が幸せそうな顔で家に帰ってきました。「ほら，君たち」彼女は手に何か持っていました。(2)(a)1 デイビッドとマサルはすぐにそれらが電車の切符だとわかりました。デイビッドは「僕たちは電車に乗れるの？」と尋ねました。彼女は「(2)(a)1 そうよ！今週末に電車でヨークに行こう！」と言いました。デイビッドは「ヨークには鉄道博物館があるよ。お母さんは去年，その博物館の本を買ってくれたね。ずっと行きたかったんだ！」と続けました。母は「もちろん，博物館に行くこともできるね！」と言いました。2人の少年はとても興奮し，「ありがとう！待ちきれないよ！」と言いました。

土曜日，彼らはロンドンからヨークまで電車に乗りました。車中で，少年たちは窓越しに街や山，川を見て楽しみました。２時間後，彼らはついにヨークに到着し，駅のすぐそばにある博物館に入りました。博物館は非常に大きく，彼らはそこに約 300 の電車が保管されていることを知って驚きました。それらの多くは非常に古く，彼らはイギリスの鉄道について多くのことを学びました。⑵(b)4驚いたことに，日本の新幹線も見つけました。彼らは博物館を２時間近く歩き回りました。ウしかし彼らは疲れを感じませんでした。なぜならそれは彼らにとって夢のようなことだったからです。

３時に彼らは家に帰るために駅に戻りました。すると，突然デイビッドは興奮して，「わあ，あの赤い電車を見て！」と言いました。マサルは彼に「あれは何？」と尋ねました。デイビッドは「⑶(a)日本の会社が作った電車だよ。その会社は日本の技術を使ってそれを設計し，それは非常に速く走ることができるんだ。すごくかっこいいよ！」と答えました。彼は「あまり見かけない電車だから，僕たちはとても幸運だよ。今すぐそれに乗るべきだよ！」と続けました。母とマサルは同意し，彼らはその電車に乗りました。マサルはデイビッドから電車のことをさらにたくさん学びました。マサルは「日本の鉄道はイギリスの技術の援助を受けて 150 年前に建設され，今では日本の技術がイギリスの鉄道を発展させるのに使われているんだ」と心の中で思いました。⑵(c)3イギリスと日本の強い絆に彼はうれしくなりました。

イギリスにホームステイした後，彼はもっと熱心に勉強するようになりました。⑶(b)今，彼はエンジニアになるという夢を持っています。彼は将来，イギリスの鉄道プロジェクトのために働きたいと思っています。日本は現在，イギリスのためにヨーロッパ最速の新しい電車を設計しています。

6 ジュディの「私は日本語をもっと上手に話したいよ。何をするべきかな？あなたのアドバイスをください」に対する答えを 20 語以上 30 語以内で答える。無理に難しい表現は使わなくてもいいので，文法・単語のミスに注意し，一貫した内容の文を書こう。書き終わった後に見直しをすれば，ミスは少なくなる。(例文)「あなたは日本の映画を見るべきね。日本の映画を見ると，日常生活で使われるさまざまな日本語を学ぶことができるよ。友達と一緒にそれらの言葉を使う練習をすれば，日本語をもっと上手に話せるようになるよ」

《2023　社会　解説》

1 ⑴ 本初子午線はロンドン郊外にある，旧グリニッジ天文台を通る。

⑵ １が正しい。アルゼンチンとオーストラリアが南半球に位置する。２．インドのみで一つ。３．首都がワシントンD. C.のアメリカ合衆国と，首都がブエノスアイレスのアルゼンチンの二つ。４．アメリカ合衆国ではなく，オーストラリア。アメリカ合衆国は５か国のうち，最も遅く１月１日を迎える。

⑶ 南アメリカ大陸で，赤道付近のアマゾン盆地一帯の熱帯雨林をセルバ，ラプラタ川流域に広がる大草原をパンパ，ブラジル高原に広がるサバナをカンポセラードと呼ぶ。

⑷ 輸出額１位の品目が原油となっている１がナイジェリアである。ナイジェリアはアフリカ諸国のなかでは最も原油の生産が多いことは覚えておこう。人口が最も多い２はインド，輸出額１位の品目が鉄鉱石で，人口が最も少なく，１人あたりのＧＮＩが多い３はオーストラリア，１人あたりのＧＮＩや輸出増額が最も多い４がアメリカ，輸出額１位の品目が植物性油かす(大豆油かす)である５はアルゼンチンである。

⑸ ガンジス川はヒンドゥー教徒が聖なる川とあがめ，沐浴を行ったり，遺灰を流したりする。

⑹ (い)において，アメリカ合衆国のほかに，アルゼンチン，ブラジルなどの国が並んでいるので，とうもろこしと判断する。とうもろこしの栽培には温暖な気候が適している。ＸとＹにおいて，Ｙにだけ中国が含まれていることから，Ｘが輸出量，Ｙが生産量と判断する。中国では米，小麦，とうもろこしなどを含め，農作物の生産量は多いが，人口が多く，生産した農作物の多くを国内で消費するため，輸出量は多くならない。

⑺ かつてイギリスの植民地となっていたオーストラリアでは，白人を優遇する白豪主義がとられていたが，アジ

アとの結びつきが強くなった 1970 年代にこの政策は廃止され，特に中国からの移民(華僑・華人)が増えた。現在のオーストラリアでは，さまざまな民族や文化の共存をうたう多文化主義がとられていて，貿易の面でも，中国や日本をはじめとするアジア各国との結びつきが強くなっている。

2 ⑵ キャベツの出荷額上位５県のうち，関東地方の県は群馬県，千葉県，神奈川県，茨城県なので，それぞれの県の割合をたすと，25.9+21.4+11.1+8.0=66.4(%)であり，小数第１位を四捨五入すると 66%となる。グラフでは，１目盛りが２%となっているので気を付けよう。

⑶ 情報通信業の売上高は都市部で多いので，東京都・大阪府・神奈川県・愛知県・福岡県が１位～５位となっている**い**であると判断する。都市部では鉄道網が発達しており，鉄道による旅客輸送量も多いと考えられるので，Aと判断する。

⑷**3** 日本の港で最も貿易額が多いのは成田国際空港であることは覚えておこう。東京国際空港は通称羽田空港である。DとEを比べると，Dの割合が名古屋港で高いことや，Eの割合が千葉港で高いことから，Eが輸入額であると判断する。中京工業地帯の拠点港である名古屋港では，自動車などの輸出が多く，輸出額の割合のほうが高い。京葉工業地域の拠点港である千葉港では，石油などの資源の輸入が多く，輸入額の割合のほうが高い。

⑸**ア** 夜間人口 100 人あたりの昼間人口の割合を昼夜間人口比率という。100 を超えると通勤・通学による人口の流入超過，100 を下回ると通勤・通学による流出超過となる。 **イ** 資料Ⅱより，それぞれの駅入り口付近が，周辺より標高が低くなっていることが読み取れる。このような場所では，大雨が降ったときに水が流れ込み，排水が追いつかなくなって冠水する可能性が高い。冠水すると，地下鉄の駅構内に大量の水が流れ込むことになるので，駅への入り口に階段を設けることで，水の流入を防いでいる。

3 ⑴ 真言宗は空海，浄土真宗は親鸞，時宗は一遍が開いた。

⑵**ア** 日本において，12 世紀後半は平安時代末～鎌倉時代初頭である。1は 15 世紀前半の室町時代，2は9世紀末の平安時代前期，4は7世紀前半の飛鳥時代のできごと。 **イ** 承久の乱は 1221 年に，後鳥羽上皇が鎌倉幕府打倒をかかげて挙兵して起こった。壬申の乱は，672 年に起こった，大友皇子と大海人皇子の間の跡継ぎ争いである。

⑶**ア** 分国法は，その戦国大名が治める領国内でのみ適用された。代表的なものに，喧嘩両成敗を定めた甲斐の武田氏の『甲州法度之次第』がある。

⑷ 三角貿易では，イギリスが産業革命によって安く良質な綿織物の生産が可能になり，清からの茶の輸入によって流出する銀の不足を補うため，イギリスからインドへ安い綿織物の輸出が行われ，インドからは清へアヘンの密輸が行われた。アヘンは麻薬の一種であり，常用すると中毒症状を起こす。

4 ⑴ 日米和親条約によって，アメリカに一方的な最恵国待遇をあたえることが決められた。最恵国待遇は，他国と結んだ条約において，日本がアメリカにあたえたよりも有利な条件を認めたときに，アメリカにも自動的にその条件を認めることをいう。

⑶**う** 1911 年に孫文による指導のもとで辛亥革命が起こり，その翌年の 1912 年に中華民国が建国された。

え 日露戦争の講和条約はポーツマス条約である。日清戦争の講和条約である下関条約と間違えないようにしよう。下関条約では賠償金を得られたが，ポーツマス条約では賠償金を得られなかった。

⑷**ア** 1 (1921 年)→3 (1929 年)→2 (1932 年) 第一次世界大戦後に，アメリカを主体として軍縮や国際協調が進んだが，世界恐慌をきっかけとして，イギリスがブロック経済を行って国際協調より自国の経済回復を優先させたことなどによって，植民地の少ない日本・ドイツ・イタリアなどが不満を持ち，国家間の対立が生まれるようになった。不景気で国民の不満が高まるなか，ドイツ・イタリアではファシズム体制が国民に支持されるようになった。

イ　表Ⅰから，食品の物価が大きく上昇していること，表Ⅱから，工場労働者の賃金がそれほど上昇していないことが読み取れる。大戦景気により，成金と呼ばれる金持ちが現れ，財閥はさらに力を持つようになったが，急激なインフレーションにより，庶民は生活が苦しくなった。

(5)　高度経済成長期は 1955 年～1972 年あたりを指す。１．1945 年に女性に選挙権や参政権が認められ，翌年に日本初の女性国会議員が誕生した。２．1951 年のできごと。３．高度経済成長期に公害が問題となり，1971 年に環境庁が設置された。４．1993 年のできごと。

5　(1)イ　日本国憲法で保障されている基本的人権については右図。

基本的人権
- 平等権(法の下の平等・両性の本質的平等)
- 自由権(生命身体の自由・精神の自由・経済活動の自由)
- 社会権(生存権・教育を受ける権利・労働基本権)
- 請願権(裁判を受ける権利・請願権・国家賠償請求権など)
- 参政権(選挙権・被選挙権など)

(2)　X．正しい。　Y．裁判員はどのような刑罰を科すかの審理も行う。

(3)　買いオペレーションについての説明である。逆に好景気のときは，日本銀行が一般の金融機関に国債を売却し，世の中に出回るお金を減らそうとする。このことを売りオペレーションという。

(5)　口約束でも契約は成立する。

(7)　安全保障理事会は５の常任理事国(アメリカ・中国・イギリス・フランス・ロシア)と任期２年の 10 の非常任理事国で構成される。常任理事国は拒否権を持っており，常任理事国が１か国でも反対すると否決される。

6　(2)ア　田沼意次は，株仲間の結成を奨励し，印旛沼の干拓を進めるなど，商工業を活発にさせる政策を推し進めた老中である。天明のききん(1782～1787 年)のため，百姓一揆や打ちこわしが多く起こるようになると，その責任を追及され失脚した。　イ　寛政の改革を行った松平定信は，ききんに備えるため，１万石につき 50 石の米を，社倉や義倉と呼ばれる穀物倉に備蓄させた(囲い米の制)。

(3)　災害の種類によってさまざまなハザードマップが作成されている。

(4)ア　Internet of Things（モノのインターネット）の略である。１は人工知能，３はソーシャルネットワーキングサービス，４は仮想現実の略。　イ　図Ⅲより，高齢者のインターネット利用率が低いことが読み取れる。インターネットやパソコン等の情報通信技術を利用できる者と利用できない者との間に生じる格差をデジタル・デバイドという。

《2023　理科　解説》

1　(2)　摩擦や空気の抵抗を考えなければ，物体がもつ力学的エネルギー(位置エネルギーと運動エネルギーの和)は一定になる。位置エネルギーは水平面からの高さに比例するので，ＢとＣの水平面からの高さが等しいとき，ＢとＣの減少した位置エネルギーは等しく，ＢとＣがもつ位置エネルギーから移り変わった運動エネルギーも等しい。物体の速さと質量が等しければ運動エネルギーも等しいので，ＢとＣの速さは等しいことがわかる。

2　(1)　門歯は草をかみ切るのに，臼歯は草をすりつぶすのに適している。なお，犬歯は肉をかみ切るのに適している。また，草は消化するのに時間がかかるので，草食動物の消化管は体長が同程度の肉食動物に比べて長くなっている。

(2)　カンジキウサギの個体数の増減から少し遅れてオオヤマネコの個体数も増減する。よって，４が正答である。

3　(1)　塩化コバルト紙は水〔H_2O〕に反応して，青色から赤色に変化する。

(2)　ＢＴＢ溶液は酸性で黄色，中性で緑色，アルカリ性で青色に変化するので，Ａ内の液体に水に非常によく溶けてアルカリ性を示す気体が，Ｂ内の液体に水に少し溶けて酸性を示す気体が溶けていると考えられる。

4　(2)　Ｂでは，地点■を寒冷前線が通過しようとしている。寒冷前線が通過すると気温が下がり，風向が北寄りに変わるので，表１より，21 時だとわかる。

5 (1) ベネジクト液をデンプンが分解されてできた糖に加えて加熱すると，赤褐色の沈殿を生じる。

(2) 表1のDではペプシンを水にとかしてもニワトリの肉に変化がみられなかったが，表2のHではペプシンを塩酸にとかしたところニワトリの肉が小さくなったので，うすい塩酸を入れたことでペプシンがはたらいたと言える。また，表1のAと表2のEより，アミラーゼは水に溶かすことでデンプンを分解するはたらきが見られることがわかる。

(3) 最終的に，デンプンはブドウ糖，タンパク質はアミノ酸，脂肪は脂肪酸とモノグリセリドに分解される。ブドウ糖とアミノ酸は小腸の柔毛の毛細血管に入り，脂肪酸とモノグリセリドは再び脂肪に戻ってリンパ管に入る。

6 (1) 電磁誘導によって流れる電流を誘導電流という。

(2)ア 実験の結果から，Aが－極，Bが＋極のときに内壁が光り，Aが＋極，Bが－極のときに内壁が光らなかったので，陰極線は－極から出て直進することがわかる。　イ －の電気をもつ陰極線が＋極側に引かれたことと同じしくみによって起こる現象を選ぶ。2は静電気によって，＋の電気と－の電気が引き合うことで起こる現象である。

7 (2) 惑星は太陽の周りを公転している。それぞれの惑星の太陽からの距離は異なり，公転周期も異なるが，同じ面上を公転しているため，同じ方角に見えるときには一直線に並んで見える。

(3)ア 水星や金星は地球の内側を公転しているので，明け方の東の空か夕方の西の空でしか観察できない。図1は東の空での観察だから，明け方の2が正答である。　イ 木星型惑星は，内側から木星，土星，天王星，海王星の順に太陽の周りを公転している。図1，2では，木星型惑星が東から天王星，木星，海王星，土星の順に並んでいるので，地球は木星の公転軌道よりも内側にあることから，図 i のような地球の位置から4つの木星型惑星が見えていると考えると，3が正答である。

図 i

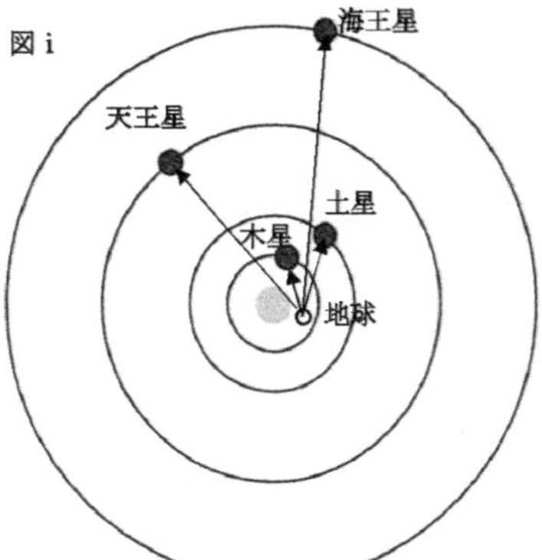

8 (1) 亜鉛原子が電子を2個失って亜鉛イオンになる変化である。

(2) 少量の薬品と小さな器具を用いて行う実験だから，薬品の使用量や廃液の量を減らすことができる。

(3)ア イオンになりやすい金属ほど，金属板が溶けやすいので，表1より，イオンになりやすいものから順にマグネシウム，亜鉛，鉄，銅となる。　イ Sさんと T先生の会話より，亜鉛は水素よりもイオンになりやすく，銅は水素よりもイオンになりにくいことがわかる。よって，イオンになりやすさが亜鉛と銅の間の鉄と水素のどちらがイオンになりやすいかを，鉄と塩酸が反応するかどうかによって調べればよい。なお，鉄は塩酸と反応して水素が発生するので，鉄は水素よりもイオンになりやすい。

9 (1) 子葉が2枚の植物のなかまを双子葉類，子葉が1枚の植物のなかまを単子葉類という。

(2)ア 硫酸カルシウム〔$CaSO_4$〕はカルシウムイオン〔Ca^{2+}〕と硫酸イオン〔SO_4^{2-}〕が1：1の数の比で結びついている。　イ 〔圧力(Pa)＝$\frac{力(N)}{面積(m^2)}$〕，200 g→2 N，10×10＝100(cm²)→0.01 m²より，$\frac{2}{0.01}$＝200(Pa)となる。

(3)ア 浮力は空気中でのばねばかりの値から水の中でのばねばかりの値を引いて求める。表1より，Aには 1.6－0.6＝1.0(N)，Bには 2.0－1.0＝1.0(N)の浮力がはたらくので，実験1ではAとBにはたらく浮力の大きさは等しいことがわかる。また，表2より，Aには 1.6－0.6＝1.0(N)，Bには 1.6－0.8＝0.8(N)の浮力がはたらくので，実験2ではAにはたらく浮力の大きさはBよりも大きいことがわかる。　イ 煮込むことによって，豆腐の重さは変わらないが，豆腐が浮いてきたことから，豆腐の浮力が大きくなったと考えられる。豆腐の浮力は豆腐が押しのけた液体の重さと等しいので，浮力が大きくなったということは，豆腐が押しのけた液体の重さ，つまり豆腐の体積が大きくなったと考えられる。

2022 解答例　令和4年度　山口県公立高等学校

《2022　国語　解答例》

一　(一)4　(二)2　(三)軽率　(四)描かれた人の心の奥やエネルギーに充ちた姿を実物以上に伝え、その人のもつ存在感を表すことができる　(五)Ⅰ．5　Ⅱ．3　Ⅲ．作品自体の心　(六)3

二　(一)d　(二)4　(三)町が賑やか～済的に潤う　(四)1　(五)対話の相手となる他者が自分と異なった考え方をしているほど、より一層思い込みや古い常識に気づくことができ、それらを排除して根本から深く考えることにつながるから。　(六)2

三　(一)かわん　(二)1　(三)ア．「まける」という言葉を「値段を下げる」という意味ではなく、「勝負に負ける」という意味で使ったということ。　イ．b

四　(一)6　(二)「若者言葉」に乱れを感じている割合は「十六～十九歳」が最も高いのに対し、「二十代」は最も低い　(三)一つの事例を見ただけで全体の傾向として断定する

五　(一)1．こころよ　2．すいとう　3．郷里　4．速　5．貯蔵　(二)千差万別　(三)ア．右漢文　イ．2

巧詐ハ不トレ如カ二拙誠ニ一。

六　(例文)

二つの言葉から、私は今努力を重ねることが、未来の自分を創造するのだと感じ取りました。自分から進んで行動することが成長へとつながり、夢は実現するのだと思います。

私は、将来地域を活性化する仕事に就きたいと考えています。その第一歩として、先日、地域のお祭りのボランティアガイドとして、来場者にお祭りの由来や地域の魅力について紹介しました。これからも積極的に地域と関わり、多くの人との交流を通して自分を成長させ、私の思い描く理想の未来を実現可能なものにしていきたいと思います。

《2022　数学　解答例》

1　(1)13　(2)-4　(3)$48a^2b$　(4)$-3x-6y$　(5)a^2-9

2　(1)$3x+7$　(2)イ　(3)$\sqrt{17}$　(4)ウ

3　(1)$3a+80b<500$　(2)式…$\begin{cases}20x+10y=198\\5x+30y=66\end{cases}$　アプリP…9.6　アプリQ…0.6

4　(1)36π　(2)ウ

5　(1)$\frac{350}{a}$　(2)右の図のように，三角形の各辺上に植えてある苗のうち，両端を除くと$(n-2)$個ずつ数えることになるから，苗は$3(n-2)$個となる。また，除いた苗は3個あるから，苗の合計は，$3(n-2)+3$(個)

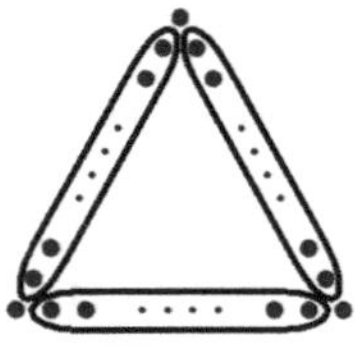

5(2)の図

6　(1)ア3　イB　※(2)$\frac{4}{9}$

7　(1)-4　(2)$\frac{2}{9}$

8　(1)右図

(2)△BAPと△BCQで，

線分BQは∠ABCの二等分線だから，∠ABP＝∠CBQ…①

図1

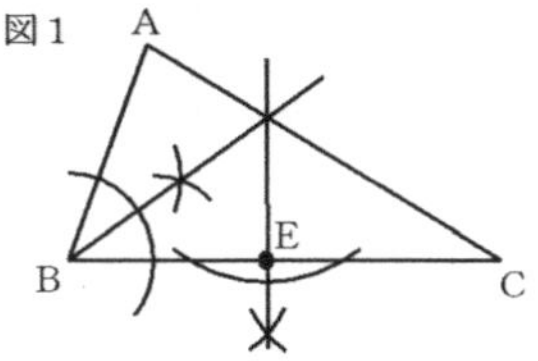

8(1)の図

対頂角は等しいので，∠ＡＰＢ＝∠ＱＰＣ…②

仮定から，△ＣＰＱはＣＰ＝ＣＱの二等辺三角形だから，∠ＱＰＣ＝∠ＰＱＣ…③

②，③から，∠ＡＰＢ＝∠ＰＱＣ

よって，∠ＡＰＢ＝∠ＣＱＢ…④

①，④から，２組の角がそれぞれ等しいので，△ＢＡＰ∽△ＢＣＱ

相似な図形の対応する辺の比は等しいので，ＢＡ：ＢＣ＝ＡＰ：ＣＱ

ＣＰ＝ＣＱだから，ＢＡ：ＢＣ＝ＡＰ：ＣＰ

9 ⑴310　⑵３　※⑶ア６π　イ45

※の解は解説を参照してください。

《2022　英語　解答例》

1 テスト１．No. １…１　No. ２…３　No. ３…２　No. ４…４

テスト２．No. １…２　No. ２…３　No. ３…１　No. ４…３

テスト３．（A）writing　（B）river　（C）original　（D）want to visit Australia

2 ⑴（A）４　（C）２　（D）３　⑵eaten

3 ⑴cheaper　⑵３　⑶１，６

4 ⑴ウ　⑵(a)３　(b)１　(c)４　(d)２　⑶talk with his heart

5 ⑴２　⑵１　⑶４

6 You can enjoy taking pictures on a mountain.　In autumn, many trees on a mountain become colorful.　Yellow and red trees are very beautiful, so you can take good pictures.

《2022　社会　解答例》

1 ⑴リアス海岸　⑵施設園芸農業　⑶５　⑷表Ⅰ…Ｙ　図Ⅲ…ｆ　⑸地方から大都市へ多くの人が移住した。⑹４

2 ⑴３　⑵⑤　⑶１　⑷ア．イスラム教　イ．右図

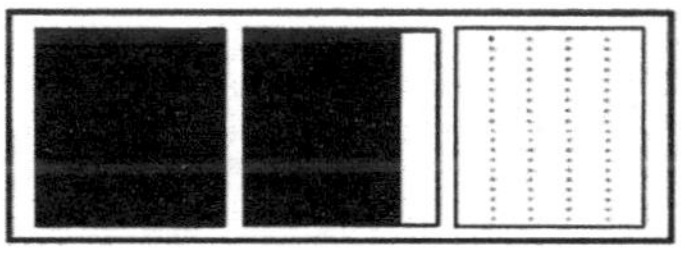

ウ．採掘できる年数が限られている　エ．モノカルチャー経済

3 ⑴４　⑵ア．十返舎一九　イ．江戸　⑶ア．３　イ．２

⑷シルクロードを経て唐に集まり，遣唐使によって，唐から日本にもたらされた。　⑸D→C→A→B

4 ⑴ルネサンス　⑵ア．２　イ．福沢諭吉　⑶４　⑷綿糸や綿織物の大量生産が可能となり，輸出が増えたことで，原料の綿花を大量に必要としたから。　⑸１　⑹２→４→１→３

5 ⑴ア．４　イ．あ…2019　理由…参議院では，３年ごとに議員の半数を改選するため。　⑵各議院の総議員の３分の２以上の賛成で国会が発議し，国民投票で過半数の賛成が必要。　⑶ア．１　イ．発展途上国の間で格差が広がっている問題。　⑷３　⑸２　⑹製造物責任法　⑺公衆衛生

6 ⑴１　⑵２→１→３　⑶バイオマス　⑷い…冷戦　う…ソ連が解体した　⑸温室効果ガス排出量の削減目標値が定められていない発展途上国において，二酸化炭素排出量が増加している。　⑹パリ協定

《2022　理科　解答例》

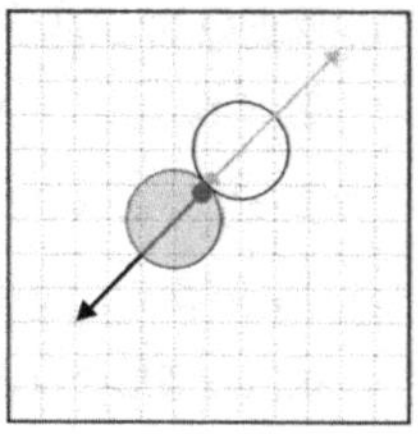

1 (1)3，5　(2)4

2 (1)摩擦力　(2)右図

3 (1)あ．3　い．2　(2)4

4 (1)マグニチュード　(2)2

5 (1)空気　(2)1，2　(3)ア．水面から試験管の上端まで　イ．1

6 (1)卵生　(2)ア．血しょう　イ．酸素の多いところでは酸素と結びつき，酸素の少ないところでは酸素をはなす性質。
(3)方向…A　根拠…(ウ)　(4)1

7 (1)4　(2)線香の煙がしんの役割を果たすことで，ペットボトル内の水蒸気が水滴になりやすくなるから。
(3)ア．3　イ．あ．圧力　い．温度　う．⑥

8 (1)電解質　(2)$2HCl \rightarrow H_2 + Cl_2$　(3)ア．水素イオンと水酸化物イオンが反応し，水になったから。　イ．4

9 (1)熱放射　(2)深成岩　(3)5　(4)あ．水の温度の差　X．120　(5)い．2　う．3

《2022 国語 解説》

一 ㈠ 4は「視」で、しめすへんの四画目の点が省略されている。よって4が適する。

㈡ a「細密に」は、b「描かれた」を詳しく説明している。よって2が適する。

㈣ 実弥子《みやこ》は、ルイの絵を見て、「(まゆちゃんの)心の奥にある芯の強さを感じさせる～エネルギーの充《み》ちた子どもの身体なのだということを、実物以上に伝えている」と感じている。また、まゆちゃんの「自分が今、ちゃんと生きてここにいるんだって、気がついた気がする」というつぶやきによって、絵は、その人のもつ「不思議な存在感」を表すことができるということに気づいた。

㈤Ⅰ 直前で「見せるのはずかしすぎる」と言っていることから、5が適する。 Ⅱ 直後に「わかった～見せないわけにはいかないよね」と言っていることから、自分の絵を見られるのははずかしいが、ルイには見せようと思い、自分を奮い立たせているのが分かる。よって3が適する。 Ⅲ 実弥子の言った「でき上がった瞬間に、作者の手から離れて、まわりに自分を見てもらいたいな、という意志が生まれるのよ。それは作品自体の心」という言葉に対して、まゆちゃんは「……ほんとに？」と、「不安そうに数度まばたきをした」。

㈥ 1．絵の内容の記述によって「描かれた人物と周囲との関係を具体的に」伝えている部分はないため適さない。2．話の内容から、「切迫した状況」は適さない。 3．小学生の会話がテンポよく短い言葉で叙述されているため、絵画教室でのやりとりが臨場感をもって伝わってくる。 4．「幻想的な雰囲気」は表現されていないため、適さない。よって3が適する。

二 ㈠ 動詞に助動詞の「ない」をつけたときに、「エ段＋ない」(「つけない」「変えない」)になる場合、その動詞は下一段活用である。よってdが適する。

㈡ 「意見」の「見」と4は「考え」という意味。よって4が適する。

㈢ 文頭の「それ」が指している、前の行の「町が賑《にぎ》やかになり、お店にはたくさん人が来て、経済的に潤う」ことを抜き出す。

㈣ 文頭の「それ」が指している、[4]段落の「当然視されていること、常識と思われていること～これらをもう一度掘り起こして、考え直してみる」という態度に当てはまるものを選ぶ。よって1が適する。「自明」とは、まったく明らかなこと。

㈤ 「自分の思い込みや古い常識に、自分だけで気がつくことはなかなか難しい」([6]段落)、「それに気がつかせてくれるのが、自分とは異なる他者との対話です」([7]段落)、「異なった考えの人と対話することが、深く考えるきっかけになります」([9]段落)からまとめる。

㈥ 1．[2]段落では「[1]段落の説明とは反する内容を」主張していない。[2]・[3]段落では具体例を挙げて、[1]段落で述べたことをわかりやすく説明している。 2．「深く考える」とはどういうことなのかを、[1]段落で定義し、[4]段落で再定義している。[9]段落では「深く考える」ためにはどうしたらよいのかを具体的に挙げている。 3．全体的に本文の内容と合わない。 4．[5]段落では「[4]段落で述べた主張と対立する意見」ではなく、同じ主張をまとめて言い直している。よって2が適する。

三 ㈠ 古文で言葉の先頭にない「はひふへほ」は、「わいうえお」に直す。

㈢ア．谷風《たにかぜ》が供のものに命令して、魚を売っている男に「まけろ」と言わせたのは「まける」という言葉を、値段を下げるという意味で使った。しかし、魚を売っている男は「まける」という言葉を、勝負に負けるという意味で使って、関取《せきとり》の谷風にとって縁起が悪いからさけるべきことだと言った。　**イ**．bの直後の「をかしかりき」は、谷風と魚を売っている男のやりとりについての筆者の感想である。よってbが適する。

【古文の内容】

関取の谷風梶之助《かじのすけ》が、弟子を供として連れて日本橋本船《ほんふな》町を通った時に、鰹《かつお》を買おうとしたところ値段が大変高かったので、(谷風は) 供のものに命令して、「(値段を) まけろ」と言わせて通り過ぎたのを、魚を売っている男が(谷風に)声をかけて、「関取がまけるというのはさけるべきことだ」と言ったので、谷風は引き返して「買え買え」と言って (弟子に鰹を) 買わせたのもおもしろかった。これは谷風がまけるのではなく、魚を売る男を (値段を下げさせて) まけさせることなので、それほど忌《い》み嫌《きら》うことではないが、(谷風が)「買え買え」と言ったのは少しあせって早とちりをしたように見えた。これは私が若かった頃目の前で見たことだったなあ。

四 (一) 「尊敬語と謙譲語の使い分けができていない」ものを選ぶ。　エ．「参る」は「来る」の謙譲語。「られる」は尊敬を意味する助動詞。「お客様」の動作なので、尊敬語の「いらっしゃる」を用いるのが正しい。　オ．「頂く」は、「食べる」や「もらう」の謙譲語。「れる」は尊敬を意味する助動詞。相手の動作なので、尊敬語の「召し上がる」を用いるのが正しい。よって6が適する。

(二) データ2から分かる「16～19 歳」と「20 代」の認識の相違点についてまとめる。「全年齢層の中で比較すると」とあることにも注意する。

(三) Bさんは最後に、「慣用句の捉え方に関する事例をもっと調べてみませんか」と提案している。このことから、一つの事例(データ3)を見ただけで、全体がそうだと断定することは適切ではないと思っていることが分かる。

五 (二) 漢数字の「千」を含み、様々な相違があるという意味の四字熟語が入る。

(三)**ア**「不如」より先に「拙誠」を読む、つまり、「誠」から「如」に返って読む。ここは、二字へだてて返って読むので、一・二点を打つ。「不如」は、下の漢字からすぐ上の漢字に返って読むので、レ点を打つ。　**イ**「つたなくても(＝巧みではなくても)心のこもったやり方」にあてはまるものを選ぶ。よって2が適する。

―《2022　数学　解説》―

1 (1) 与式$=8+5=13$

(2) 与式$=\frac{2}{5}\times(-10)=-4$

(3) 与式$=16a^2\times3b=48a^2b$

(4) 与式$=6x+y-9x-7y=-3x-6y$

(5) 与式$=a^2-3^2=a^2-9$

2 (1) 毎分3cmずつ水面が上がるので，x分後は$3\times x=3x$(cm)だけ水面が上がる。$x=0$のときの水面の高さは7cmなので，$y=3x+7$となる。

(2) 中央値は，$19\div2=9$余り1より，大きさ順で並べたときの9番目の記録となる。1㎢あたりの人数について，200 人未満が$5+3=8$(人)，300 人未満が$8+3=11$(人)だから，中央値が含まれている階級は，「イ．200 人以上 300 人未満」である。

(3) $4=\sqrt{16}$，$5=\sqrt{25}$で，2乗すると 18 になる数は，$\sqrt{18}$である。
よって，求める数は，$\sqrt{16}$より大きく$\sqrt{25}$より小さい無理数で，$\sqrt{18}$より小さい数だから，$\sqrt{17}$である。

(4) AB//DCより，△ABCと△ABEは，底辺をともにABとすると高さが等しいので，面積が等しい。

3 (1) 1枚3MBの静止画がa枚，1本 80MBの動画がb本で，データ量の合計は$3\times a+80\times b=3a+80b$ (MB)

となる。これが500MBよりも小さいので，$3a+80b<500$ と表せる。

(2)　Sさんの結果について，$20x+10y=198$　　$10x+5y=99$…①

Tさんの結果について，$5x+30y=66$…②

②×2－①でxを消去すると，$60y-5y=132-99$　　$55y=33$　　$y=0.6$

①に$y=0.6$を代入すると，$10x+5\times0.6=99$　　$10x=96$　　$x=9.6$

よって，アプリPの1分間あたりの通信量は9.6MB，アプリQの1分間あたりの通信量は0.6MBである。

4　(1)　できる立体は，右図のように半径が$\frac{1}{2}$AB＝$\frac{1}{2}\times6=3$(cm)の球だから，

求める体積は，$\frac{4}{3}\pi\times3^3=36\pi$(cm³)

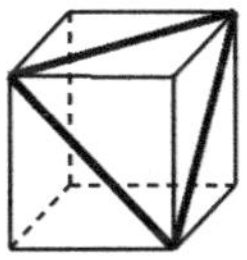

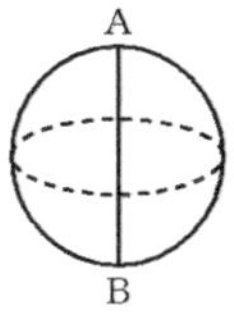

(2)　**【解き方】立面図は立体を正面から見た図，平面図は立体を真上から見た図なので，図2について，切断面は右図の太線部分である。**

立体Yは，切り取った立体のうち，三角錐の立体である。

よって，$V'=(\frac{1}{2}\times1\times1)\times1\times\frac{1}{3}=\frac{1}{6}$(m³)，$V=1-\frac{1}{6}=\frac{5}{6}$(m³)だから，$V:V'=\frac{5}{6}:\frac{1}{6}=5:1$

5　(1)　花の苗は全部で70×5＝350(個)あるから，a人で植えると，1人あたり$\frac{350}{a}$個植えることになる。

(2)　Aさんの考えについて，右の辺は(n－2)個数えることになるので，同じように左と下の辺も(n－2)個数えるようにすれば，3(n－2)個数えることができる。そのように数えたあと，残った苗が3個あるので，{3(n－2)＋3}個と考えることができる。

6　(1)　**【解き方】(四分位範囲)＝(第3四分位数)－(第1四分位数)である。半分にしたデータ(記録)のうち，小さい方のデータの中央値が第1四分位数で，大きい方のデータの中央値が第3四分位数となる(データ数が奇数の場合，中央値を除いて半分にする)。**

記録Aについて，小さい方5回のデータの中央値は6だから，第1四分位数は6である。大きい方5回のデータの中央値は9だから，第3四分位数は9である。よって，四分位範囲は9－6＝ア3となる。

範囲が大きいということはデータがより散らばっているということであり，記録Aより記録Bの方が四分位範囲が大きいので，記録イBの方が散らばりの度合いが大きい。

(2)　**【解き方】表にまとめて考える。**

大小2個のさいころを同時に投げるときの目の出方は全部で，6×6＝36(通り)

そのうち，目の数の和が6以上8以下となるのは，右表の○印の16通りある。

よって，求める確率は，$\frac{16}{36}=\frac{4}{9}$

2個のさいころの目の和

		小					
		1	2	3	4	5	6
大	1	2	3	4	5	⑥	⑦
	2	3	4	5	⑥	⑦	⑧
	3	4	5	⑥	⑦	⑧	9
	4	5	⑥	⑦	⑧	9	10
	5	⑥	⑦	⑧	9	10	11
	6	⑦	⑧	9	10	11	12

7　(1)　放物線$y=x^2$について，$x=-3$のとき$y=(-3)^2=9$，$x=-1$のとき$y=(-1)^2=1$となる。よって，変化の割合は，$\frac{(y\text{の増加量})}{(x\text{の増加量})}=\frac{1-9}{-1-(-3)}=-4$

(2)　**【解き方】直線ABの切片をCとする。右の「座標平面上の三角形の面積の求め方」を利用して，Cの座標→直線ABの式→Bの座標→aの値，の順で求める。**

△OAB＝8であり，(AとBのx座標の差)＝2－(－3)＝5だから，△OABの面積について，$\frac{1}{2}\times$OC$\times5=8$より，OC＝$\frac{16}{5}$，C(0，$\frac{16}{5}$)である。

Aは放物線$y=x^2$上の点でx座標が$x=2$だから，y座標は，$y=2^2=4$

座標平面上の三角形の面積の求め方

下図において，△OPQ＝△OPR＋△OQR＝△OMR＋△ONR＝△MNRだから，△OPQの面積は以下の式で求められる。

△OPQ＝$\frac{1}{2}$×OR×(PとQのx座標の差)

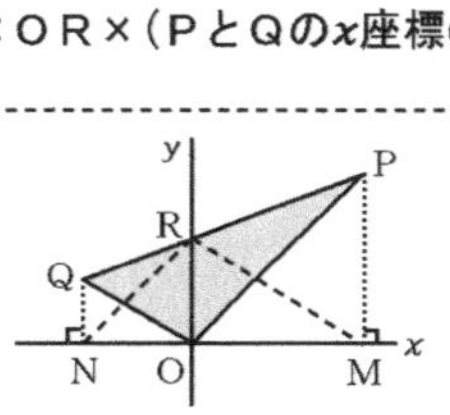

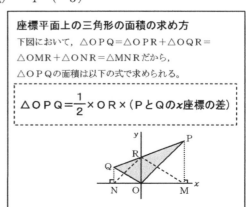

よって，直線ＡＢは傾きが（ＡとＣのy座標の差）÷（ＡとＣのx座標の差）＝$(4-\frac{16}{5})\div(2-0)=\frac{2}{5}$で切片が$\frac{16}{5}$だから，
式は$y=\frac{2}{5}x+\frac{16}{5}$となる。Ｂは直線$y=\frac{2}{5}x+\frac{16}{5}$上の点で$x$座標が$x=-3$だから，
y座標は$y=\frac{2}{5}\times(-3)+\frac{16}{5}=2$
放物線$y=ax^2$はＢ（－３，２）を通るので，$2=a\times(-3)^2$　　$9a=2$　　$a=\frac{2}{9}$

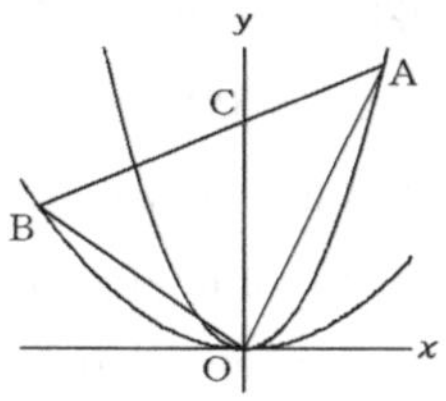

8 ⑴　△ＢＤＥの内角の和より，∠ＤＢＥ＝180°－55°－90°＝35°となるから，
∠ＤＢＥ＝$\frac{1}{2}$∠ＡＢＣが成り立つ。よって，∠ＡＢＣの二等分線とＡＣとの交点がＤとなるので，ＤからＢＣに対して垂線を引くと，その交点がＥとなる。

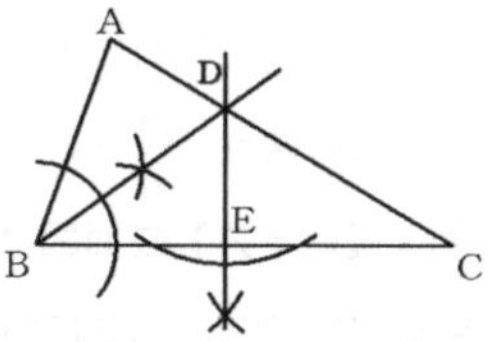

⑵　まず，問題文の仮定を図にかきこんで，証明のために必要な条件を探そう。
条件が足りない場合は，問題の内容に応じて，図形の性質，平行線の同位角・錯角，円周角の定理などからわかることもかきこんでみよう。ここで証明されたことがらは，三角形の内角の二等分線の定理とよばれるものである。

9 ⑴　無作為に抽出した20個の玉を調べたことで，全体の玉の数と使える玉の数の比は，20：15＝４：３と考えられる。玉は全部で413個あるので，使える玉は，$413\times\frac{3}{4}=309.75$より，およそ310個あると推定される。

⑵　**【解き方】右のように作図し，三平方の定理を利用して，xについての方程式をたてる。**

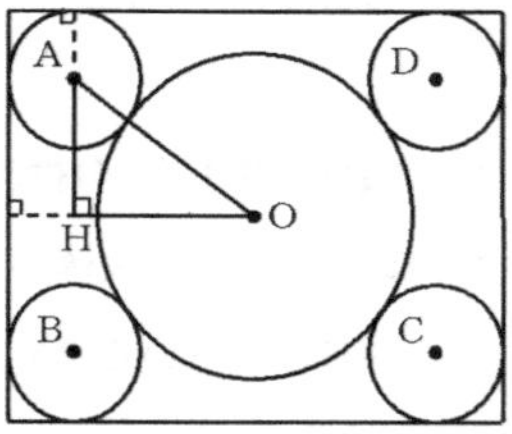

ＡＯ＝$x+7$（m）　　Ｏは長方形の対角線の交点だから，
ＡＨ＝$18\times\frac{1}{2}-x=9-x$（m），ＯＨ＝$22\times\frac{1}{2}-x=11-x$（m）
△ＡＯＨについて，三平方の定理より，$AO^2=AH^2+OH^2$だから，
$(x+7)^2=(9-x)^2+(11-x)^2$　　$x^2+14x+49=81-18x+x^2+121-22x+x^2$　　$x^2-54x+153=0$
$(x-3)(x-51)=0$　　$x=3,\ 51$　　円Ａ，Ｂ，Ｃ，Ｄは円Ｏより小さいから，$0<x<7$より，$x=3$

⑶　**【解き方】第１レーン，第４レーンを走る人について，直線部分の走る距離は同じだから，曲線部分についてのみ考えればよい。**
それぞれのレーンの内側を走ると考える。第１レーンを走る人について，曲線部分の走る距離は，半径がｒｍの円周に等しく，$2\pi\times r=2\pi r$（m）である。第４レーンを走る人について，スタート位置を前方にずらさなかった場合，曲線部分の走る距離は，半径が$r+1\times3=r+3$（m）の円周に等しく，$2\pi\times(r+3)=2\pi r+6\pi$（m）となる。よって，前方にずらす距離は，$2\pi r+6\pi-2\pi r=$ア$\underline{6\pi}$（m）
$r=21$のとき，半径がＢＣ＝21＋３＝24（m），中心角が∠ＡＣＢのおうぎ形の弧の長さが6πmとなる。
半径が24mの円周は，$2\pi\times24=48\pi$（m）だから，∠ＡＣＢ＝$360°\times\frac{6\pi}{48\pi}=$イ$\underline{45°}$

《2022　英語　解説》

1 **テスト１．No.１**　質問「客は何がほしいですか？」…Ａ「すみません，ホットドッグを２つください」→Ｂ「かしこまりました。３ドルになります。飲み物はいかがですか？」→Ａ「いいえ，けっこうです」より，１「ホットドッグ２つ」が適切。　　**No.２**　質問「彼らはどこで話していますか？」…Ａ「すみません，これらの本をどれくらいの期間借りることができますか？」→Ｂ「２週間です。ここでは10冊借りることができます」→Ａ「わかりました。ありがとうございます」より，３「図書館の中」が適切。　　**No.３**　質問「ジョンは明日，なぜ早起きするのですか？」…Ａ「お母さん，明日は６時に起きるよ」→Ｂ「どうして早起きするの，ジョン？」→Ａ「いつもは，

9時に卓球の練習が始まるんだけど，明日は試合があって，8時までに学校に着かなければならないんだ」より，2「彼は明日試合があるから」が適切。　**No. 4**　質問「ブラウン先生はユウコに何をするよう頼みましたか？」…A「机を掃除し終わりました，ブラウン先生。窓も掃除しますか？」→B「ありがとう，ユウコ。でもその前に，この箱を英語教室へ運んでくれないか？」→A「わかりました。すぐやります」より，4「英語教室へ箱を持って行くこと」が適切。

テスト2．No. 1　A「この街では，美味しいお寿司はどこで食べられますか？」→B「とてもおいしいレストランを知っています」→A「本当ですか？ここの近くですか？」より，2「はい，レストランまで歩いて行けます」が適切。　**No. 2**　A「イチロー，今すぐ私を助けてくれない？」→B「いいよ。どうしたの？」→A「私のコンピュータが今日は起動しないの。どうすればいい？」より，3「わかった。君のコンピュータを見せて」が適切。

No. 3　A「この映画を見たことある？」→B「いや，ないよ。でも友達が面白いって言ってたよ」→A「私は今週末に兄と見に行く予定よ。一緒に行かない？」より，1「ごめん，宿題をしなければならないんだ」が適切。

No. 4　A「すみません，祖母の誕生日にぴったりのものを探しています」→B「かしこまりました。それでは，彼女の好きなものは何ですか？」→A「彼女は花が好きで，去年私は彼女に花をあげました。今年は彼女に何か違うものをあげたいです」より，3「花の絵柄のカップはいかがですか？」が適切。

テスト3　【放送文の要約】参照。先生の質問「あなたはどこの国に行きたいですか？」に対する答えを4語以上の英語で書く。(例文)「私はオーストラリアに行きたいです」

【放送文の要約】

おはようございます，みなさん。それでは，イングリッシュ・デイに何をするかについてお話しします。みなさんは今日の午前中に英語の(A)ライティング(＝writing)活動をします。午後には，プレゼンテーションをします。明日は(B)川(＝river)に行きます。大きな魚を捕まえる方法をお見せします！最終日は短編映画を作ります。(C)オリジナル(＝original)のストーリーを書き，英語で映画を作ります。一緒に楽しい時間を過ごして，あなたの英語力を向上させてください！

それでは，今からライティング活動を始めましょう。アイデアを書いてそれをグループで共有することを楽しんでください。まず，いくつか質問をしますので，紙にアイデアを書いてください。質問1。(D)あなたはどの国に行きたいですか？それではあなたの答えを書いてください。

2　【本文の要約】参照。(1)(A)　前後のつながりから，接続詞 and を入れる。　(C)　・call A B「A を B と呼ぶ」

(D)　1「～出身である」　2「～に到着する」　4「～で有名である」は不適切。

(2)　〈Have/Has＋主語＋ever＋過去分詞 ～?〉「～したことがありますか？」の形で“経験”を問う現在完了の疑問文だから，eat の過去分詞 eaten にする。

【本文の要約】

アン　：お正月は普段どのように過ごしているの？

タロウ：そうだね，祖母の家に行っ(A)て(＝and)，お雑煮みたいな特別な料理を食べるよ。お雑煮を食べたことがある？

アン　：いいえ。それは何？

タロウ：お正月の日本の伝統的なスープだよ。僕らはそれをお雑煮(C)と呼んでいるよ(＝call)。

アン　：お正月の特別料理？ 興味深いわ。

タロウ：今年の正月は，叔母が息子を連れて僕らに会いに来たんだ。彼は幼すぎてお雑煮を上手に食べることができなかったので，僕が助けてあげたんだ。僕は小さい子(D)を世話する(＝take care of)のが好きなんだ。僕らは一緒にお雑煮を楽しんだよ。

3 【本文の要約】参照。(1) ウェブサイトのThe Type of Photo Booksの表より，すべてのサイズでソフトカバーがハードカバーよりも安いことがわかる。直後にthanがある比較の文だから比較級のcheaperが適切。

(2) ナミは，サイズが中型でハードカバー(30ドル)のフォトブックにつや出し加工(＋５ドル)したものを注文しようとしているので，30＋５＝35(ドル)である。

(3) １○「インターネットでフォトブックを注文できます」…ウェブサイト上部Order a Photo Book from This Website!「このウェブサイトでフォトブックを注文してください！」より正しい。　２「×写真を送ることは，フォトブックを作るための最初のステップです」…最初のステップはサイズを選ぶことである。　３「フォトブックには×４種類の異なるサイズがあります」…サイズは３種類である。　４「注文できるすべてのフォトブックは×30ページです」…The Type of Photo Booksの表より，フォトブックは20ページである。　５「その店では，フォトブックの作成を完了するのに×１週間かかります」…We need 3 days to print and make a photo bookより，３日間かかる。　６○「店頭でフォトブックを受け取ることができます」…ウェブサイトの最後の文If you come to our shop, you can get it more quickly.「来店すれば，より早く受け取ることができます」より正しい。

【本文の要約】

クリス：ナミ，何を見てるの？

ナミ　：これはフォトブックに関するウェブサイトよ。私はこの街で撮った写真を使ってフォトブックを作るわ。

クリス：いい考えだね。どんなフォトブックを作るの？

ナミ　：まあ，(2)中型のフォトブックを注文しようと思うわ。

クリス：カバーは？

ナミ　：すべてのサイズでソフトカバーがハードカバーよりも安い(＝cheaper)の。でも，(2)私はハードカバーのフォトブックを注文しようと思うの。そして，つや出し加工にするわ。

クリス：いいね。きっと素敵だと思うな。

4 【本文の要約】参照。(1) 「短歌を作るのはそんなに難しいことではない」が入るのは，オカ先生の言葉の中のウである。直後の「短歌は自由に作っていいのよ」がヒントになる。

(2)(a) 「マサトとトムは普段一緒に何を楽しんでいますか？」…第２段落１～２行目より，３「マンガについて話すこと」が適切。　(b) 「なぜマサトとトムは一緒に国語の授業の宿題をすることが多かったのですか？」…第３段落２～４行目より，１「トムはそれをするためにマサトの助けを必要としていたからです」が適切。

(c) 「マサトは，オカ先生が素晴らしい短歌を作ることをどのように知ったのですか？」…第４段落２～３行目より，４「学校新聞を読むことによって」が適切。　(d) 「マサトは何について短歌を作ることに決めましたか？」…第５段落より，２「トムとの思い出と彼らの未来について」が適切。

(3) 質問「オカ先生によると，マサトは素晴らしい短歌を作るために何をすべきでしょうか？」…答え「彼は自分の心と対話し，そして自由に短歌を作るべきです」第４段落８行目のTalk with your heart.に着目する。忘れずにyourをhisに変えること。

【本文の要約】

マサトとトムは中学生です。彼らは１年間友達で，トムは日本滞在中に日本語を上手に話す方法を学んでいます。

⑵(a)3 トムは日本の文化，特にマンガに興味があります。マサトもそれが好きで，彼らはしばしば物語について話すのを楽しんでいます。トムは剣道にも興味があります。彼はよくマサトと一緒に練習します。彼らは一緒に素晴らしい時間を過ごしました。しかしトムは今年7月に日本を離れてロンドンに戻る予定です。

6月の土曜日，マサトとトムは剣道の練習のために学校に行きました。彼らは剣道の練習を終えたあと，宿題について話しました。2(b)1 トムにとってはまだ国語の授業の宿題を1人でするのは難しかったので，彼らは一緒にやることが多く，マサトがトムを手伝いました。週末の宿題は短歌を作ることでした。彼らは国語の授業で短歌について学びました。トムは「短歌の作り方がよくわからない。まず君の短歌を見せてよ！」と言いました。マサトは言いました。「僕も君にすてきな作品を披露したいけど，短歌を作るのは僕にとっても簡単ではないよ」

そのとき，剣道の顧問であるオカ先生がやってきて，「短歌の話をしているの？」と言いました。マサトは，オカ先生が短歌を作るのが好きだったことを思い出しました。2(c)4 マサトは時々学校新聞で先生の素晴らしい短歌を見ました。マサトは「はい。短歌を作ろうとしていますが，わかりません。作り方を教えていただけますか？宿題なんです！」と言いました。オカ先生は微笑んで「わかったわ。ゥ短歌を作るのはそんなに難しいことじゃないわ。短歌は自由に作っていいのよ」と言いました。「自由に？でも短歌にはリズムのルールがありますよ」とマサトは言いました。彼女は言いました。「もちろんルールはあるけど，あなたの心から生まれた言葉で自由に短歌を作ることが一番大事だと思うわ。⑶自分の心と対話をするの。そうすれば，いい短歌が作れるわ」

マサトはオカ先生の言葉を心の中で繰り返し，トムとの日々を思い出しました。彼は思いました。「僕たちはたくさんのことを楽しんできた。トムにさようならを言うのは悲しい。でも僕たちは将来のためにそれぞれの場所で成長しなければならないんだ。大変かもしれないけど，僕たちはできると信じている」2(d)2 マサトはこの気持ちについての短歌を作ってトムに送ることにしました。彼はそれが素晴らしいプレゼントになるだろうと思いました。

マサトとトムが学校から帰るとき，マサトは空を見上げました。とても青かったです。彼らは立ち止まり，しばらく一緒にそれを見ました。それから，マサトはトムのための最初の短歌を作り始めました。

5 【本文の要約】参照。⑴ 1「6月に販売されたアイスクリームは10月に販売されたアイスクリームと×同じくらい人気があります」 2○「7月と8月には家族で 1000 円以上をアイスクリームに使いました」 3×「夏には800 種類以上のアイスクリームが売られています」…グラフからは種類数はわからない。 4×「5月には家族で約 900 円をアイスクリームに使いました」…グラフの内容と一致するが，暑い夏の話が続くので文脈に合わない。

⑵ 1○「暑い気候」 2×「アイスクリームの種類」 3×「寒い季節」 4×「生活の変化」

⑶ 1×「家で美味しいアイスクリームを作る簡単な方法」 2×「お金を節約するための重要な情報」 3×「寒い冬にアイスクリームを買うおもしろい理由」 4○「アイスクリームへの支出の興味深い変化」

【本文の要約】

あなたはよくアイスクリームを食べますか？グラフは，日本の家族が1か月にアイスクリームに平均でどれくらいのお金を使うかを示しています。グラフによると，(A)2 7月と8月には家族で 1000 円以上をアイスクリームに使いました。夏，特にこれらの月は暑いので，冷たいものを食べるのを好む人も多いと思います。その後，アイスクリームへの支出は8月から11月にかけて減少します。

しかし，支出は 12 月に増加し，1月に再び減少します。それは興味深いことです。これはアイスクリームを食べる理由が(B)1 暑い気候(＝hot weather)だけではないことを意味します。では，なぜ人々は寒い 12 月にアイスクリームを買うのでしょうか？詳細を調べて理由を見つけ出すつもりです。

6 スミス先生の質問「秋に出掛けるなら何を楽しめるかしら？」に対する答えを20語以上30語以内で答える。無理に難しい表現は使わなくてもいいので，文法・単語のミスに注意し，一貫した内容の文を書こう。書き終わった後に見直しをすれば，ミスは少なくなる。(例文)「先生は山で写真を撮るのを楽しむことができます。秋には，山のたくさんの木々が色づきます。黄色や赤色の木々はとても美しいので，素敵な写真が撮れますよ」

《2022　社会　解説》

1 ⑴　リアス海岸は，湾内の波が穏やかである程度の深さがあるため，養殖に適している。リアス海岸は，若狭湾以外にも三陸海岸，志摩半島の英虞湾，愛媛県の宇和海沿岸などにも見られる。

⑵　ビニールハウス(＝施設)と野菜や花などを栽培する農業(園芸農業)を合わせて，施設園芸農業とよぶ。

⑶　5が正しい。中京工業地帯と京葉工業地域の特徴から判断する。中京工業地帯は，機械の割合が約70%におよぶ日本最大の工業地帯である。京葉工業地域は，科学の割合が極端に多く機械の割合が低い工業地域である。

⑷　Yとfが正しい。Aの(長野市)から「い」の(高山市)までに，飛騨山脈と木曽山脈の間を通るので，明らかに標高の高い山道を進む必要がある。そのため，走行距離が短いわりに所要時間は長くなる。Aから「あ」まではXとe，Aから「う」まではZとdである。

⑸　1950年代後半から1973年までの期間を高度経済成長期と呼ぶ。大都市を中心に製造業とサービス業が発達し，働き手を確保するために，多くの労働者が地方から大都市に移っていった。中学卒業と同時に集団で上京する集団就職組を「金の卵」と呼んだ時代である。

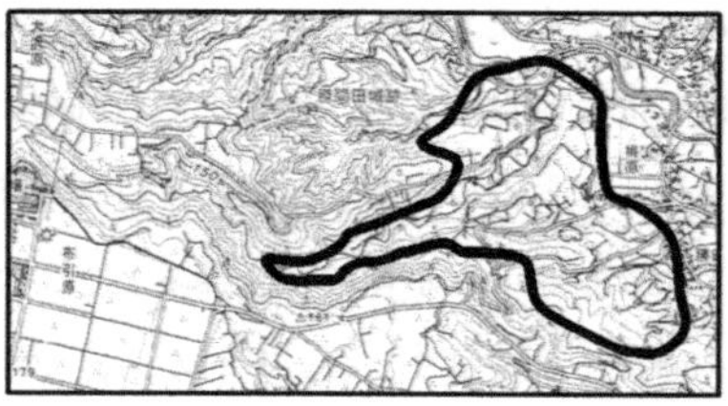

⑹　4が正しい。右図の太線で囲んだ部分が「桃原」西側の谷の部分にあたる。1．誤り。「勝間田城跡」付近の標高は131m，「布引原」付近の標高は160mだから，見上げることになるので茶畑は見えない。2．誤り。「勝間田城跡」付近に見られるのは針葉樹林(Λ)である。3．誤り。2万5千分の1地形図での4㎝は，4×25000＝100000(㎝)＝1000(m)＝1(㎞)

2 ⑴　3が正しい。世界で最も人口が多い国は，⑲の中華人民共和国，世界で最も面積が大きい国は，⑰のロシア連邦である。1．誤り。南半球に位置するのは③，④，⑤，⑥，⑦，⑪，⑫の7か国である。2．誤り。アフリカ州は⑪，⑫，⑬の3か国である。アジア州には⑧，⑨，⑩，⑱，⑲，⑳の6か国がある。4．誤り。イギリスのロンドンを通る経度0度の経線を本初子午線という。⑮のイギリス，⑭のフランスを本初子午線は通る。

⑵　⑤のペルーが正しい。世界遺産はマチュピチュ，アンデス山中に放牧されている家畜はリャマである。

⑶　1が正しい。自給率が100%を超えていれば，超えた分は輸出していることになる。

⑷**ア**　イスラム教は，西アジアと北アフリカに信者が多く分布している。また，イスラム教信者が最も多く住む国はインドネシアであることも覚えておきたい。　**イ**　サウジアラビアが正方形を5マスと半分程度ぬりつぶしてあることから，正方形の1マスは1万ｋＬにあたる。したがって，18000ｋＬは，1マスと5分の4を塗りつぶせばよい。　**ウ**　石油・石炭・天然ガスなどの採掘できる年数が限られた燃料を化石燃料と呼ぶ。　**エ**　モノカルチャー経済は，輸出に頼る資源や農産物の生産量や国際価格の変動の影響を受けやすいので，財政が安定しないといった問題点がある。

3 ⑴　4が正しい。1は明治時代，2は奈良時代から平安時代前半，3は江戸時代。

⑵**ア**　十返舎一九の書いた『東海道中膝栗毛』は，弥次さん・喜多さんが東海道を旅する途中のできごとや名所をえがいたもので，印刷技術の発達によって広まり，当時の旅の案内書として評判になった。現在の旅行パンフレッ

トや旅行ガイド本の走りと言える。　**イ**　参勤交代は，大名が１年おきに江戸と領地に住む制度で，多くの家来が同行するために，江戸での生活にも多くの経費を必要とした。

(3)**ア**　３が正しい。切通しは，馬１頭ほどしか通れない山道で，両側が高くなっていたために，攻められても高所から矢で射かけることができ，守るために好都合であった。水城は，飛鳥時代に北九州の大宰府につくられた。

イ　２が正しい。X．正しい。Y．誤り。図Ⅱを見ると 1202 年の十字軍は，エルサレムに侵攻せず，コンスタンチノープルで止まっているので，聖地奪回はできていない。第４回十字軍(1202 年～)では，ベネチア商人の企てによって，味方であるビザンツ帝国の首都コンスタンチノープルに侵攻している。

(4)　西アジア→シルクロード→唐→遣唐使→日本　の経路が説明されていればよい。

(5)　D(奈良時代)→C(鎌倉時代)→A(安土桃山時代)→B(江戸時代)

[4] (1)　ルネサンスは文芸復興とも呼ぶ。ボッティチェリの「春」は 15 世紀後半の作品である。この後，ダヴィンチ，ミケランジェロなどが現れ，イタリアのルネサンス期は最高潮を迎える。

(2)**ア**　２が正しい。1789 年に人権宣言が発表され，王政を否定する革命が広がることを恐れたヨーロッパ諸国がフランスを攻撃したとき，諸外国を撃退して政権をにぎったのが軍人のナポレオンである。　**イ**　福沢諭吉は，緒方洪庵が開いた適塾で学んでいたことで知られる。

(3)　４が正しい。1877 年に起きた西南戦争の記述である。

(4)　開国当初は，生糸や茶などの農作物を輸出し製品を輸入する，典型的な発展途上国の貿易であった。大正時代になると，綿花を輸入して綿織物を輸出する加工貿易の形態が形成されていった。

(5)　１が正しい。シベリア出兵をみこした商人による米の買い占めから米騒動に発展した。米騒動の責任をとって辞任した寺内正毅に代わって，原敬が内閣総理大臣に就任した。２の第一次護憲運動は 1912 年，３の国会開設の勅諭は 1881 年，４の第１回衆議院議員総選挙は 1890 年。

(6)　２(1945 年)→４(1950 年)→１(1960 年)→３(1968 年)

[5] (1)**ア**　４が正しい。有権者が候補者に対して直接投票するのが直接選挙，投票権を一人一票とするのが平等選挙，誰が誰に投票したかを明らかにする必要がないのが秘密選挙である。　**イ**　参議院には解散がないので定期的に選挙が行われる。

(2)　憲法改正には「各議院の総議員の３分の２以上」「発議」「国民投票」「有効投票の過半数」を盛り込みたい。

(3)**ア**　１が正しい。ＡＰＥＣはアジア太平洋経済協力会議の略称である。２はアフリカ連合，３は東南アジア諸国連合，４はヨーロッパ連合の略称である。　**イ**　南を発展途上国，北を先進国として，南北問題・南南問題を定義している。発展途上国の中でも，多くの資源がある国とない国で経済格差が広がっている。

(4)　３が正しい。常会では次年度の国家予算が最大の議案となる。特別会の最初に内閣総理大臣の指名が行われる。

(5)　２が正しい。ｘが需要曲線(買いたい量を示す曲線)，ｙが供給曲線(売りたい量を示す曲線)である。生産効率が上がることは，価格に対する生産量が増えることを意味する。

(6)　製造業者の過失を消費者が裁判で証拠をあげて証明することは困難であることから，製造物責任法(ＰＬ法)では，製造業者の無過失責任を定め，消費者は製品に欠陥があったことを証明すればよいとされた。

(7)　社会保障の４つの柱(社会保険・社会福祉・公衆衛生・公的扶助)は，確実に覚えておきたい。

[6] (1)　１が正しい。１万年前の温暖化による海面上昇を縄文海進と呼ぶので，縄文時代の記述の１を選ぶ。２は紀元前１世紀頃のローマ，３は３世紀～６世紀頃の古墳時代，４は紀元前３世紀から紀元３世紀頃の弥生時代。

(2)　２→１→３が正しい。高度経済成長期につくられた公害対策基本法が，環境基本法に発展したことを覚えておけば，その後に循環型社会形成推進基本法が成立したことは容易に導ける。

(3) ブラジルでは，さとうきび由来のバイオエタノールがさかんに生成されている。バイオマス発電の際に発生する二酸化炭素は，植物が生長途中に吸収した二酸化炭素なので，結果として二酸化炭素の増加にはならないとされ，地球温暖化の抑制に効果があるとされている。

(4) ソ連を中心とした社会主義諸国とアメリカを中心とした資本主義諸国による，実際の戦火を交えない対立を冷たい戦争(冷戦)と呼んだ。1989 年，ベルリンの壁が取り払われ，アメリカとソ連の首脳会談(マルタ会談)で冷戦の終結が宣言された。その後，ソ連は 1991 年までに，ロシアをはじめとする多くの共和国に解体された。2022 年４月現在，戦争状態にあるウクライナもその中の１つである。

(5)(6) 京都議定書では発展途上国が含まれていないのに対して，パリ協定ではすべての国に二酸化炭素の排出削減の努力義務が課されたことが，京都議定書とパリ協定の最大の相違点である。

―《2022 理科 解説》―

1 (1) イオンは原子が＋または－の電気を帯びたものである。３は＋の電気をもつ陽子が１個，－の電気をもつ電子が２個だから，－の電気を帯びた陰イオンである。５は陽子が１個，電子が０個だから，＋の電気を帯びた陽イオンである。１と２と４は陽子と電子の数が等しいので，電気を帯びていない(イオンではない)。

(2) 陽子と電子の数は元素によって決まっているが，中性子の数が異なるものがあり，それを同位体という。

2 (2) ストーンＢがストーンＡから受けた力と反対方向に同じ大きさの力を受ける。このように２つの物体間で同時にはたらき，大きさが等しく，一直線上にあり向きが反対になる２力を作用・反作用の２力という。

3 (1) あ．シダ植物と種子植物は維管束があり，コケ植物には維管束がない。　い．シダ植物は胞子でふえ，種子植物は種子でふえる。

(2) イネは種子植物の被子植物，単子葉類である。単子葉類の子葉は１枚，葉脈は平行脈，根はひげ根で，維管束は散在している。被子植物の双子葉類の子葉は２枚，葉脈は網状脈，根は主根と側根からなり，維管束は輪状に並ぶ。

4 (1) マグニチュードが１ふえると地震のエネルギーは約32倍，２ふえると1000倍になる。なお，観測地点のゆれの大きさを表す階級は震度である。

(2) Ｐ波とＳ波は震源で同時に発生するが，初期微動を伝えるＰ波の方が，主要動を伝えるＳ波よりはやく伝わる。このＰ波とＳ波の到達時刻の差を利用して，主要動による強いゆれが予測される地域に緊急地震速報を出している。

5 (1) 音は物体(空気や水や金属など)が振動して伝わる。

(2) １，２○…図４(531Hz)では１回振動するのに２目盛り分の時間がかかっていて，1063Hzは531Hzの約２倍の振動数だから，1063Hzでは１回振動するのに約１目盛り分の時間がかかる。１と２で振幅が異なるので，音の大きさは異なるが，振動数が等しいので音の高さは同じである。

(3)**ア** Ａ～Ｃで振動数が同じときがあることに注目する。振動数が708Hzとなるときを見ると，水面から試験管の上端までの長さは，Ａが14－２＝12(cm)，Ｂが16－４＝12(cm)，Ｃが18－６＝12(cm)で等しくなる。　**イ** 表１より，底から水面までの高さが高くなる(水面から試験管の上端までの長さが短くなる)と，振動数は大きくなる(音が高くなる)とわかる。水を入れはじめたときは，長い水筒ほど水面から水筒の上端までの長さが長いから音は低い(振動数が小さい)。表１より，試験管に水を高さ２cmまで入れたときと，高さ10cmまで入れたときの振動数の差を求めると，Ａは2125－708＝1417，Ｂは1417－607＝810，Ｃは1063－531＝532だから，短い水筒の方が飲み物の入れ始めから入れ終わりまでの音の振動数(高さ)の変化が大きくなるとわかる。

6 ⑶ 血管は枝分かれし，毛細血管となって全身の細胞の間に入りこんでいるから，枝分かれしたＢ側が尾びれの先の方である。また，丸い粒(赤血球)がＢ側(尾びれの先)からＡ側(頭部の方)に流れていることから，この血管は心臓へ戻る血液が流れる静脈とわかる。

⑷ 体の各部を流れた血液は，心房に戻り，心室から送り出される。また，静脈血は酸素が少なく二酸化炭素が多い血液，動脈血は酸素が多く二酸化炭素が少ない血液だから，気体の交換が行われるえらから出てくる血液は動脈血，体の各部から心臓(心房)に戻る血液は静脈血である。

7 ⑴ １は雨，２は霧，３は晴れである。また，降水を伴わない場合，雲量が０～１のときが快晴(天気記号は○)，２～８のときが晴れ，９～10のときがくもりとなる。

⑶ア 冷たい空気よりあたたかい空気の方が密度が小さいから，寒気と暖気がぶつかると，寒気が下に，暖気が上になるように空気が移動する。　イ ③では，ペットボトル内の空気が冷やされて，水蒸気が白いくもり(小さい水滴)になった。⑤では，空気を入れたので，ペットボトル内の圧力が上がって，温度が上がり，白いくもりが再び水蒸気になった。⑥では，空気を勢いよく出したから，ペットボトル内の圧力が急に下がって，温度が下がることで，水蒸気が白いくもりになった。

8 ⑵ 塩化水素の電気分解が起こると，陰極で水素，陽極で塩素が発生する。

⑶イ 表２より，Ｆ～Ｊでは混ぜる２％の塩酸の体積と２％の水酸化ナトリウム水溶液の体積の割合を変えたことがわかる。

9 ⑵ マグマが地表付近で急に冷やされてできる岩石を火山岩という。

⑶ 表１より，20秒後にＣのろうがとけているものはないから，図４は80秒後の板のようすだとわかる。80秒後にＣのろうがとけ，Ｄのろうがとけていないのは，アルミニウムである。

⑷ Ｘ．180－60＝120(秒)

⑸ い．実験１で銅板のろうが最もはやくとけたから，最も熱が伝わりやすいと言える。　う．実験２で鉄を入れた水の温度が最も高くなったので，鉄全体の温度が最も冷めにくく，最も多くの熱が水に伝わったと考えられる。

■ ご使用にあたってのお願い・ご注意

（1）問題文等の非掲載

著作権上の都合により，問題文や図表などの一部を掲載できない場合があります。

誠に申し訳ございませんが，ご了承くださいますようお願いいたします。

（2）過去問における時事性

過去問題集は，学習指導要領の改訂や社会状況の変化，新たな発見などにより，現在とは異なる表記や解説になっている場合があります。過去問の特性上，出題当時のままで出版していますので，あらかじめご了承ください。

（3）配点

学校等から配点が公表されている場合は，記載しています。公表されていない場合は，記載していません。

独自の予想配点は，出題者の意図と異なる場合があり，お客様が学習するうえで誤った判断をしてしまう恐れがあるため記載していません。

（4）無断複製等の禁止

購入された個人のお客様が，ご家庭でご自身またはご家族の学習のためにコピーをすることは可能ですが，それ以外の目的でコピー，スキャン，転載（ブログ，ＳＮＳなどでの公開を含みます）などをすることは法律により禁止されています。学校や学習塾などで，児童生徒のためにコピーをして使用することも法律により禁止されています。

ご不明な点や，違法な疑いのある行為を確認された場合は，弊社までご連絡ください。

（5）けがに注意

この問題集は針を外して使用します。針を外すときは，けがをしないように注意してください。また，表紙カバーや問題用紙の端で手指を傷つけないように十分注意してください。

（6）正誤

制作には万全を期しておりますが，万が一誤りなどがございましたら，弊社までご連絡ください。

なお，誤りが判明した場合は，弊社ウェブサイトの「ご購入者様のページ」に掲載しておりますので，そちらもご確認ください。

■ お問い合わせ

解答例，解説，印刷，製本など，問題集発行におけるすべての責任は弊社にあります。

ご不明な点がございましたら，弊社ウェブサイトの「お問い合わせ」フォームよりご連絡ください。迅速に対応いたしますが，営業日の都合で回答に数日を要する場合があります。

ご入力いただいたメールアドレス宛に自動返信メールをお送りしています。自動返信メールが届かない場合は，「よくある質問」の「メールの問い合わせに対し返信がありません。」の項目をご確認ください。

また弊社営業日（平日）は，午前９時から午後５時まで，電話でのお問い合わせも受け付けています。

2025 春

株式会社教英出版
〒422-8054　静岡県静岡市駿河区南安倍３丁目 12-28
TEL　054-288-2131　　FAX　054-288-2133
URL　https://kyoei-syuppan.net/
MAIL siteform@kyoei-syuppan.net

教英出版　2025年春受験用　高校入試問題集

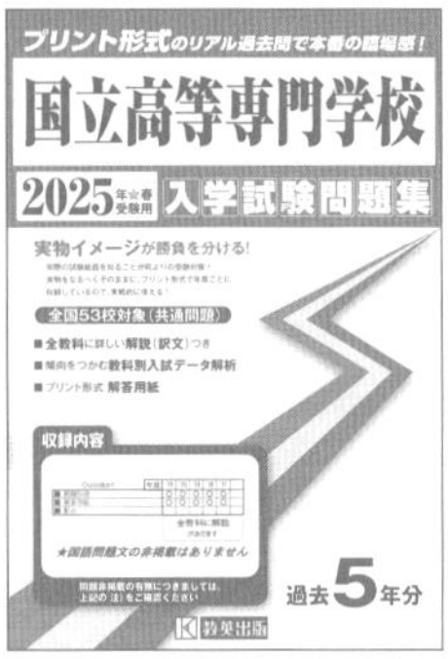

公立高等学校問題集

北海道公立高等学校
青森県公立高等学校
宮城県公立高等学校
秋田県公立高等学校
山形県公立高等学校
福島県公立高等学校
茨城県公立高等学校
埼玉県公立高等学校
千葉県公立高等学校
東京都立高等学校
神奈川県公立高等学校
新潟県公立高等学校
富山県公立高等学校
石川県公立高等学校
長野県公立高等学校
岐阜県公立高等学校
静岡県公立高等学校
愛知県公立高等学校
三重県公立高等学校(前期選抜)
三重県公立高等学校(後期選抜)
京都府公立高等学校(前期選抜)
京都府公立高等学校(中期選抜)
大阪府公立高等学校
兵庫県公立高等学校
島根県公立高等学校
岡山県公立高等学校
広島県公立高等学校
山口県公立高等学校
香川県公立高等学校
愛媛県公立高等学校
福岡県公立高等学校
佐賀県公立高等学校
長崎県公立高等学校
熊本県公立高等学校
大分県公立高等学校
宮崎県公立高等学校
鹿児島県公立高等学校
沖縄県公立高等学校

公立高 教科別8年分問題集

(2024年～2017年)

北海道(国・社・数・理・英)
宮城県(国・社・数・理・英)
山形県(国・社・数・理・英)
新潟県(国・社・数・理・英)
富山県(国・社・数・理・英)
長野県(国・社・数・理・英)
岐阜県(国・社・数・理・英)
静岡県(国・社・数・理・英)
愛知県(国・社・数・理・英)
兵庫県(国・社・数・理・英)
岡山県(国・社・数・理・英)
広島県(国・社・数・理・英)
山口県(国・社・数・理・英)
福岡県(国・社・数・理・英)

国立高等専門学校 最新5年分問題集

(2024年～2020年・全国共通)

対象の高等専門学校

釧路工業・旭川工業・
苫小牧工業・函館工業・
八戸工業・一関工業・仙台・
秋田工業・鶴岡工業・福島工業・
茨城工業・小山工業・群馬工業・
木更津工業・東京工業・
長岡工業・富山・石川工業・
福井工業・長野工業・岐阜工業・
沼津工業・豊田工業・鈴鹿工業・
鳥羽商船・舞鶴工業・
大阪府立大学工業・明石工業・
神戸市立工業・奈良工業・
和歌山工業・米子工業・
松江工業・津山工業・呉工業・
広島商船・徳山工業・宇部工業・
大島商船・阿南工業・香川・
新居浜工業・弓削商船・
高知工業・北九州工業・
久留米工業・有明工業・
佐世保工業・熊本・大分工業・
都城工業・鹿児島工業・
沖縄工業

高専 教科別10年分問題集

もっと過去問シリーズ
教科別
数学・理科・英語
(2019年～2010年)

学校別問題集

北海道

①札幌北斗高等学校
②北星学園大学附属高等学校
③東海大学付属札幌高等学校
④立命館慶祥高等学校
⑤北海高等学校
⑥北見藤高等学校
⑦札幌光星高等学校
⑧函館ラ・サール高等学校
⑨札幌大谷高等学校
⑩北海道科学大学高等学校
⑪遺愛女子高等学校
⑫札幌龍谷学園高等学校
⑬札幌日本大学高等学校
⑭札幌第一高等学校
⑮旭川実業高等学校
⑯北海学園札幌高等学校

青森県

①八戸工業大学第二高等学校

宮城県

①聖和学園高等学校(A日程)
②聖和学園高等学校(B日程)
③東北学院高等学校(A日程)
④東北学院高等学校(B日程)
⑤仙台大学附属明成高等学校
⑥仙台城南高等学校
⑦東北学院榴ケ岡高等学校
⑧古川学園高等学校
⑨仙台育英学園高等学校(A日程)
⑩仙台育英学園高等学校(B日程)
⑪聖ウルスラ学院英智高等学校
⑫宮城学院高等学校
⑬東北生活文化大学高等学校
⑭東北高等学校
⑮常盤木学園高等学校
⑯仙台白百合学園高等学校
⑰尚絅学院高等学校(A日程)
⑱尚絅学院高等学校(B日程)

山形県

①日本大学山形高等学校
②惺山高等学校
③東北文教大学山形城北高等学校
④東海大学山形高等学校
⑤山形学院高等学校

福島県

①日本大学東北高等学校

新潟県

①中越高等学校
②新潟第一高等学校
③東京学館新潟高等学校
④日本文理高等学校
⑤新潟青陵高等学校
⑥帝京長岡高等学校
⑦北越高等学校
⑧新潟明訓高等学校

富山県

①高岡第一高等学校
②富山第一高等学校

石川県

①金沢高等学校
②金沢学院大学附属高等学校
③遊学館高等学校
④星稜高等学校
⑤鵬学園高等学校

山梨県

①駿台甲府高等学校
②山梨学院高等学校(特進)
③山梨学院高等学校(進学)
④山梨英和高等学校

岐阜県

①鶯谷高等学校
②富田高等学校
③岐阜東高等学校
④岐阜聖徳学園高等学校
⑤大垣日本大学高等学校
⑥美濃加茂高等学校
⑦済美高等学校

静岡県

①御殿場西高等学校
②知徳高等学校
③日本大学三島高等学校
④沼津中央高等学校
⑤飛龍高等学校
⑥桐陽高等学校
⑦加藤学園高等学校
⑧加藤学園暁秀高等学校
⑨誠恵高等学校
⑩星陵高等学校
⑪静岡県富士見高等学校
⑫清水国際高等学校
⑬静岡サレジオ高等学校
⑭東海大学付属静岡翔洋高等学校
⑮静岡大成高等学校
⑯静岡英和女学院高等学校
⑰城南静岡高等学校
⑱静岡女子高等学校
⑲常葉大学附属常葉高等学校
常葉大学附属橘高等学校
常葉大学附属菊川高等学校
⑳静岡北高等学校
㉑静岡学園高等学校
㉒焼津高等学校
㉓藤枝明誠高等学校
㉔静清高等学校
㉕磐田東高等学校
㉖浜松学院高等学校
㉗浜松修学舎高等学校
㉘浜松開誠館高等学校
㉙浜松学芸高等学校
㉚浜松聖星高等学校
㉛浜松日体高等学校
㉜聖隷クリストファー高等学校
㉝浜松啓陽高等学校
㉞オイスカ浜松国際高等学校

愛知県

①[国立]愛知教育大学附属高等学校
②愛知高等学校
③名古屋経済大学市邨高等学校
④名古屋経済大学高蔵高等学校
⑤名古屋大谷高等学校
⑥享栄高等学校
⑦椙山女学園高等学校
⑧大同大学大同高等学校
⑨日本福祉大学付属高等学校
⑩中京大学附属中京高等学校
⑪至学館高等学校
⑫東海高等学校
⑬名古屋たちばな高等学校
⑭東邦高等学校
⑮名古屋高等学校
⑯名古屋工業高等学校
⑰名古屋葵大学高等学校
(名古屋女子大学高等学校)
⑱中部大学第一高等学校
⑲桜花学園高等学校
⑳愛知工業大学名電高等学校
㉑愛知みずほ大学瑞穂高等学校
㉒名城大学附属高等学校
㉓修文学院高等学校
㉔愛知啓成高等学校
㉕聖カピタニオ女子高等学校
㉖滝高等学校
㉗中部大学春日丘高等学校
㉘清林館高等学校
㉙愛知黎明高等学校
㉚岡崎城西高等学校
㉛人間環境大学附属岡崎高等学校
㉜桜丘高等学校

㉝光ヶ丘女子高等学校
㉞藤ノ花女子高等学校
㉟栄徳高等学校
㊱同朋高等学校
㊲星城高等学校
㊳安城学園高等学校
㊴愛知産業大学三河高等学校
㊵大成高等学校
㊶豊田大谷高等学校
㊷東海学園高等学校
㊸名古屋国際高等学校
㊹啓明学館高等学校
㊺聖霊高等学校
㊻誠信高等学校
㊼誉高等学校
㊽杜若高等学校
㊾菊華高等学校
㊿豊川高等学校

三重県

①暁高等学校(3年制)
②暁高等学校(6年制)
③海星高等学校
④四日市メリノール学院高等学校
⑤鈴鹿高等学校
⑥高田高等学校
⑦三重高等学校
⑧皇學館高等学校
⑨伊勢学園高等学校
⑩津田学園高等学校

滋賀県

①近江高等学校

大阪府

①上宮高等学校
②大阪高等学校
③興國高等学校
④清風高等学校
⑤早稲田大阪高等学校
(早稲田摂陵高等学校)
⑥大商学園高等学校
⑦浪速高等学校
⑧大阪夕陽丘学園高等学校
⑨大阪成蹊女子高等学校
⑩四天王寺高等学校
⑪梅花高等学校
⑫追手門学院高等学校
⑬大阪学院大学高等学校
⑭大阪学芸高等学校
⑮常翔学園高等学校
⑯大阪桐蔭高等学校
⑰関西大倉高等学校
⑱近畿大学附属高等学校
⑲金光大阪高等学校
⑳星翔高等学校
㉑阪南大学高等学校
㉒箕面自由学園高等学校
㉓桃山学院高等学校
㉔関西大学北陽高等学校

兵庫県

①雲雀丘学園高等学校
②園田学園高等学校
③関西学院高等部
④灘高等学校
⑤神戸龍谷高等学校
⑥神戸第一高等学校
⑦神港学園高等学校
⑧神戸学院大学附属高等学校
⑨神戸弘陵学園高等学校
⑩彩星工科高等学校
⑪神戸野田高等学校
⑫滝川高等学校
⑬須磨学園高等学校
⑭神戸星城高等学校
⑮啓明学院高等学校
⑯神戸国際大学附属高等学校
⑰滝川第二高等学校
⑱三田松聖高等学校
⑲姫路女学院高等学校
⑳東洋大学附属姫路高等学校
㉑日ノ本学園高等学校
㉒市川高等学校
㉓近畿大学附属豊岡高等学校
㉔夙川高等学校
㉕仁川学院高等学校
㉖育英高等学校

奈良県

①西大和学園高等学校

岡山県

①[県立]岡山朝日高等学校
②清心女子高等学校
③就実高等学校
(特別進学コース〈ハイグレード・アドバンス〉)
④就実高等学校
(特別進学チャレンジコース・総合進学コース)
⑤岡山白陵高等学校
⑥山陽学園高等学校
⑦関西高等学校
⑧おかやま山陽高等学校
⑨岡山商科大学附属高等学校
⑩倉敷高等学校
⑪岡山学芸館高等学校(1期1日目)
⑫岡山学芸館高等学校(1期2日目)
⑬倉敷翠松高等学校
⑭岡山理科大学附属高等学校
⑮創志学園高等学校
⑯明誠学院高等学校
⑰岡山龍谷高等学校

広島県

①[国立]広島大学附属高等学校
②[国立]広島大学附属福山高等学校
③修道高等学校
④崇徳高等学校
⑤広島修道大学ひろしま協創高等学校
⑥比治山女子高等学校
⑦呉港高等学校
⑧清水ヶ丘高等学校
⑨盈進高等学校
⑩尾道高等学校
⑪如水館高等学校
⑫広島新庄高等学校
⑬広島文教大学附属高等学校
⑭銀河学院高等学校
⑮安田女子高等学校
⑯山陽高等学校
⑰広島工業大学高等学校
⑱広陵高等学校
⑲近畿大学附属広島高等学校福山校
⑳武田高等学校
㉑広島県瀬戸内高等学校(特別進学)
㉒広島県瀬戸内高等学校(一般)
㉓広島国際学院高等学校
㉔近畿大学附属広島高等学校東広島校
㉕広島桜が丘高等学校

山口県

①高水高等学校
②野田学園高等学校
③宇部フロンティア大学付属香川高等学校
(普通科〈特進・進学コース〉)
④宇部フロンティア大学付属香川高等学校
(生活デザイン・食物調理・保育科)
⑤宇部鴻城高等学校

徳島県

①徳島文理高等学校

香川県

①香川誠陵高等学校
②大手前高松高等学校

愛媛県

①愛光高等学校
②済美高等学校
③FC今治高等学校
④新田高等学校
⑤聖カタリナ学園高等学校

福岡県

①福岡大学附属若葉高等学校
②精華女子高等学校（専願試験）
③精華女子高等学校（前期試験）
④西南学院高等学校
⑤筑紫女学園高等学校
⑥中村学園女子高等学校（専願入試）
⑦中村学園女子高等学校（前期入試）
⑧博多女子高等学校
⑨博多高等学校
⑩東福岡高等学校
⑪福岡大学附属大濠高等学校
⑫自由ケ丘高等学校
⑬常磐高等学校
⑭東筑紫学園高等学校
⑮敬愛高等学校
⑯久留米大学附設高等学校
⑰久留米信愛高等学校
⑱福岡海星女子学院高等学校
⑲誠修高等学校
⑳筑陽学園高等学校（専願入試）
㉑筑陽学園高等学校（前期入試）
㉒真颯館高等学校
㉓筑紫台高等学校
㉔純真高等学校
㉕福岡舞鶴高等学校
㉖折尾愛真高等学校
㉗九州国際大学付属高等学校
㉘祐誠高等学校
㉙西日本短期大学附属高等学校
㉚東海大学付属福岡高等学校
㉛慶成高等学校
㉜高稜高等学校
㉝中村学園三陽高等学校
㉞柳川高等学校
㉟沖学園高等学校
㊱福岡常葉高等学校
㊲九州産業大学付属九州高等学校
㊳近畿大学附属福岡高等学校
㊴大牟田高等学校
㊵久留米学園高等学校
㊶福岡工業大学附属城東高等学校（専願入試）
㊷福岡工業大学附属城東高等学校（前期入試）
㊸八女学院高等学校
㊹星琳高等学校
㊺九州産業大学付属九州産業高等学校
㊻福岡雙葉高等学校

佐賀県

①龍谷高等学校
②佐賀学園高等学校
③佐賀女子短期大学付属佐賀女子高等学校
④弘学館高等学校
⑤東明館高等学校
⑥佐賀清和高等学校
⑦早稲田佐賀高等学校

長崎県

①海星高等学校（奨学生試験）
②海星高等学校（一般入試）
③活水高等学校
④純心女子高等学校
⑤長崎南山高等学校
⑥長崎日本大学高等学校（特別入試）
⑦長崎日本大学高等学校（一次入試）
⑧青雲高等学校
⑨向陽高等学校
⑩創成館高等学校
⑪鎮西学院高等学校

熊本県

①真和高等学校
②九州学院高等学校（奨学生・専願生）
③九州学院高等学校（一般生）
④ルーテル学院高等学校（専願入試・奨学入試）
⑤ルーテル学院高等学校（一般入試）
⑥熊本信愛女学院高等学校
⑦熊本学園大学付属高等学校（奨学生試験・専願生試験）
⑧熊本学園大学付属高等学校（一般生試験）
⑨熊本中央高等学校
⑩尚絅高等学校
⑪文徳高等学校
⑫熊本マリスト学園高等学校
⑬慶誠高等学校

大分県

①大分高等学校

宮崎県

①鵬翔高等学校
②宮崎日本大学高等学校
③宮崎学園高等学校
④日向学院高等学校
⑤宮崎第一高等学校（文理科）
⑥宮崎第一高等学校（普通科·国際マルチメディア科·電気科）

鹿児島県

①鹿児島高等学校
②鹿児島実業高等学校
③樟南高等学校
④れいめい高等学校
⑤ラ・サール高等学校

新刊
もっと過去問シリーズ

愛知県

愛知高等学校
7年分（数学・英語）
中京大学附属中京高等学校
7年分（数学・英語）
東海高等学校
7年分（数学・英語）
名古屋高等学校
7年分（数学・英語）
愛知工業大学名電高等学校
7年分（数学・英語）
名城大学附属高等学校
7年分（数学・英語）
滝高等学校
7年分（数学・英語）

※もっと過去問シリーズは入学試験の実施教科に関わらず、数学と英語のみの収録となります。

教英出版
〒422-8054
静岡県静岡市駿河区南安倍3丁目12−28
TEL 054-288-2131
FAX 054-288-2133
詳しくは教英出版で検索
教英出版 検索
URL https://kyoei-syuppan.net/

令和６年度山口県公立高等学校
入学者選抜学力検査問題

国語

（第１時限　９：00～９：50　50分間）

注意

1　指示があるまで，開いてはいけません。

2　答えは，すべて解答用紙に記入しなさい。

3　解答用紙は，問題用紙の中に，はさんであります。

4　問題用紙は，表紙を除いて10ページで，問題は 一 から 六 までです。

2024(R6) 山口県公立高
教英出版

一　中学一年生の「奈鶴《なつる》」は、家庭教師の「奏《かな》」に英語を学ぶ理由について相談をしていた。次の文章は、「奏」がドイツの※大学院に留学することが決まり、別れを前に「奈鶴」が「奏」に会いに行った場面である。よく読んで、あとの㈠〜㈦に答えなさい。

「ドイツに行っても、忘れないでくれたらうれしいです」

言ったら、ちょっと空気が変わった。ショッピングモールに行った日以来、こっちからは留学の話題に触れずにいたのに、急にぽんと出したからおどろかせたんだろう。

だからこそこのことを報告したかった。

「この前、学校帰りにバスに乗ってたら、知らないひとから英語で話しかけられたんです」

話題があっちこっちしても、奏先生はちっとも嫌な顔をしない。それどころか「へえ！」ってリアクションまでくれる。こういうところが好きだなと思う。

「ほとんど聞き取れなくて、めちゃくちゃ焦《あせ》りました。だけどジェスチャーとかで、降りるドアを聞かれてるんだってやっとわかって。でもどう教えたらいいのかわかんなくて……」

「わあ。それで？」

「結局こっちもジェスチャーと、日本語で乗り切った、のかな？乗り切れたって言えるか微妙だけど、伝わってはいたと思います。笑ってくれたし、最後に手を振ってくれて、わたしも振り返しました」

「すごい」

「すごくないです。奏先生や学校の先生に、ごめんなさいって気持ちになりました。いっぱい英語教わってるはずなのに、頭からぜんぶ飛んじゃった」

「ああ……。たしかに勉強すればするほど、使える単語や表現は確実に増えるし、めざすゴールを設定するのはとてもいいと思う」

奏先生はそこでことばを切った。じっと何かを想像しているみたいに。

「でも、お互いに伝えたいメッセージがあって、それを伝え合ったわけでしょう。タイムリミットがある中で、奈鶴ちゃんも相手のひともあきらめなかった。偶然同じバスに乗り合わせて、たぶんもう会わないふたりが、手を振り合って別れたんだよ」

そして奏先生はもう一度、「すごいよ」って味わうように言った。

うれしかった。ほめられたからじゃない。バスの中で伝えたいことが伝わったとき、わたしの胸に広がった気持ちを奏先生が想像して、一緒に感じてくれたのがわかったから。

奏先生はドイツで、あんなふうにどきどきする瞬間を数えきれないほど体験するのかもしれない。毎日新しいことばに出会って、そのたびに頭がわーってなって、あらゆる感情に振り回されるのかもしれない。

英語もドイツ語も、日本語も、どこかに大事にしまわれているものじゃなくて、生きているんだろうな。ころころ転がって、いろんな色になって、変わっていく生きもの。しかもそれにばったり出会うどきどきは、はるか遠くの場所にだけ存在するんじゃなくて、わたしの周りにもつねにあるみたい。

「ことばって、なんか、おもしろいかも」

半分は自分に向かって言ったようなものだったんだけど、奏先生が、不意を突かれたって反応をした。そして「それを答えにするのもありじゃない？」って言った。

「答え、……あ、大きな問い？『どうして英語を勉強するのか』」

「そう、英語にかぎらず。『ことばって、なんか、おもしろそうだから』」

わたしの代わりに答えた奏先生は、あはは、と声を出して笑った。これまで見たことのない、ついわたしも一緒になってきゃっきゃしちゃうくらいの、まるで友だち同士みたいな笑い方だった。

「自分で見つけたね、奈鶴ちゃん」

「大学院合格おめでとうございます、奏先生」

（眞島《ましま》めいり「バスを降りたら」PHP研究所から）

（注）※大学院＝大学卒業後、さらに深い研究をするための教育機関。

(一) 次は、「乗」という漢字を楷書《かいしょ》体で書いたものである。黒ぬりのところは何画めになるか。数字で答えなさい。

(二) 「ほとんど」と同じ品詞のものを、次の1〜4から一つ選び、記号で答えなさい。

1 きれいな花を見た。　2 おもしろい話を聞いた。　3 この本は名作だ。　4 ゆっくり山道を歩く。

(三) 「不意を突かれた」とあるが、「不意を突かれる」と似た意味をもつことわざとして最も適切なものを、次の1〜4から選び、記号で答えなさい。

1 泣きっ面に蜂　2 猫に小判　3 寝耳に水　4 渡りに船

(四) 「わたしの胸に広がった気持ち」とあるが、これはどのような気持ちか。次の文がそれを説明したものとなるよう、[　　]に入る適切な内容を四十五字以内で答えなさい。

バスの中で知らない人から英語で話しかけられて戸惑ったが、[　　]気持ち。

(五) 「ことばって、なんか、おもしろいかも」とあるが、それは「奈鶴」がどのようなことに気づいたからか。次の文がそれを説明したものとなるよう、[　　]に入る適切な内容を、文章中から二十五字で抜き出し、初めと終わりの五字で答えなさい。

ことばには[　　]性質があり、それを感じる体験が自分の身近にもあることに気づいたから。

(六) 「大学院合格おめでとうございます、奏先生」とあるが、このときの「奈鶴」の心情を説明したものとして最も適切なものを、次の1〜4から選び、記号で答えなさい。

1 「奏」の留学後の日々を思い浮かべ、「奈鶴」なりに留学することの意味を実感し、「奏」を素直に応援したいと思っている。
2 「奏」と楽しく話をしたことから別れがより辛くなり、懸命に泣くのをこらえながら、その本心を隠そうと振る舞っている。
3 「奏」が「奈鶴」との会話を通じてドイツ語の魅力に気づき、留学へ前向きに臨もうとしていることを感じて励ましている。
4 「奏」がバスで英語が話せなかった「奈鶴」を責めなかったことに安心し、引き続き家庭教師を続けてほしいと思っている。

(七) 右の文章中における表現の特徴について説明した次の文章が、正しいものとなるよう、[Ⅰ]、[Ⅱ]に入る内容の組み合わせとして適切なものを、あとの1〜4から一つ選び、記号で答えなさい。

「[Ⅰ]」の視点から物語が描かれており、内面が生き生きと表現されている。会話文では、「奈鶴」の言葉遣いを[Ⅱ]に変えることで、「奈鶴」が話に夢中になっていることや「奏」との心の距離が近づいていることが印象づけられている。

1 Ⅰ＝奈鶴　Ⅱ＝常体から敬体　2 Ⅰ＝奈鶴　Ⅱ＝敬体から常体
3 Ⅰ＝奏　Ⅱ＝常体から敬体　4 Ⅰ＝奏　Ⅱ＝敬体から常体

二　次の文章を読んで、あとの㈠～㈥に答えなさい。

ラーメンについて詳しい知識がある人は、この店のラーメンが他の店のラーメンとどう違うか理解することができる。この味の源流はあの店にあるが、※暖簾《のれん》分けしているうちに各店で工夫が施されて多種多様になり、そうした多様な分流のなかでこの店は他とここが違う、といったことが理解できる。それに気づくときには、そのラーメンが他とどう違うか（その対象にどういう独自の価値があるのか）という対象の価値が楽しめ、さらに、それに気づけたという経験の価値も楽しめるだろう。

同じことは、絵画、音楽、彫刻、文学、写真、ダンスといった芸術鑑賞にもあてはまる。この作品はどういうジャンルで、あの作品の影響を受けていて、ここが他の作品と違っていて、といった知識があることで気づける対象の価値がある。そして、それに気づけた経験も楽しめるのだ。知識があるおかげで対象の価値をより正確に把握することができ、それに応じて経験の価値（対象の価値に決定される経験の価値）も増えてくるのである。

しかし、知識が少ない段階でも自分の経験の価値を楽しむことはできる。自分が食べているラーメンが他のラーメンと比べて何が良いかわからなくても、そのラーメンによって満足感を与えられている自分の状態、自分の経験をポジティヴに評価することができるのだ。

芸術鑑賞にも同じことが言える。芸術に関する知識が少なくても、作品によって心を揺さぶられている自分、ゾクゾクしている自分を楽しむことができる。そこで楽しまれているのは、作品そのものというよりも（もちろん、作品の価値もいくらかは把握されているが）、作品を鑑賞している自分の状態の価値なのではないだろうか。

X　こうした経験の価値は、知識を増やすうえで重要だ。知識が少ない段階では、対象の価値はそこまで楽しめない。自分の目の前にあるラーメンや絵画が他と比べてどうすごいのかまでは理解できず、違いを楽しむことはできない。それでも、その対象と関わった自分の経験を楽しむことができる。他と比べてどうかはわからないが、とにかく目の前のものはおいしい、心地よい、と感じることができるのだ。そして、そこで得られたポジティヴな経験をより増やすために、似たようなものを何度も経験し、そのうち知識が増えていく。知識が増えると、以前は気づけなかった対象の価値に気づけるようになり、それが楽しみを増やすことにもなるのだ。

さらに、二種類の価値の区別を使うと「個人的な楽しみ」「好み」と言われるものも説明できそうだ。たとえば、多くの人が「まずい」という食べ物や「ひどい」という作品を、自分は「おいしい」「素晴らしい」と思っている場面を考えてみよう。そのときに自分が楽しんでいるのは、対象の価値ではなく経験の価値かもしれない。対象となる食べ物や作品は客観的には良くないものだが、その対象によって自分が満足させられたり自分の心が動かされたりしている様子は、自分にとって良いものなのだ。

また、「作品を自由に鑑賞する」という場合に楽しまれているのも経験の価値かもしれない。楽しまれているのは、作品そのものというより、その作品に触発されてアレコレ考えている、想像力を働かせている自分の状態なのだ。

（源河亨《げんかとおる》「「美味《おい》しい」とは何か」から。一部省略がある）

（注）※暖簾分け＝店主の許可を得て、従業員が独立し出店すること。

㈠ 文章中の ＝＝＝ 部a～dのうち、五段活用の動詞を一つ選び、記号で答えなさい。

a 応じ　b 感じる　c 動かさ　d 考え

㈡ 「多種多様」と似た意味をもつ四字熟語として最も適切なものを、次の1～4から選び、記号で答えなさい。

1 適材適所　2 絶体絶命　3 十人十色　4 再三再四

㈢ 「同じことは、絵画、音楽、彫刻、文学、写真、ダンスといった芸術鑑賞にもあてはまる」とあるが、「同じこと」の内容として最も適切なものを、次の1～4から選び、記号で答えなさい。

1 知識があることで、対象独自の価値を楽しむことができ、それに気づくことができた経験の価値も楽しめるということ。
2 知識があることで、すべての芸術作品に共通する価値を見出すことができ、そこから経験の価値も増やせるということ。
3 知識があることで、他の作品から受けた影響や歴史について考えてしまうため、対象の価値が分からなくなるということ。
4 知識があることで、様々な価値の違いを乗り越えて、対象の価値を自分で生み出すことができるようになるということ。

㈣ 「知識が少ない段階でも自分の経験の価値を楽しむことはできる」とあるが、どういうことか。次の文がそれを説明したものとなるよう、[　　] に入る適切な内容を、三十五字以内で答えなさい。

ラーメンや芸術の例が示すように、知識が少なくても [　　] ということ。

㈤ 「個人的な楽しみ」「好み」について、文章の内容を踏まえた例として最も適切なものを、次の1～4から選び、記号で答えなさい。

1 有名な写真家の写真展を見に行きました。どの作品も素晴らしく、私もそのような写真を撮ってみたいと思いました。
2 映画を見に行きました。一緒に見た友人たちは全員面白くなかったと言っていて、私も面白いとは感じませんでした。
3 美術館に絵を見に行きました。広い空間に様々なジャンルの絵が飾られていて、お客さんがたくさん入っていました。
4 テレビでダンスコンテストを見ました。私が最も素晴らしいダンスだと思った出場者は、審査の結果、最下位でした。

㈥ [X] 段落が文章中で果たしている役割の説明として最も適切なものを、次の1～4から選び、記号で答えなさい。

1 これまでの内容を整理して、「経験の価値」と「対象の価値」の共通点と相違点を解説している。
2 これまでの内容に加えて、「経験の価値」が「対象の価値」に与える影響について考察している。
3 これまでの内容をまとめて、「経験の価値」と「対象の価値」の優劣について明確に述べている。
4 これまでの内容を受けて、「経験の価値」が「対象の価値」に含まれていることを証明している。

三　次の古文を読んで、あとの㈠～㈢に答えなさい。

※維時《これとき》中納言、始めて《初めて》※蔵人《くらうど》に補する時《任命された当時》、※主上前栽《せんざい》を掘らしめむがために《前庭に草花を植えさせるために》、花の名を書かる《下書きなさった》。納言、多く仮名をもつてこれを書く《清書した》時、これを嘲《あざわら》ふ《からかった》。維時、これを聞きていはく、「もし実字《漢字》に書かば、誰人かこれを読まむや《読めるだろうか》」と云々《うんぬん》《言った》。後日、主上、維時を召して《お呼びになって》※花の目録を書かしめて《書かせて》、これをご覧じて、漢字を用ゐるべき由《よし》をおほせらる《用いるようにおっしゃった》。維時たちまちにこれを書きてたてまつる《差し上げた》時、人一草の《どの草花の》字をも知らず。競ひ来たりてこれを問ふ。維時いはく、「かくのごときが故に《このようなことが理由で》、先日は仮名字を用ゐる。何ぞ嘲はれしや《どうしてからかいなさったのか》」と云々。

（「古事談《こじだん》」から）

（注）※維時中納言＝大江維時。「納言」も同じ。　※蔵人＝文書などを管理する役人。　※主上＝ここでは、醍醐《だいご》天皇のこと。
※花の目録＝前庭に植えた草花の名前の一覧。

㈠ 「おほせ」を現代仮名遣いで書き直しなさい。

㈡ 「これをご覧じて」の解釈として最も適切なものを、次の1～4の中から選び、記号で答えなさい。

1 醍醐天皇は維時が前庭に植えた草花をご覧になって　**2** 維時は人々が前庭に植えた草花をご覧になって

3 醍醐天皇は維時が書いた草花の名前の一覧をご覧になって　**4** 維時は人々が書いた草花の名前の一覧をご覧になって

㈢ 次の【ノート】は、「かくのごときが故に、先日は仮名字を用ゐる」に注目して、右の古文の内容をまとめたものである。【ノート】が古文の内容に即したものとなるよう、［Ⅰ］には古文中から十三字の表現を書き抜いて答え、［Ⅱ］には適切な内容を三十字以内で答えなさい。

【ノート】

○維時の行動と人々の反応

〈維時の行動〉	〈人々の反応〉
・先日（前庭に植える草花の名前の一覧を作成） 「［Ⅰ］」	→「これを嘲ふ」
・後日（前庭に植えた草花の名前の一覧を作成） 「（漢字を用いて）たちまちにこれを書きてたてまつる」	→「一草の字をも知らず」

○「かくのごときが故に、先日は仮名字を用ゐる」から分かること

・先日、維時が仮名を用いて草花の名前の一覧を作成したのは、［Ⅱ］からだということ。

四

ある中学校では、家庭科の授業で近隣の幼稚園を訪問し、ふれ合い体験をすることになった。次は、Aさんのクラス（1組）がふれ合い体験のときに、園児と行う交流活動の内容について話し合う際に用いた【資料】と、そのときの【話し合いの様子】である。これを読んであとの㈠～㈢に答えなさい。

【資料】

データ1　クラスへの事前アンケート結果（対象：１組生徒35人）

○　園児との交流で行いたい活動

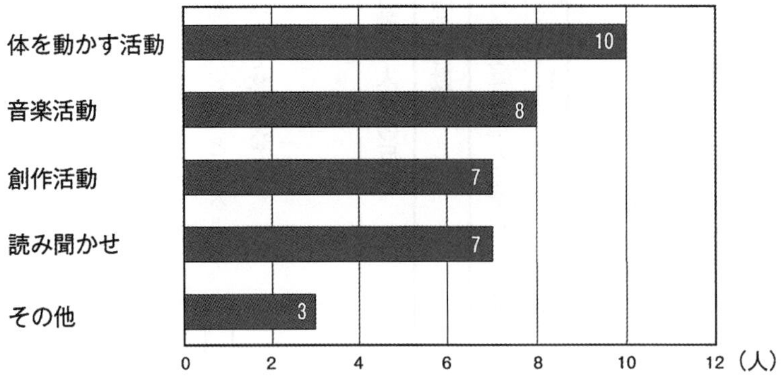

体を動かす活動	…	おにごっこ、かけっこなど体を動かす活動
音楽活動	…	歌を歌う、楽器の演奏など音楽に関する活動
創作活動	…	お絵かき、おりがみなどものを作る活動
読み聞かせ	…	絵本の読み聞かせや紙芝居
その他	…	お店屋さんごっこ、ままごとなどの遊び

データ2　幼稚園の先生への事前アンケート結果

○　幼稚園の先生の意見（自由記述）

- 子どもたちは、歌を歌うことや楽器の演奏が好きなので、日ごろから音楽に親しむ活動をするようにしています。
- 子どもたちは、皆さんが来られるのを、とても楽しみにしています。
- 子どもたちは、体を動かす遊びが好きです。ただし、けががないように十分気をつけることが大事です。
- お絵かきや工作には、熱中して取り組みます。一緒に何かを作ってみたらよいのではないでしょうか。
- 子どもたちの思い出として残るように、交流活動の記念になるものがあるとよいと思います。きっと喜ぶはずです。

データ3　他のクラスが行う予定にしている交流活動

	2組	3組	4組	5組
交流活動	紙芝居	かけっこ	絵本の読み聞かせ	お絵かき

※幼稚園を訪問するのは、１日１クラスのみ。

【話し合いの様子】

司会者　それでは、【資料】をもとに、交流活動の内容について考えていきましょう。意見がある人はいますか。

Aさん　データ1を見ると、「体を動かす活動」をしたいという意見が最も多いので、私は「おにごっこ」がよいと思います。

Bさん　確かに最も多いですね。でも、データ2も確認する必要があります。幼稚園の先生方は、体を動かす遊びでは、園児がけがをすることを心配されています。安全面を考え、他の活動を検討した方がよいのではないでしょうか。

司会者　Bさんの言うとおりですね。では、データ1だけでなく、データ2も踏まえて考えてみましょう。

Cさん　それでは、二番目の「音楽活動」はどうでしょう。データ2でも、園児が好きな活動として挙げられています。

Bさん　確かにそうですね。ただ、「音楽活動」は、普段から行われているようです。普段行っていない活動にしてみてはどうでしょう。

司会者　そうですね。順番でいくと、次は、「創作活動」か「読み聞かせ」です。データ3を見ると、この分野の活動が多くなっていますね。

Cさん　せっかくなので、園児にいろいろな経験をしてもらうために、他のクラスとは異なる活動にしたいですね。

Aさん　それでは、「お絵かき」を発展させて、言葉遊びもできる「かるたづくり」はどうでしょう。

Bさん　いいアイディアですね。「かるたづくり」なら、交流活動後に、作ったかるたで園児が遊んだり、大判用紙に貼って飾ったりすることもできるので、データ2を踏まえた活動にもなっていますね。

司会者　つまり、「かるたづくり」は、［　　　　］ということですね。では、「かるたづくり」を1組の案として、さらに具体的に考えていきましょう。

㈠ 「データ1だけでなく、データ2も踏まえて考えてみましょう」とあるが、なぜ司会者はそのように提案したのか。次の文がその説明となるよう、［　　］に入る適切な内容を、【話し合いの様子】を踏まえて、十五字以内で答えなさい。

交流活動をよりよいものにするために、自分たちの考えだけではなく、［　　］ことが必要だと考えたから。

㈡ 【話し合いの様子】の［　　］に入る適切な内容を、文脈に即して四十字以内で答えなさい。

㈢ 【話し合いの様子】において、Bさんのそれぞれの発言は、共通してどのような役割を果たしているか。最も適切なものを、次の1～4から選び、記号で答えなさい。

1 自分の考えを強調して示してから、相手に質問を投げかけることで、話し合いを活発にしている。
2 自分の考えを詳しく説明した後に、気がかりな点を指摘することで、話し合いを円滑にしている。
3 他者の考えを自分の言葉で整理して、一般的な考え方と比較することで、話し合いを広げている。
4 他者の考えを認めたうえで、異なる視点から自分の意見を加えることで、話し合いを深めている。

五

次の㈠、㈡に答えなさい。

㈠ 次の1～5について、――部の漢字は読み仮名を書き、片仮名は漢字に改めなさい。

1 卒業式が厳かに行われた。　2 話し方に緩急をつける。　3 春のヨウコウを浴びる。

4 今週は動物アイゴ週間だ。　5 用件をウケタマワる。

㈡ 次の漢詩と書き下し文、現代語訳を読んで、あとのア～ウに答えなさい。

漢詩

臨高台　送※黎拾遺　王維

相送臨高台
川原杳何極
日暮飛鳥還
行人去不息

（「王右丞文集《おうゆうじょうぶんしゅう》」から）

書き下し文

臨高台《りんかうだい》　黎拾遺《れいしふゐ》を送る　王維《わうゐ》

相《あ》ひ送りて高台《かうだい》に臨む
川原《せんげん》杳《えう》として何ぞ極まらん
日暮《にちぼ》飛鳥《ひてう》還《かへ》り
行人《かうじん》去りて息《や》まず

現代語訳

臨高台　黎拾遺を送る　王維

君を送るために高台に登る。
川の流れる原野は遠くかすみ、果てしない。
夕暮れに飛ぶ鳥は帰るのに、
君は歩みを止めずに去っていく。

（注）※黎拾遺＝王維の友人。

ア 右の漢詩の形式として適切なものを、次の1～4から選び、記号で答えなさい。

1 五言絶句　2 五言律詩　3 七言絶句　4 七言律詩

イ　書き下し文の「相ひ送りて高台に臨む」を参考にして「相送臨高台」に返り点を補いなさい。

ウ　右の漢詩の内容として最も適切なものを、次の1～4から選び、記号で答えなさい。

1　澄み渡る川と自分のすがすがしい気持ちを重ねている。
2　巣に帰らず自由に飛ぶ鳥たちの姿に憧れを抱いている。
3　豊かな土地が荒れ果ててしまったことを悲しんでいる。
4　立ち止まらず去っていく友人との別れを惜しんでいる。

六

Aさんは国語の授業で比喩について学んだあとに、次の【課題】に取り組み、グループで意見を出し合った。あなたなら、□にどのような言葉を入れるのがふさわしいと考えるか。その言葉がふさわしいと考えた理由も含めて、あとの条件と注意に従って書きなさい。

【課題】

□に言葉を入れて文を完成しよう。

「学ぶことは、まるで□のようだ。」

〈グループの生徒から出た意見〉　冒険、料理、リレー

条件

① □に入れる言葉は、自分で考えた言葉でも、〈グループの生徒から出た意見〉にある言葉でもよい。
② □に入れる言葉を文章中に明記すること。

注意

○ 氏名は書かずに、1行目から本文を書くこと。
○ 原稿用紙の使い方に従って、8行以上12行以内で書くこと。
○ 段落は、内容にふさわしく適切に設けること。
○ 読み返して、いくらか付け加えたり削ったりしてもよい。

令和６年度山口県公立高等学校
入学者選抜学力検査問題

数　学

（ 第２時限　10：10～11：00　50分間 ）

注　意

1　指示があるまで，開いてはいけません。

2　答えは，すべて解答用紙に記入しなさい。

3　解答用紙は，問題用紙の中に，はさんであります。

4　問題用紙は，表紙を除いて10ページで，問題は 1 から 8 までです。

1　次の(1)～(5)に答えなさい。

(1)　$(-2)\times4$ を計算しなさい。

(2)　$(-3)^2+8$ を計算しなさい。

(3)　$7x-(6x-1)$ を計算しなさい。

(4)　$\dfrac{9a^3}{5b}\div\dfrac{3a^2}{2b^2}$ を計算しなさい。

(5)　$\sqrt{12}-\sqrt{27}$ を計算しなさい。

2024(R6) 山口県公立高
教英出版

2　次の(1)〜(4)に答えなさい。

(1)　yがxに反比例し，$x=2$のとき$y=6$である。$x=4$のときのyの値を求めなさい。

(2)　右の図で，$\ell /\!/ m$のとき，$\angle x$の大きさを求めなさい。

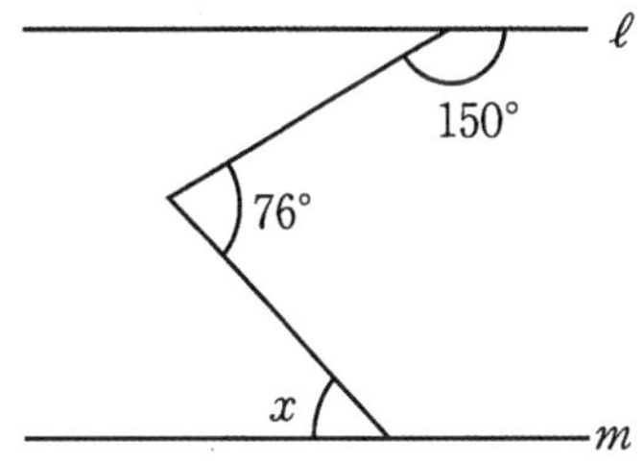

(3)　二次方程式$2x^2+3x-1=0$を解きなさい。

(4)　ある池で50匹の魚をつかまえ，その全部に印をつけて池に戻した。数日後，同じ池で40匹の魚をつかまえたところ，印のついた魚が11匹いた。この数日の間に，この池にいる魚の数と，印のついた魚の数に変化がないとするとき，この池にいる魚はおよそ何匹と推定されるか。一の位を四捨五入した概数で答えなさい。

3　平面図形に関連して，次の(1)，(2)に答えなさい。

(1)　**図1**の長方形ABCDにおいて，図形**ア**～**ク**は合同な直角三角形である。**ア**を，点Oを中心として平面上で回転移動させたとき，**ア**と重ねあわせることができる図形が**図1**中に1つある。その図形を**イ**～**ク**から選び，記号で答えなさい。

図1

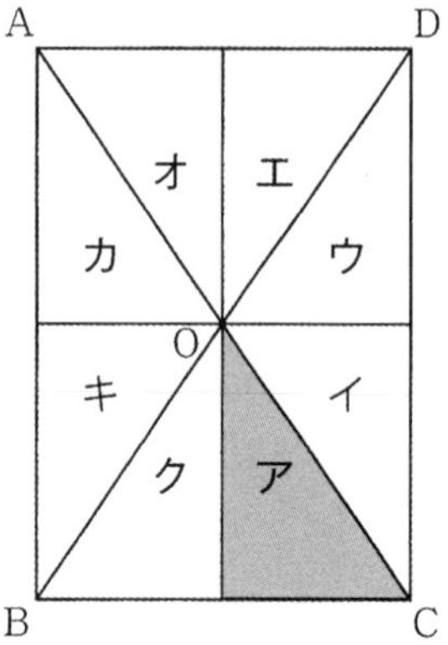

(2)　**図2**のように，半直線AB，ACがある。半直線AB，ACのどちらにも接する円のうち，半直線ABと点Bで接する円の中心Oを作図しなさい。ただし，作図に用いた線は消さないこと。

図2

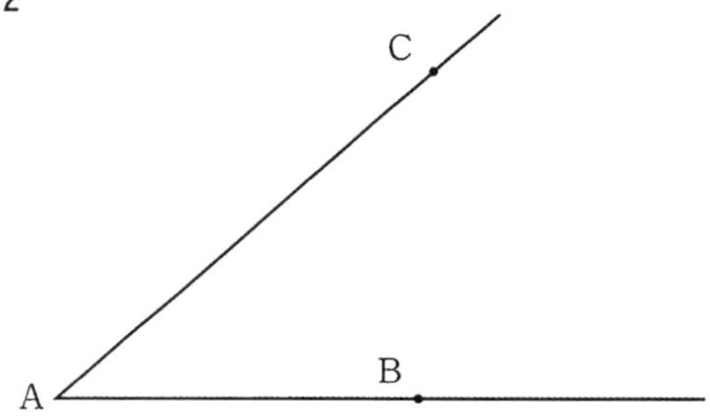

4　関数$y=3x^2$に関連して，次の(1)，(2)に答えなさい。

(1)　**図1**は，関数$y=3x^2$のグラフである。下の**ア**～**エ**は，**図1**と同じ座標軸を使って，$y=ax^2$の形で表される関数のグラフをそれぞれ**図1**にかき加えた図であり，そのうちの1つが関数$y=-\frac{1}{3}x^2$のグラフをかき加えたものである。

関数$y=-\frac{1}{3}x^2$のグラフをかき加えた図として最も適切なものを，**ア**～**エ**から選び，記号で答えなさい。

図1

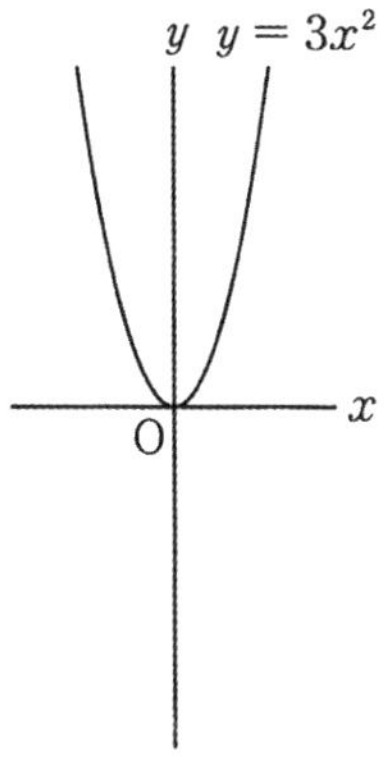

ア

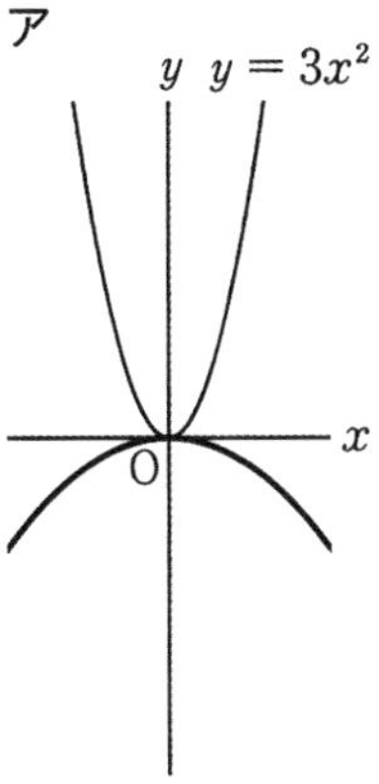

イ

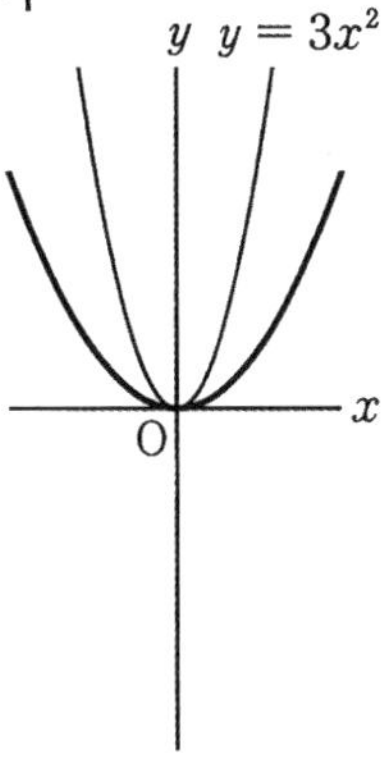

ウ

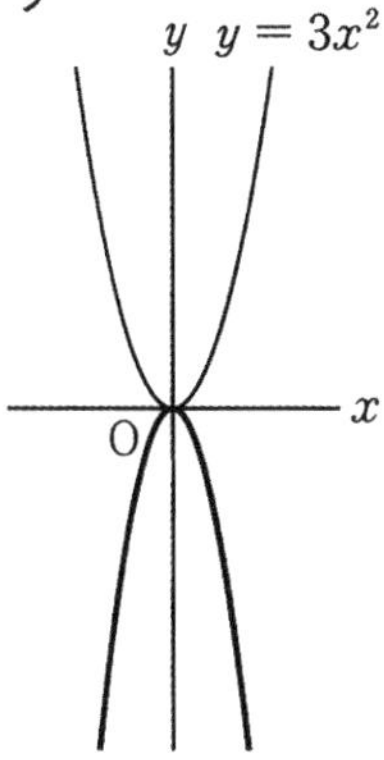

エ

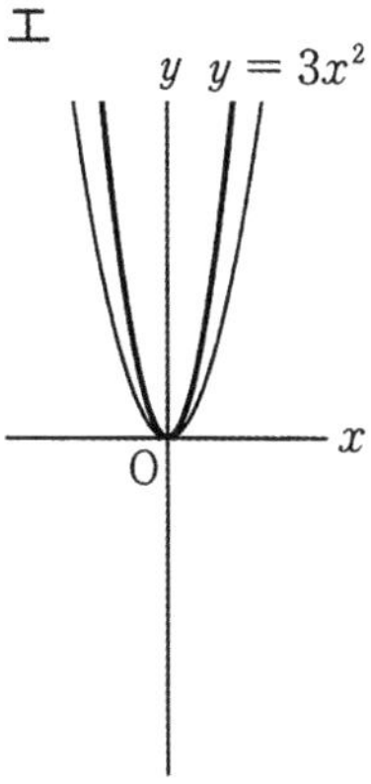

(2)　**図2**のような斜面で，点Oの位置からボールを転がす。ボールが転がり始めてからx秒間に転がる距離をymとするとき，xとyの間には，$y=3x^2$の関係がある。

このとき，次の［　　　］内の文章が正しくなるように［ア］，［イ］にあてはまる数を求めなさい。

図2

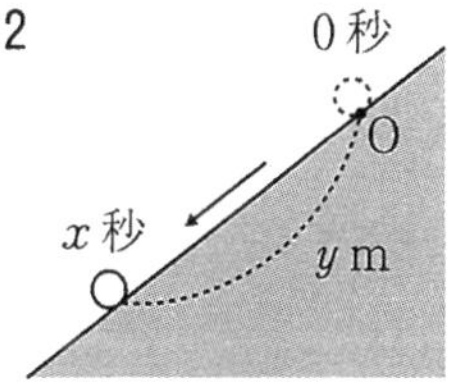

> ボールがこの斜面を転がり始めて2秒後から4秒後までの平均の速さは，毎秒［ア］mである。また，ボールが転がり始めてからt秒後までの平均の速さが毎秒［ア］mであるとき，$t=$［イ］である。

5 Rさんは，**図1**の展開図を組み立ててできる特殊なさいころを2個つくり，できたさいころを**図2**のように，それぞれ**さいころA**，**さいころB**とした。

図1

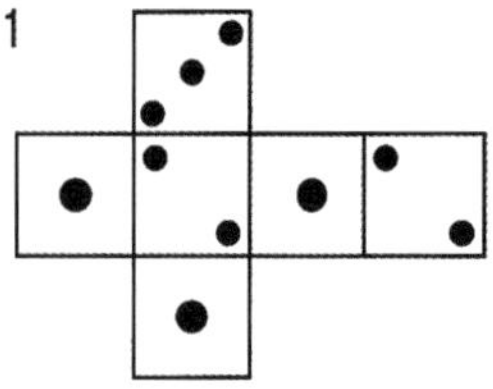

図2

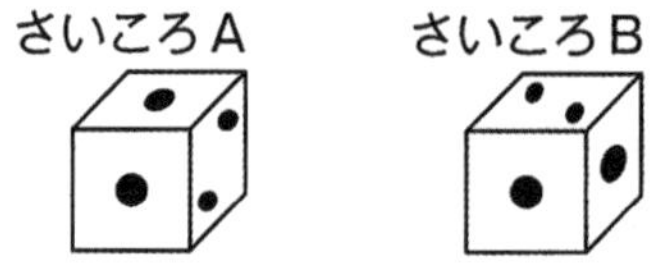

次の(1)，(2)に答えなさい。ただし，**さいころA**，**さいころB**はどの面が出ることも同様に確からしいものとする。

(1) **さいころA**を1回投げるとき，1の目が出る確率を求めなさい。

(2) **さいころA**と**さいころB**を同時に1回投げるとき，出る目の数の和について，Rさんは次のように予想した。

Rさんの予想

出る目の数の和は，2になる確率が最も高い。

Rさんの予想は正しいか，正しくないか。確率を求めるまでの過程を明らかにして説明しなさい。

2024(R6) 山口県公立高
教英出版

6 Sさんは授業でフェアトレードについて学習した。フェアトレードとは，発展途上国で生産された農作物や製品を適正な価格で購入することで，その国の人々の生活改善と自立をめざす貿易の仕組みである。

次の(1)，(2)に答えなさい。

(1) コーヒー1杯の販売価格400円に対して，コーヒー豆の生産者の収入をa円とする。このとき，このコーヒー1杯の販売価格に対する生産者の収入の割合は何％になるか。aを使った式で表しなさい。

(2) Sさんたちは，地域の祭りでフェアトレードについての紹介をし，フェアトレード製品である**図1**のようなコーヒーのドリップバッグと，**図2**のような紅茶のティーバッグを売ることにした。

Sさんたちは，ドリップバッグとティーバッグを仕入れて，ドリップバッグ3個を袋に入れた商品と，ティーバッグ4個を袋に入れた商品の2種類の商品をつくる予定である。

それぞれの仕入れ価格は，ドリップバッグが1個70円，ティーバッグが1個40円であり，仕入れの予算は19000円である。ただし，袋代は考えないものとする。

仕入れの予算を全額使うものとし，仕入れたドリップバッグとティーバッグをそれぞれ余りなく袋に入れて，2種類の商品を合計100袋つくる。

このとき，ドリップバッグとティーバッグをそれぞれ何個仕入れればよいか。ドリップバッグをx個，ティーバッグをy個仕入れるものとして，連立方程式をつくり，ドリップバッグとティーバッグの個数をそれぞれ求めなさい。

図1

ドリップバッグ

図2

ティーバッグ

7 **図1**のようなAB＝ACである二等辺三角形の紙ABCがある。この紙ABCにおいて，**図2**のように辺BC上に，$\angle ADC < 90^\circ$となる点Dをとる。**図3**のように線分ADで折り返し，頂点Bが移った点をE，線分AEと線分CDの交点をFとする。**図4**は，**図2**と**図3**の点A，B，C，D，E，Fを結んでできた図形である。

次の(1)，(2)に答えなさい。

図1

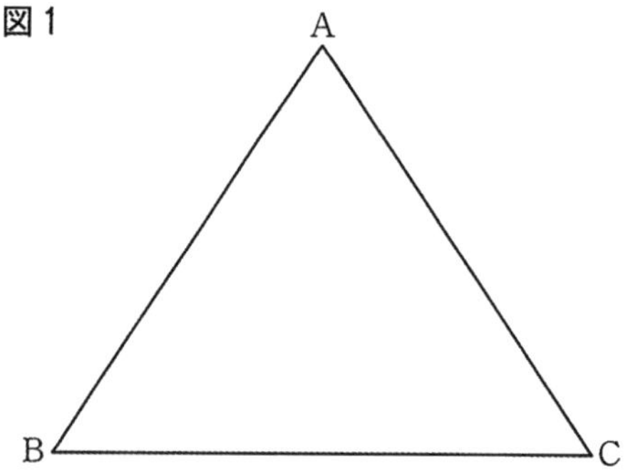

図2

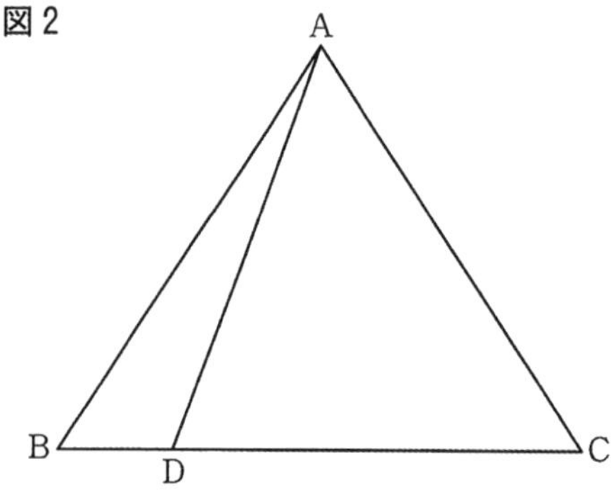

図3

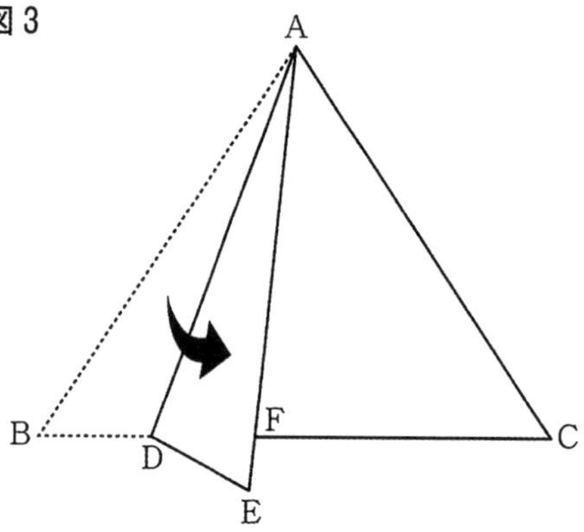

図4

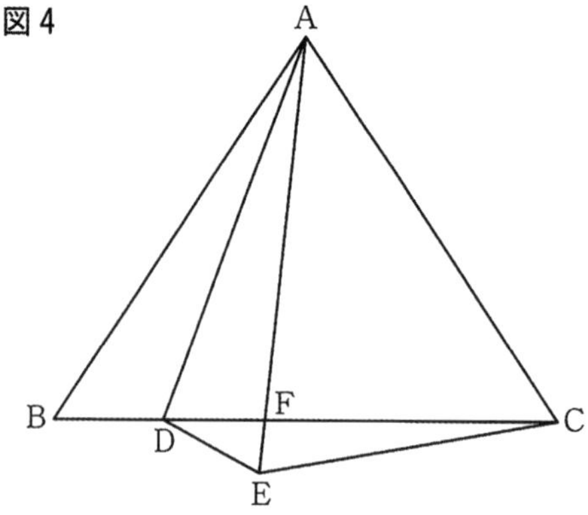

(1) **図 4** において，△ADF ∽ △CEF であることを証明しなさい。

(2) **図 4** において，AB = 12 cm，BD = 3 cm，AF = 10 cm であるとき，線分 CD の長さを求めなさい。

8 Tさんは，キャンプに行くことにした。
次の(1)～(3)に答えなさい。

(1) Tさんは，キャンプ場で使用するテントを購入する予定であり，商品とその評価をインターネットで調べた。**表**は，テントAとテントBのそれぞれの評価を度数分布表にまとめたものであり，評価は，数値が大きいほど高い。

表

評価	度数	
	テントA	テントB
1	78	96
2	152	254
3	330	345
4	168	213
5	72	92
計	800	1000

テントAとテントBについて，評価が3以上の相対度数は，どちらが大きいか。評価が3以上の相対度数をそれぞれ明らかにして説明しなさい。ただし，相対度数は，小数第3位を四捨五入し，小数第2位まで求めなさい。

(2) Tさんが行こうとしているキャンプ場の標高は350mで山の中腹にある。山頂の標高は800mであり，Tさんはキャンプ場の気温をもとに，山頂の気温を求めることにした。
気温は，標高が高くなるにつれ一定の割合で下がり，その割合は，標高100mあたり0.6℃とする。キャンプ場の気温が20.8℃であるときの山頂の気温を求めなさい。

(3) Tさんは，キャンプ場で使用する**図1**のような焚《た》き火台を購入する予定である。Tさんはその中に入れる薪《まき》を，**図2**のように井の字型に積もうと考えている。

焚き火台の底は**図3**のような正八角形ABCDEFGHの形をしていて，Tさんは，その正八角形の対角線ADの長さを，焚き火台に入れる薪の長さの目安にしようとしている。

正八角形ABCDEFGHの一辺の長さを$a$cmとするとき，対角線ADの長さを，aを使った式で表しなさい。

図1

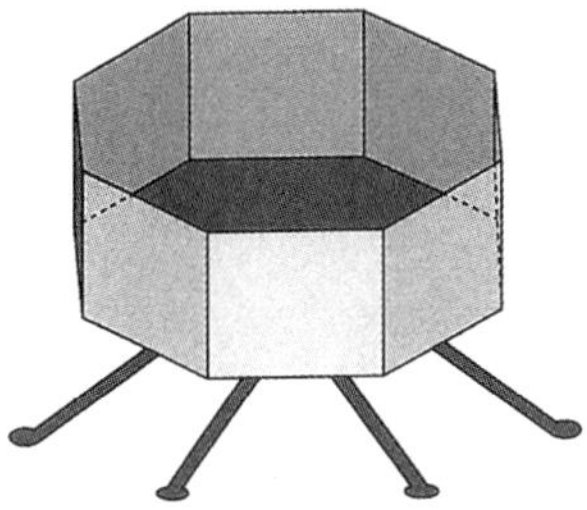

図2

井の字型に積んだ薪

図3

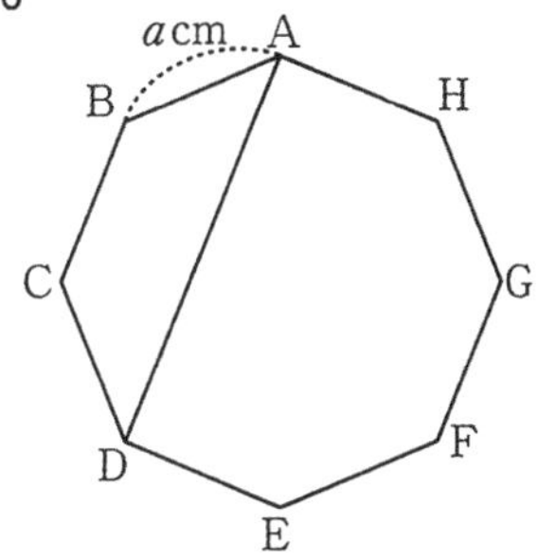

令和６年度山口県公立高等学校
入学者選抜学力検査問題

英　語

（ 第３時限　11：20～12：10　50分間 ）

注　意

1　指示があるまで，開いてはいけません。

2　答えは，すべて解答用紙に記入しなさい。

3　解答用紙は，問題用紙の中に，はさんであります。

4　問題用紙は，表紙を除いて11ページで，問題は［1］から［6］までです。

5　［1］は，リスニングテストで，1ページから3ページまでです。

1 放送によるリスニングテスト

テスト1 4つの対話を聞いて，対話の内容に関するそれぞれの問いの答えとして最も適切なものを，1～4から1つずつ選び，記号で答えなさい。

※教英出版注
音声は，解答集の書籍ＩＤ番号を教英出版ウェブサイトで入力して聴くことができます。

No. 1
1 In Room 6.
2 In Room 7.
3 In Room 16.
4 In Room 17.

No. 2
1 A large chocolate.
2 A small chocolate.
3 A large cookie.
4 A small cookie.

No. 3
1 By listening to Yuko's grandfather.
2 By calling Kevin's grandfather.
3 By reading a history report.
4 By checking websites.

No. 4
1 Because it has a picture of Tokyo.
2 Because its color and the word on it are nice.
3 Because James gave it to her.
4 Because James knows what the kanji means.

テスト2　4つの対話を聞いて，それぞれの対話に続く受け答えとして最も適切なものを，1～4から1つずつ選び，記号で答えなさい。

No. 1
1 If you want to try one, you can read mine.
2 Did you enjoy reading the book about AI?
3 I'm not interested in AI, either.
4 I have never read those books.

No. 2
1 What is your question?
2 I don't have homework today.
3 You have already come to my class.
4 May I talk with you after the class?

No. 3
1 Great. OK, I will go with you.
2 Yes. I know soccer very well now.
3 Sounds good. I will play soccer on that day.
4 Sorry. I watched that game on TV yesterday.

No. 4
1 Thank you. I think it will arrive this afternoon.
2 Right. You can send the present to her later.
3 That's OK. Mom can probably receive it.
4 Don't worry. I think your friend will like the present.

リスニングテストは，次のページに続きます。

テスト３　次の【メモ】は，留学生の*Atsushi*が，留学先の町にある体育館の利用可能日を確認するために，体育館職員のMs. Jonesと電話で話したときに書いたものの一部である。

今から，そのときの２人の対話を聞いて，下の(1)，(2)に答えなさい。

【メモ】

Monday	A dance ___(A)___ uses it. (4 p.m. - 7 p.m.)
Tuesday	The gym is not ___(B)___ .
Wednesday	We can use it ___(C)___ 5 p.m.

(1)　対話の内容に合うように，下線部(A)，(B)，(C)に，それぞれ対話の中で用いられた英語１語を書きなさい。

(2)　次の英文は，Ms. Jonesとの電話の後に，*Atsushi*が友人の*Mark*とした対話の一部である。Ms. Jonesとの対話の内容を踏まえて，下線部(D)に，場面にふさわしい３語以上の英語を書きなさい。

Atsushi:　Do you remember the plan to play badminton next week?　I called the gym and asked when we could use it.

Mark:　Oh, thank you!

Atsushi:　________(D)________ ?

Mark:　No problem!　I'm free on that day.

2　次の英文は，*Yuka* と留学生の *Emily* との通学路での対話の一部である。これを読んで，下の(1)，(2)に答えなさい。

Emily:　The plants are climbing up the windows!　What's that?

Yuka:　We call it a green curtain.　The strong sunshine comes into a room in summer, but we can stop it with a green curtain.

Emily:　I see.　It (A)(m　　　　) the room cooler, right?

Yuka:　Yes.　In summer, it's so hot that we always use air conditioners. However, we don't need to use ＿＿(B)＿＿ too much if we have green curtains.

Emily:　That's a good idea!　What ＿＿(C)＿＿ are good for green curtains?

Yuka:　Well, the ability to reach the tops of the windows is important. And I like green curtains ＿＿(D)＿＿ have beautiful flowers.

【green curtain】

（注）　curtain(s)　カーテン　　sunshine　日光　　cooler　cool（涼しい）の比較級
　　　ability　能力　　top(s)　最上部

(1)　文脈に合うように，下線部(A)に入る適切な英語1語を書きなさい。ただし，(　　　)内に与えられた文字で書き始めなさい。

(2)　下線部(B)，(C)，(D)に入る最も適切なものを，それぞれ1～4から1つずつ選び，記号で答えなさい。

(B)　1　it　　2　them　　3　you　　4　us

(C)　1　rooms　　2　days　　3　plants　　4　windows

(D)　1　which　　2　how　　3　who　　4　when

3 *Ryota* は，留学生の *Tom* と，【チラシ】を見ながら，四季山（Mt. Shiki）への日帰り旅行の計画を立てている。次の英文は，そのときの対話の一部である。対話文と【チラシ】を読んで，下の(1)～(3)に答えなさい。

Ryota: Tom, I found a good bike rental shop. Let's go to Mt. Shiki by bike. We can also get free drink tickets.

Tom: Great! Oh, look! Let's buy the special tickets to visit three famous places. I <u>(o　　　)</u> see the places on TV.

Ryota: OK. I want to go to Mt. Shiki in the morning and visit those places in the afternoon. We can eat lunch at Fuyu Restaurant and use the free drink tickets there.

Tom: Sounds good. But I think we should go to Ume House before lunch. We don't have to cross the bridge again and again.

Ryota: You're right. And we can go to Matsu Garden after lunch.

Tom: Then, Samurai Theater will be the next place, right?

Ryota: Yes. Oh, what a perfect plan!

（注） rental shop　レンタルショップ　　free　無料の　　cafe　喫茶店
again and again　何度も

(1) 【チラシ】の内容を踏まえて，対話文中の下線部に入る適切な英語１語を書きなさい。ただし，（　　）内に与えられた文字で書き始めなさい。

(2) 対話の内容によると，*Ryota* と *Tom* は四季山の後にどこをどのような順番で訪れようとしているか。最も適切なものを，次の１～４から選び，記号で答えなさい。

1 Fuyu Restaurant → Ume House → Matsu Garden → Samurai Theater
2 Fuyu Restaurant → Ume House → Samurai Theater → Matsu Garden
3 Ume House → Fuyu Restaurant → Matsu Garden → Samurai Theater
4 Ume House → Fuyu Restaurant → Samurai Theater → Matsu Garden

(3) 【チラシ】から読み取れる内容と一致するものを，次の１～６から２つ選び，記号で答えなさい。

1 People need more than 1,000 yen to use the shop's bikes for 4 hours.
2 People cannot use the shop's bikes after 4 p.m.
3 If people buy a bike at the shop, they can also get a ticket for lunch.
4 People can use a photo service by buying the special ticket at the shop.
5 Both Aki Cafe and Haru Cafe are in front of the station.
6 There are some restaurants on the road along the river.

2024(R6) 山口県公立高
K 教英出版

A: Oh, I'm interested in AI, too. But I have never read books about it. (対話をくり返す。)

No. 2 *A:* Did you enjoy the class, everyone? See you next time.
B: Ms. Green, I have a question about today's class. May I ask you now?
A: I wish I could answer it now, but sorry, Akito. I have to go to another class now. (対話をくり返す。)

No. 3 *A:* My classmates and I are going to watch a soccer game at the stadium next Sunday. Do you want to go with us, Nancy?
B: I don't know about soccer very well. Do you think I can enjoy the game, Satoshi?
A: Oh, I'm sure you will love it! I can tell you about some popular players before we go. (対話をくり返す。)

No. 4 *A:* Dad, Grandma sent us a present yesterday! Mom told me. Did you know that?
B: Yes. It's going to arrive this afternoon, but I need to go to the dentist then. Can you receive it?
A: I'm going to visit my friend's house to study together this afternoon. Sorry. (対話をくり返す。)

次に，**テスト3**に移ります。**テスト3**の問題と，**【メモ】**を読みなさい。
今から，*Atsushi*と*Ms. Jones*の対話を2回くり返します。では，始めます。

Atsushi: Hello, I want to use the gym to play badminton with my friend.
Ms. Jones: Thank you. We are open from 9 a.m. to 7 p.m. But we are not open on Tuesdays.
Atsushi: We want to visit the gym next week. We finish school at 4 p.m. from Monday to Friday. So, can we use the gym from 4 : 30 on Monday?
Ms. Jones: Let me check. A dance group uses it from 4 p.m. to 7 p.m. on Mondays, so you cannot.
Atsushi: OK. Then, how about Wednesday?
Ms. Jones: You can use it until 5 p.m. on that day. From 5 p.m., a volleyball team will practice.
Atsushi: It's too short to play games.
Ms. Jones: Also, next Thursday, a high school will use it from 4 p.m. to 7 p.m. You can use it on Friday, but not on the weekend. There will be a brass band concert on both Saturday and Sunday.
Atsushi: OK. I'll check my friend's plans and call you back later. Thank you.

くり返します。 (対話をくり返す。)

以上で，リスニングテストを終わります。次の問題に移ってください。

令６　山口県　　英語リスニングテスト台本

※教英出版注
音声は，解答集の書籍ＩＤ番号を教英出版ウェブサイトで入力して聴くことができます。

ただ今から，英語の学力検査を行います。
問題用紙の中に挟んである解答用紙を取り出しなさい。問題用紙を開いて，ページ数がそろっているか確かめなさい。そして，解答用紙に得点の記入欄とまちがえないように，受検番号を書きなさい。
はじめに，放送によるリスニングテストを行います。聞きながらメモをとっても構いません。
では，問題用紙の１ページから３ページに**テスト１**から**テスト３**までがあることを確かめなさい。また，解答用紙のそれぞれの解答欄を確かめなさい。

それでは，**テスト１**から始めます。**テスト１**の問題を読みなさい。
対話はNo. 1からNo. 4まで４つあり，それぞれの対話の後に問いが続きます。なお，対話と問いは２回ずつくり返します。では，始めます。

No. 1　*A:*　Let's go to Room 17 for our English class together.
B:　OK, but I think we have the class in Room 16 today.
A:　Oh, you're right.
Question:　Where do they take the English class today?　（対話と問いをくり返す。）

No. 2　*A:*　Dad, I want to eat something sweet like chocolates or cookies.
B:　I have some cookies, Amy. Which do you want, a large one or a small one?
A:　I want to eat a small one.
Question:　What does Amy choose to eat?　（対話と問いをくり返す。）

No. 3　*A:*　Yuko, have you finished the history report about our town? I can't find enough information on the internet.
B:　No, Kevin. But I'm going to ask my grandfather about the history of our town and write the report today. Do you want to listen together?
A:　Really? Yes, of course. That will be a great help.
Question:　How are Kevin and Yuko going to get information about their town?　（対話と問いをくり返す。）

No. 4　*A:*　James, look. This is a new T-shirt! My brother went to Tokyo, and he bought it for me. I like the color!
B:　The blue color is nice, Emma! The kanji on it is also cool. What does it mean?
A:　It means "a dream." I like that point, too.
Question:　Why does Emma like the T-shirt?　（対話と問いをくり返す。）

次に，**テスト２**に移ります。**テスト２**の問題を読みなさい。
対話はNo. 1からNo. 4まで４つあり，それぞれ２回くり返します。では，始めます。

【チラシ】

Shiki Bike Rental Shop

Price

☎ ****-**-****

You can use our bikes from 9 a.m. to 6 p.m.

1 hour	1 day
300 yen	1,600 yen

*Come back to our shop before 6 p.m.

Free Drink Ticket

Get a ticket and use it at Haru Cafe, Aki Cafe, or Fuyu Restaurant!

Special Ticket (+1,000 yen)

Some TV shows have introduced these places many times!

- You can enter these three places:

  Matsu Garden / Ume House / Samurai Theater

- You can use a photo service at Samurai Theater.

Map

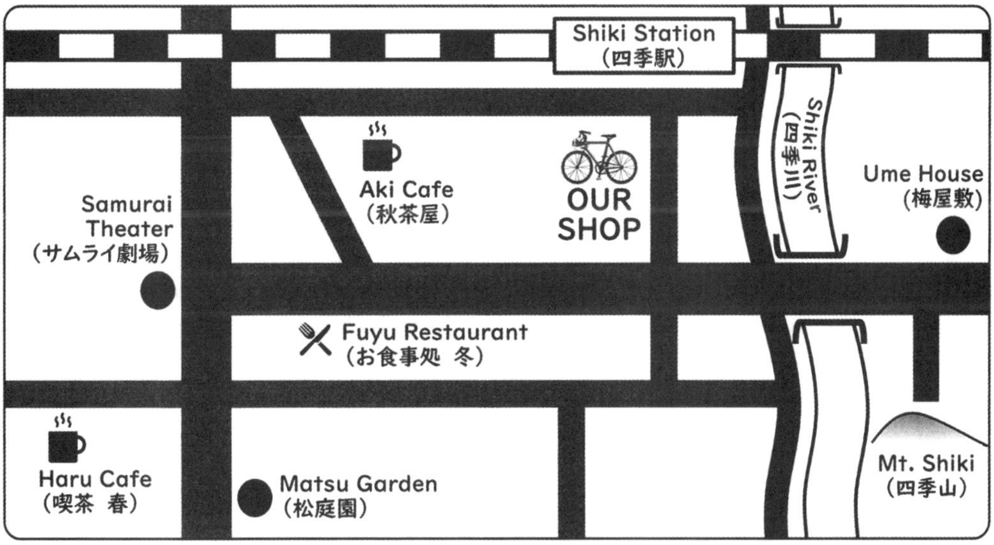

(注) enter ～ ～に入場する　TV shows テレビ番組

4　次の【資料】と【原稿】は，Ayaが英語の授業で発表する際に用いたものである。これらを読んで，あとの(1)～(3)に答えなさい。

【資料】

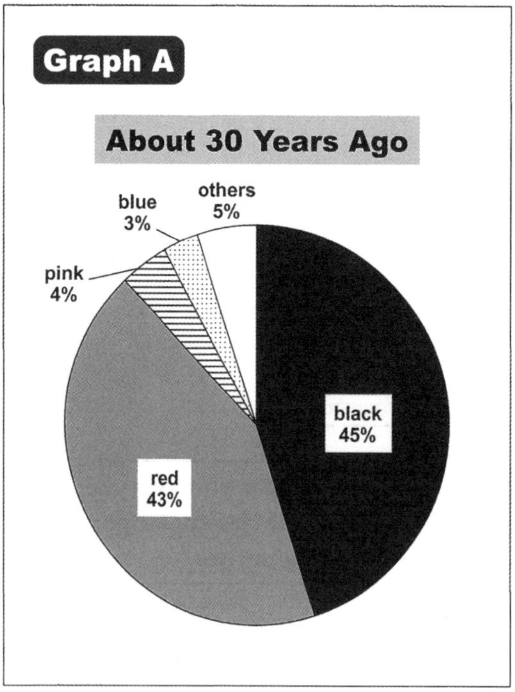

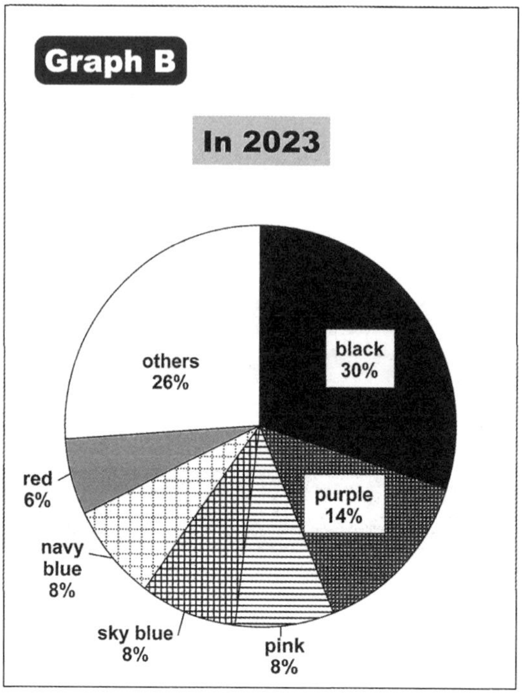

【原稿】

When you were in elementary school, what was the color of your school backpack?
Graph A shows the colors of school backpacks used about 30 years ago. We can see that ＿＿(A)＿＿ were the colors that almost 90 percent of the children had.
Next, Graph B shows the colors of school backpacks bought in 2023. Black was still the most common. However, look at red. It occupied 43 percent about 30 years ago, but in 2023, ＿＿＿(B)＿＿＿. Then, what colors of school backpacks were bought more? Purple, pink, sky blue, and navy blue! Besides, "others" occupied more than a quarter! That's really interesting, right?
From the graphs, we can learn that school backpacks today have a larger variety of colors. That means children today have more options for the colors of their school backpacks! I wonder what colors children will choose in the future!

(注) graph　グラフ　pink　桃色　navy blue　紺色
school backpack(s)　ランドセル　common　一般的な　occupied ～　～を占めた
options　選択肢　wonder ～　～だろうかと思う

(1) 【原稿】の文脈に合うように，下線部(A)に入る適切な英語３語を書きなさい。

(2) 【原稿】の文脈に合うように，下線部(B)に入る最も適切なものを，次の１～４から選び，記号で答えなさい。

1 pink, sky blue, and navy blue occupied 24 percent
2 red became only 6 percent
3 purple was as popular as red
4 no one had navy blue school backpacks

(3) Ayaが発表を通して最も伝えたいこととして適切なものを，次の１～４から１つ選び，記号で答えなさい。

1 According to Graph A, pink was more popular than blue.
2 About 30 years ago, the most common color of school backpacks was black.
3 Children today can choose their school backpacks from a larger variety of colors.
4 Two graphs show us what colors of school backpacks were bought in those days.

5 次の英文を読んで，あとの(1)～(3)に答えなさい。

Mizuki is a high school student. She loves books, and she has read so many books.

One day, Mizuki did volunteer work at a library because she wanted to help people find books. But a librarian, Mr. Tanaka, brought a book and said, "Please read this book to little children. Many children like this story." She got nervous because she was not good at speaking to the audience. [ア]

The time for reading came. At first, many children were listening to her story. However, in a few minutes, some of the children looked bored and left. When she finished reading it, she was very sad.

Mizuki was worried and she couldn't enjoy her lunch because she had to read a story again in the afternoon. Mr. Tanaka saw her face and said, "Are you OK? What are you worried about?" "I can't read a story to little children well," she said. "I see. I'll tell you some important points. Read it slowly. If you read it fast, children cannot understand the story. Next, turn pages slowly. Then, children can enjoy looking at the pictures in the book," he said. She decided to follow his advice and do her best. [イ]

After lunch, Mizuki told Mr. Tanaka that she wanted to change the book to read. She liked one book when she was a child, and she wanted to read it to the children. [ウ] The book was full of entertainment. He smiled and agreed with her idea.

The time for reading came again. This time, she read the story slowly and turned pages slowly. She watched the children's faces. They listened to the story and laughed a lot. She enjoyed it together with them. When she finished reading it, a girl came to her and said, "I liked this story. See you." Mizuki was happy to hear that. [エ]

Mr. Tanaka came to Mizuki. He smiled and said, "You did a good job! I also enjoyed the story with the children." "Thank you for your help, Mr. Tanaka." She learned a lot from this volunteer work.

（注） volunteer work ボランティア活動　librarian 図書館職員　slowly ゆっくり
turn(ed) pages ページをめくる　advice アドバイス
entertainment 楽しませるもの　laughed 笑った

(1) 次の英文が入る最も適切な箇所を，本文中の ア ～ エ から選び，記号で答えなさい。

Also, she had no idea how to read a story to little children.

(2) 次の(a)～(c)の質問に対する答えとして，本文の内容に合う最も適切なものを，それぞれ1～4から1つずつ選び，記号で答えなさい。

(a) Why did Mizuki feel sad after she read the first book to the children?

1 Because the story she read was very sad.
2 Because she didn't want to do the volunteer work at the library.
3 Because some of the children didn't enjoy listening to the story.
4 Because she was too nervous to finish reading it.

(b) What was Mizuki's original idea for the second reading time?

1 To choose her favorite book.
2 To read a story slowly.
3 To follow the children's advice.
4 To show the pictures for a long time.

(c) Which was true about Mizuki's volunteer work?

1 Mr. Tanaka read the stories to the children with Mizuki.
2 Mizuki helped the children find books.
3 Mizuki read the stories to the children three times.
4 Mr. Tanaka and the children enjoyed the second book Mizuki read.

(3) 次の英文は，ボランティア活動の後に，*Mizuki* が友人の *Kate* とした対話の一部である。本文の内容に合うように，下線部①，②に入る適切な英語を1語ずつ書きなさい。ただし，(　　) 内に与えられた文字で書き始めなさい。

Kate: Wow, you're awesome! That was a good event for you.

Mizuki: Yes. I had a great ①(e_____) at the event. I learned a lot.

Kate: Mr. Tanaka's advice was good, too.

Mizuki: You're right. The words ②(g_____) by him were really helpful.

6　中学生の Ken は，オーストラリアに行き，Meg と Bob の家でホームステイをする予定である。次の英文は，Meg と Bob から Ken に送られてきた電子メール（e-mail）と，それに対する Ken の返信である。あなたが Ken ならば，Meg と Bob に何を伝えるか。電子メールを読んで，□に Meg と Bob に伝えることを書きなさい。ただし，下の【注意】に従って書くこと。

About Your Stay

Date　July 8, 2023

From　Meg and Bob

Hello Ken,

We are very happy to see you soon.
We will stay together for two weeks, so we want to know more about you.
Please tell us about your daily life.

1. Is there any food that you do not eat?
2. What do you like to do in your free time?

We hope we have a good time together.
Meg and Bob

About Your Questions

Date　July 9, 2023

To　Meg and Bob

Hello Meg and Bob,

Thank you for your e-mail.
I am excited to stay in Australia with you!
I will answer your questions.

1. I eat any food. I have no allergies.
2. □

See you soon!
Ken

（注） daily life　日常生活　　in your free time　自由時間に　　allergies　アレルギー

【注意】
① 電子メールでのやり取りの流れに合うように，20語以上30語以内の英語で書くこと。文の数はいくつでもよい。符号（. , ? ! など）は，語数に含めないものとする。
② 内容のまとまりを意識して，具体的に書くこと。
③ 解答は，解答用紙の【記入例】に従って書くこと。

令和６年度山口県公立高等学校
入学者選抜学力検査問題

社　会

（第４時限　13：00～13：50　50分間）

注　意

1　指示があるまで，開いてはいけません。

2　答えは，すべて解答用紙に記入しなさい。

3　解答用紙は，問題用紙の中に，はさんであります。

4　問題用紙は，表紙を除いて11ページで，問題は 1 から 6 までです。

1　図Ⅰをみて，あとの(1)～(5)に答えなさい。

図Ⅰ

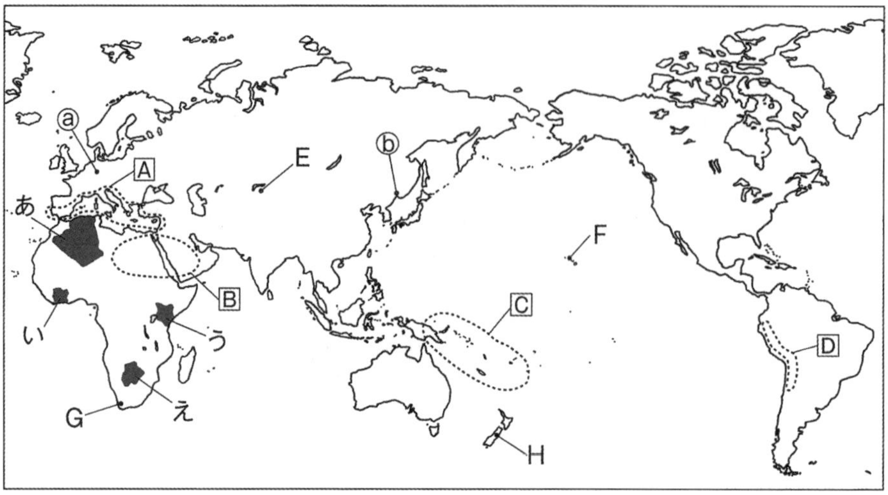

(1)　Yさんは，図Ⅰ中のA～Dの地域でみられる気候を生かした伝統的な食文化について，次の1～4のカードにまとめた。Cの地域について示したカードを，1～4から一つ選び，記号で答えなさい。

1　タロいもなどのいも類が主食で，潰して煮たり蒸したりして食べます。

2　じゃがいもやとうもろこしが主食で，蒸したり保存食に加工したりして食べます。

3　小麦などを加工して食べるほか，らくだや羊の肉や乳も大事な食料です。

4　小麦をパンやめん類に加工して食べます。オリーブも食卓には欠かせません。

(2)　Yさんは，留学中のZさんと電話で次の会話をした。これを読んで，Zさんが留学している都市として最も適切なものを，図Ⅰ中のE～Hから選び，記号で答えなさい。

Yさん：　8月になって，今日も気温が30℃を超えてとても暑かったな。日本は今午後4時だけど，まだ蒸し暑いよ。そちらは今何時かな。
Zさん：　こちらは午後7時だよ。今日は最高気温が15℃で昼間は少し暖かかったな。でも，夜になって気温が5℃を下回ったから，ずいぶん寒いね。例年この時期の夜はかなり冷え込むけど，来月からは少しずつ暖かい季節になっていくよ。
Yさん：　そうなんだ。暖かくして過ごしてね。

(3)　右の写真は，植民地時代にヨーロッパ人がアフリカに持ち込んだ作物を示したものである。この作物がおもな輸出品となっている国として最も適切なものを，図Ⅰ中のあ～えから選び，記号で答えなさい。

(4) 図Ⅱは，図Ⅰ中のⓐとⓑの各都市の月別平均気温を示した図である。図ⅡをみたＹさんは，ⓐは，ⓑよりも高緯度に位置しているにもかかわらず，ⓑと比べて冬季が温暖な気候となっていることに気づいた。ⓑと比べたとき，ⓐが冬季に温暖な気候となる理由を説明しなさい。

図Ⅱ

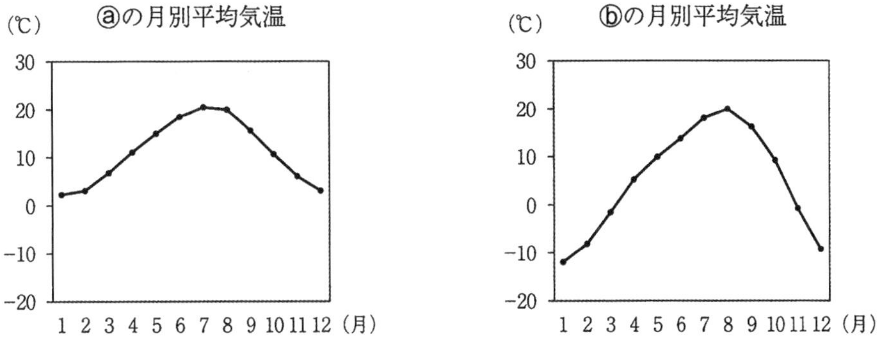

(理科年表令和５年度版により作成)

(5) Ｙさんは，アメリカ合衆国と中国が世界の産業や貿易で重要な地位を占めていることに興味をもち，この二か国を中心に産業の発達と移り変わりについて調べた。これについて，次のア～ウに答えなさい。

ア アメリカ合衆国で，1970年代以降に先端技術産業や航空宇宙産業などが発達した，北緯37度以南の温暖な地域を何というか。答えなさい。

イ 次のＰ，Ｑは，2000年代以降にみられるようになった工場の移転について述べたものである。Ｐ，Ｑに共通してみられる，工場が移転した理由を簡潔に答えなさい。

Ｐ 東アジアから東南アジアや南アジアに衣類の工場が移転した。
Ｑ 西ヨーロッパから東ヨーロッパに自動車の工場が移転した。

ウ Ｙさんは，アメリカ合衆国と中国の輸出入額の変化について調べ，図Ⅲを作成した。図Ⅲ中のＳ，Ｔはアメリカ合衆国または中国のいずれかを，○，●は1990年または2020年のいずれかを示している。Ｓと●が示すものの組み合わせとして正しいものを，次の１～４から一つ選び，記号で答えなさい。

１ Ｓ－アメリカ合衆国 ●－1990年
２ Ｓ－アメリカ合衆国 ●－2020年
３ Ｓ－中国 ●－1990年
４ Ｓ－中国 ●－2020年

図Ⅲ 1990年と2020年における世界の輸出入額に占めるアメリカ合衆国と中国の割合

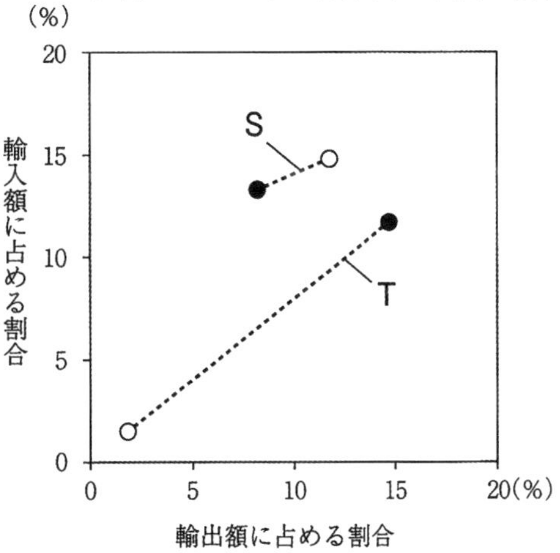

(注) 図Ⅲ中の‐‐‐‐‐‐‐‐‐は，Ｓ，Ｔそれぞれの1990年と2020年の値をつなぐものである。
(データブック オブ・ザ・ワールド2023年版により作成)

2　Tさんは，社会科の授業で，「日本の産業の移り変わり」をテーマにポスターを作成した。次は，そのポスターの一部である。これについて，あとの(1)～(5)に答えなさい。

日本の産業の移り変わり

①農業生産について

農業総産出額は，1984年をピークに減少していたが，近年は回復傾向にある。

農業総産出額の推移

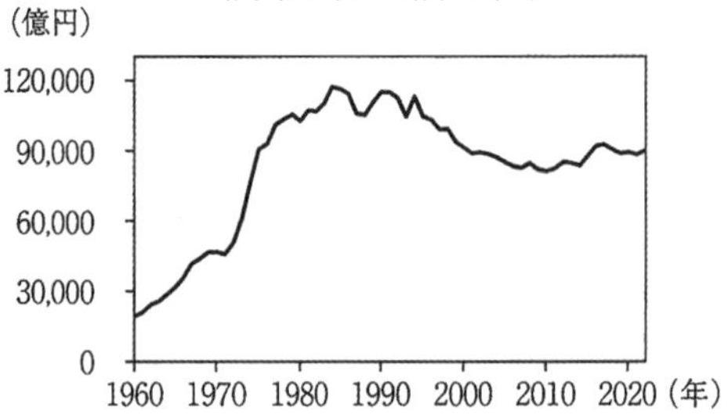

(農林水産省資料により作成)

自動車産業について

1980年代から自動車の海外生産が始まり，現在では，②国内生産台数よりも，海外生産台数の方が多い。

自動車生産台数の推移

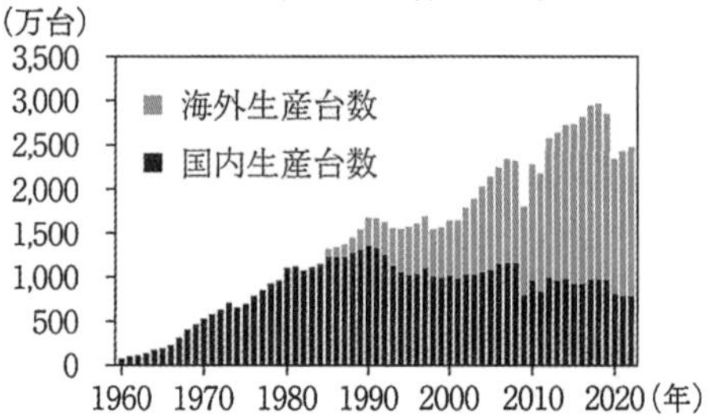

(日本自動車工業会資料などにより作成)

発電量について

産業の発達にともない，電力の需用が大幅に増え，2022年の③発電量は，1960年に比べて約9倍となった。

情報通信技術の発達について

インターネットなどの情報通信技術は，さまざまな産業で活用されている。その技術は，④国土地理院の地図の作成など，測量にも応用されており，これによって，領域や⑤排他的経済水域の変化も，より正確に把握できるようになった。

(1)　下線部①について，表Ⅰは，いくつかの道県の農業産出額と，農業産出額に占める米，野菜，果実，畜産の割合および1農家当たり耕地面積を示したものであり，表Ⅰ中の1～5は，北海道，千葉県，富山県，和歌山県，鹿児島県のいずれかである。千葉県と鹿児島県にあたるものを，1～5からそれぞれ一つずつ選び，記号で答えなさい。

表Ⅰ　(2021年)

道県	農業産出額(億円)	米（%）	野菜（%）	果実（%）	畜産（%）	1農家当たり耕地面積(ha)
1	12,667	9.5	16.9	0.5	57.9	30.40
2	4,772	4.4	11.8	2.1	65.4	2.37
3	3,853	16.6	35.9	2.9	31.0	2.43
4	1,104	7.1	12.8	68.8	3.2	1.26
5	629	69.0	8.6	3.7	12.4	3.36

(データブック オブ・ザ・ワールド2023年版により作成)

(2)　下線部②に関連して，企業が海外での生産を増やすことで，国内の産業が衰退していく現象を何というか。答えなさい。

(3) 下線部③に関連して，図Ⅰ中の**あ**，**い**は，おもな水力発電所と火力発電所の所在地のいずれかを示している。**あ**，**い**から，火力発電所の所在地を示すものを選び，さらに，次のA～Cから，火力発電所の立地の特徴として最も適切なものを選んだ場合，二つの組み合わせとして正しいものを，下の1～6から一つ選び，記号で答えなさい。

A 大都市の近郊
B 山の斜面
C 火山活動の活発な地域

図Ⅰ

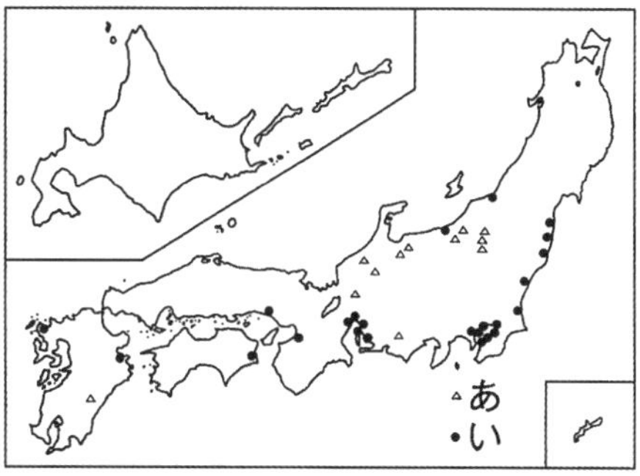

（注）水力発電所は，最大出力が15万ｋＷ以上，火力発電所は，最大出力が200万ｋＷ以上のものを示している。2022年３月末現在。
（日本国勢図会2023/24により作成）

	1	2	3	4	5	6
火力発電所の所在地	あ	あ	あ	い	い	い
火力発電所の立地の特徴	A	B	C	A	B	C

(4) 下線部④に関連して，図Ⅱ，図Ⅲは，ある地域の同じ範囲を示した地形図（２万5000分の１）であり，図Ⅱは1952年，図Ⅲは2023年に発行されたものである。これについて，下のア，イに答えなさい。

図Ⅱ

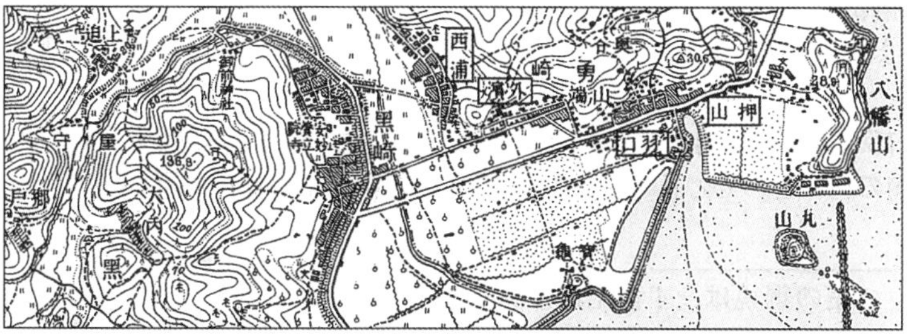

（注）図Ⅱ中の地名のうち，横書きのものは，右から左に向かって表記されている。

図Ⅲ

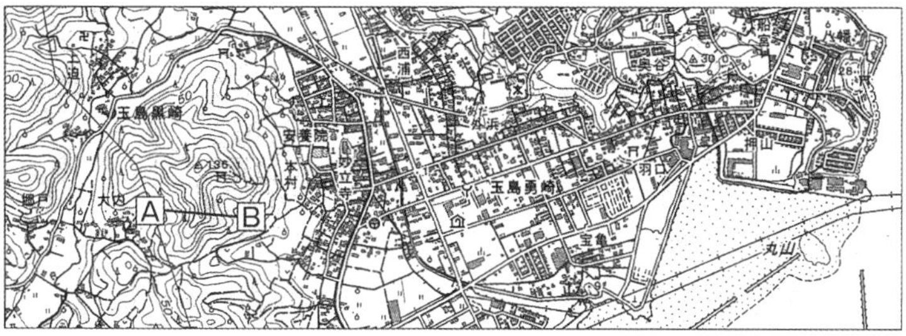

ア 図Ⅱと図Ⅲを比較し，変化のようすを正しく読み取ったものを，次の１～４から一つ選び，記号で答えなさい。

1 「押山」の一帯は，開発が進んで新たに学校ができた。
2 「羽口（羽口）」の東側は，埋め立てられて新しい道路ができた。
3 「外濱（外浜）」付近の山は，切り開かれて警察署ができた。
4 「西浦」の集落の南側では，果樹園の一部がなくなって病院ができた。

イ 図Ⅲ中のA—Bで示された部分における断面図を，解答用紙のA，Bのそれぞれの両端から記入している例にならって完成させなさい。ただし，作成に用いた線は消さないこと。なお，解答用紙の図は，拡大したものである。

(5) 下線部⑤について，排他的経済水域では，沿岸国に水産資源や鉱産資源などを利用する権利が認められている。排他的経済水域が認められる範囲について，「領海」と「海岸線」という二つの語を用いて説明しなさい。

3　Hさんのクラスでは，山口県の歴史について調べ，発表することになった。次は，授業後のHさんと先生との会話の一部である。これを読んで，あとの(1)～(6)に答えなさい。

Hさん：　授業を受けて，古代までの人々の交流の広さに驚きました。特に，九州北部と共通性のある①鉄器が，山口県から出土したことや，現在の山口県にあたる地域を支配していた有力者たちが，②近畿地方に成立した政権と関係をもっていたことが印象に残っています。また，古代の税のしくみにも興味をもちました。

先　生：　③古代の税のしくみは時期によって変化がみられます。こうした社会のしくみの変化についてまとめてみるとよいですね。

Hさん：　はい。他にも，中世の人々と支配者の関係性について深く学んでみたいと思いました。

先　生：　④鎌倉時代には，周防国・長門国でも武士の支配が本格化します。また，室町時代には，⑤神社を中心に結びつきを深め，独自のおきてを定めるような自治的な村も誕生しました。

Hさん：　そうなんですね。⑥近世の人々の生活についても，調べてみたいと思います。

（注）周防国・長門国は，現在の山口県にあたる地域をさす。

(1)　下線部①に関連して，大陸から九州北部に鉄器が伝わった頃の日本列島でみられたようすを述べた文として最も適切なものを，次の１～４から選び，記号で答えなさい。

1　大陸と陸続きであり，大型動物が移動してきた。
2　庶民の衣服として，麻にかわって木綿が広く普及した。
3　農業の技術が発達し，同じ田畑で米と麦などをつくる二毛作が普及した。
4　稲作が広まり，水田の近くにはムラがつくられた。

(2)　Hさんは，下線部②について調べ，資料Ⅰ，資料Ⅱを作成した。資料Ⅰ，資料Ⅱ中の（　あ　），［　い　］にあてはまる語句の組み合わせとして適切なものを，下の１～４から一つ選び，記号で答えなさい。

資料Ⅰ

左の銅鏡は，４世紀末から５世紀につくられた山口県の古墳から出土した。（　あ　）は，九州や大陸までの航路の要所である瀬戸内海を支配する有力者にこのような銅鏡を与え，影響下に置こうとしたと考えられている。

（画像は柳井市ウェブサイトから引用）

資料Ⅱ

５世紀初めから約１世紀の間，（　あ　）は，国内での政治的な立場を優位にすることや鉄資源を確保することをめざして，［　い　］を行った。

1　あ - 大和政権（ヤマト王権）　い - 中国の南朝への朝貢
2　あ - 大和政権（ヤマト王権）　い - 隋への使者の派遣
3　あ - 邪馬台国　い - 中国の南朝への朝貢
4　あ - 邪馬台国　い - 隋への使者の派遣

(3)　下線部③について，古代の税のしくみは，人々を戸籍に登録して税を課すことが次第に困難となったため，10世紀には，土地に税を課すしくみへと変更された。人々を戸籍に登録して税を課すことが困難となった理由について，資料Ⅲ，資料Ⅳから読み取れることをもとに説明しなさい。

資料Ⅲ　周防国のある地域の戸籍（908年）に関するまとめ

	男性	女性
66歳以上	16人	99人
17歳～65歳	66人	136人
16歳以下	4人	0人

この戸籍の記載をみると，男性よりも女性の方が，人数が極端に多く，実態を反映していないといえる。

（山口県史により作成）

資料Ⅳ　租・調・庸の負担について

租については，男性・女性ともに負担した。調・庸については，男性のみが負担した。

(4) 下線部④に関連して，Hさんは鎌倉時代についての学びを深めるため，次の【学習課題】を考えた。山口県の歴史について記した【資料】のうち，【学習課題】を解決するために最も適切なものを，下の1～4から選び，記号で答えなさい。

【学習課題】
鎌倉時代の地頭の支配はどのようなものだろうか。

【資料】
1 周防国の荘園において，税を取り立てる権利が幕府に申請されたことを記した資料
2 豊臣秀吉が政治の実権を握る中，周防国・長門国で検地が実施されたことを記した資料
3 平氏一族が，長門国の支配権を握ったことを記した資料
4 長門国の港に，日明貿易に携わる役人が置かれたことを記した資料

(5) 下線部⑤に関連して，室町時代に，おもに近畿地方の村でみられるようになった，有力な農民によって運営される自治的な組織を何というか。次の1～4から一つ選び，記号で答えなさい。

1 座　　2 問　　3 惣　　4 五人組

(6) 下線部⑥について，Hさんは，江戸時代の長州藩に住む人々と各地域との交流について調べるために，図Iおよび資料V，資料VIを準備した。これについて，次のア，イに答えなさい。

ア 図I中のa～dは，江戸幕府が交易を認めた四つの窓口を示している。資料Vの交易が行われた窓口として最も適切なものを，図I中のa～dから選び，記号で答えなさい。

イ 資料VIから，下関に全国からさまざまな商品が集まっていたことを知ったHさんは，図I中のXの航路に着目してその理由をまとめた。Xの航路の名称を明らかにして，Hさんのまとめの［う］に適切な語句をおぎない，文を完成させなさい。

Hさんのまとめ

下関は，江戸時代の初め，九州・瀬戸内海・上方をつなぐ航路の寄港地であったが，1672年に新たに［う］ことで，より多くの地域の廻船《かいせん》が入港するようになり，さまざまな商品が集まるようになった。

図I

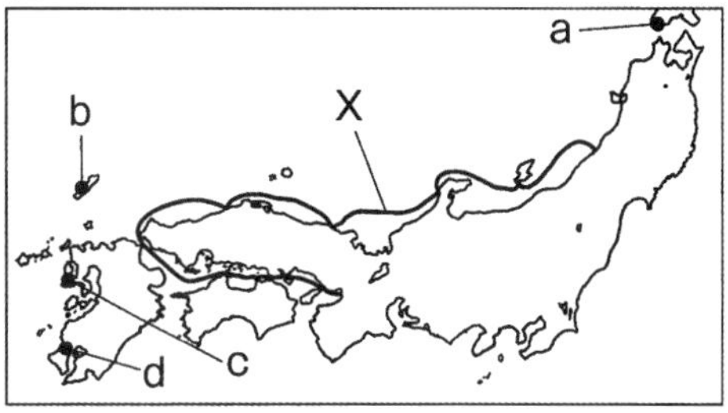

資料V 長州藩の商人，三保虎五郎《みほとらごろう》の交易のようす

三保虎五郎は，上方《かみがた》からアイヌ民族に米・酒・糸・衣類などの物資を船で運送し，かわりに鮭《さけ》・ニシン・昆布などの海産物を入手した。

（山口県史により作成）

資料VI 下関で取引されたおもな商品（1862年）

地域	商品
九州	砂糖・魚類・焼物類
瀬戸内海	塩・綿・しょう油
上方	綿・布・酢
北国《ほっこく》	海産物・酒・たばこ
山陰	鉄類・紙・魚類

（注）北国は現在の北陸地方周辺をさす。
（山口県史により作成）

4　Ａさんは，今年，新しく紙幣が発行されることを知り，紙幣の肖像に採用された人物に関するレポートを作成した。次は，その一部である。これについて，あとの(1)～(6)に答えなさい。

過去に発行された紙幣

①夏目漱石は東京帝国大学の講師を務め，『吾輩は猫である』などの作品を発表した。

現在発行されている紙幣

樋口一葉は②1872年生まれで，代表作に『たけくらべ』や『にごりえ』などがある。

新しく発行される紙幣

津田梅子は，幼少期に③岩倉使節団に参加し，留学から帰国後は女子高等教育に尽力した。

渋沢栄一は，④帝国議会の議員を務めたことがある。また，⑤製糸業や紡績業などの多くの会社に関わり，近代化に貢献した。

（画像は国立印刷局ウェブサイトから引用）

(1)　下線部①に関連して，Ａさんは1909年の日本を舞台とした夏目漱石の小説『それから』を読んで，発表原稿を作成した。資料Ⅰをみて，Ａさんの発表原稿の（　あ　），［　い　］にあてはまる語句の組み合わせとして最も適切なものを，下の１～４から選び，記号で答えなさい。

資料Ⅰ　『それから』の主人公の発言（一部抜粋）

日本は西洋から借金でもしなければ，到底立ち行かない国だ。それでゐ《い》て，一等国《いっとうこく》を以《もっ》て任じてゐる。さ《そ》うして，無理にも一等国の仲間入《いり》をしや《よ》うとする。（中略）牛と競争する蛙《かえる》と同じ事で，もう君，腹が裂けるよ。其《その》影響はみんな我々個人の上に反射してゐるから見給へ《たまえ》。

（注）借金とは，戦費調達のための借金のこと。一等国は列強の意味。牛と競争する蛙は，西洋の童話「蛙と牛」（牛をまねて，自分の体を大きくみせようとする蛙の話）が題材となっている。

発表原稿の一部

小説の中の蛙は日本を，牛は（　あ　）などの列強を表しています。また小説の舞台となった当時の日本は，［　い　］ことが主人公の発言からも読み取れます。

1　あ - イギリス　い - 近代化を推し進める一方で，国民の負担は増大していた
2　あ - イギリス　い - 列強の仲間入りを果たし，国民の苦労がすべて報われた
3　あ - 清　　　　い - 近代化を推し進める一方で，国民の負担は増大していた
4　あ - 清　　　　い - 列強の仲間入りを果たし，国民の苦労がすべて報われた

(2)　下線部②に関連して，同じ年に公布された小学校教育の普及をめざした法令を何というか。答えなさい。

(3)　下線部③に関連して，岩倉使節団の派遣と最も近い時期に世界で起きたできごとを表す資料として正しいものを，次の１～４から一つ選び，記号で答えなさい。

1

ローマ教皇による免罪符の販売

2

パリ講和会議でベルサイユ条約に調印

3

プロイセンを中心にドイツ帝国が誕生

4

マルタ会談で冷戦の終結を宣言

(4) 下線部④に関連して，大日本帝国憲法による国のしくみを表す模式図として最も適切なものを，次の１～４から選び，記号で答えなさい。

1

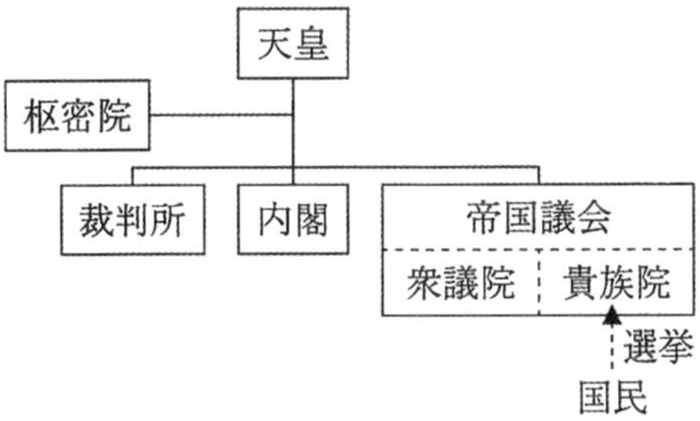

2

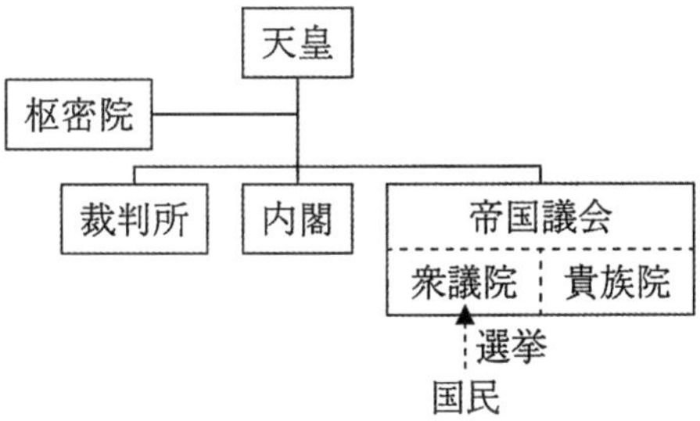

3

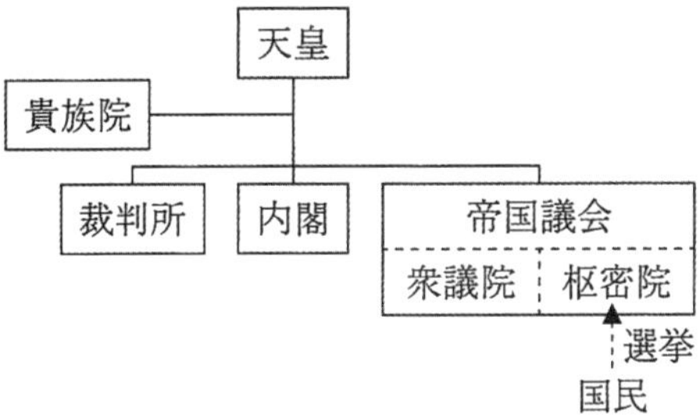

4

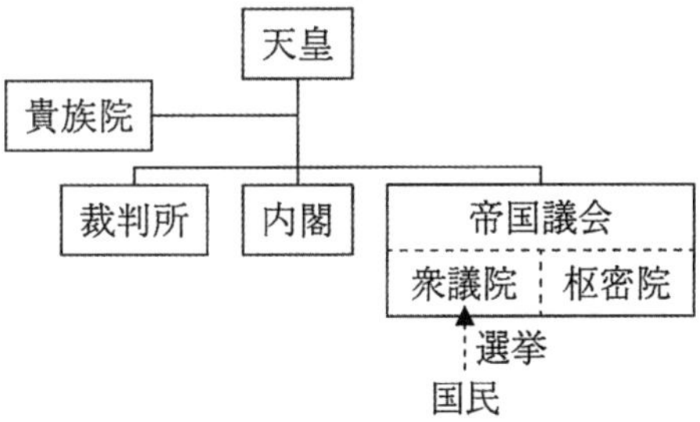

(5) 下線部⑤に関連して，Ａさんは日本の製糸業について調べ，図Ⅰを作成した。図Ⅰから読み取れる日本の生糸輸出総額の大きな変化について，この期間に世界で起きたできごとと関連付けながら，説明しなさい。

図Ⅰ　日本の生糸輸出総額と，生糸輸出総額に占めるアメリカ合衆国への輸出額の割合の推移

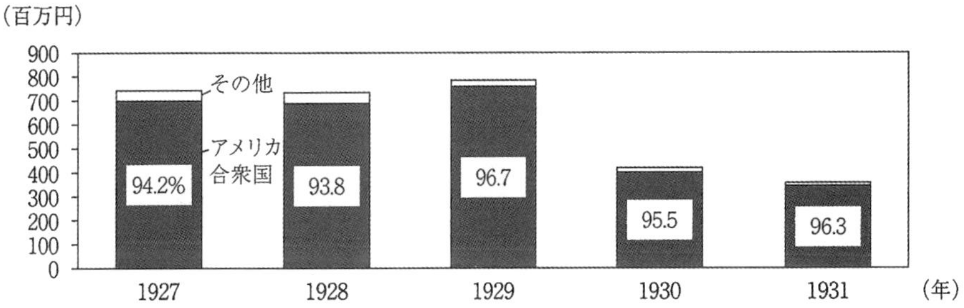

（蚕糸業要覧により作成）

(6) Ａさんは，紙幣に関係する人物についてさらに調べた。これに関連して，次のア，イに答えなさい。

ア　次の１～３は，紙幣の肖像に採用された人物に関連するできごとである。１～３のできごとを，年代の古い順に並べ，記号で答えなさい。

1　新渡戸稲造は，国際連盟が設立されると事務次長に選ばれた。
2　板垣退助は，国会開設に備えて自由党を結成した。
3　野口英世が中国での医療活動を取りやめるきっかけとなった，義和団事件が起きた。

イ　Ａさんは，今後の紙幣の肖像に採用されそうな人物を予想する中で，日本のノーベル賞受賞者について調べ，次のメモを作成した。メモの内容が示す人物を答えなさい。

メモ

代表作に『雪国』などの小説があり，1968年にノーベル文学賞を受賞した。

5　Kさんのクラスでは，公民的分野の学習の中で，班ごとにテーマを設定して探究活動を行った。次は，各班のテーマをまとめた表の一部である。これについて，あとの(1)～(5)に答えなさい。

1班	2班	3班	4班	5班
人権保障のための取組	日本の財政のしくみ	日本の内閣のしくみ	効率と公正の実現	経済のグローバル化

(1)　1班のテーマに関連して，次のア，イに答えなさい。

ア　次の文は，国際的な人権保障の実現に向けて，1948年に国際連合が採択した文書の一部である。この文書の名称を答えなさい。

> 第1条　すべての人間は，生《うま》れながらにして自由であり，かつ，尊厳と権利とについて平等である。人間は，理性と良心とを授けられており，互いに同胞の精神をもって行動しなければならない。

イ　現在の国際社会では，一人ひとりの人間の生命や人権を大切にし，貧困，飢餓，病気，人権侵害，紛争，環境破壊などの脅威から人々を守るという概念が広まっている。このような概念を何というか。次の1～4から一つ選び，記号で答えなさい。

1　人間の安全保障　　2　集団安全保障　　3　平和維持活動　　4　政府開発援助

(2)　2班のテーマについて，次のA～Cは，1980年度，2000年度，2023年度のいずれかの，日本の一般会計予算における歳入と歳出の大まかな内訳の割合を示したものである。A～Cを，年代の古い順に並べ，記号で答えなさい。

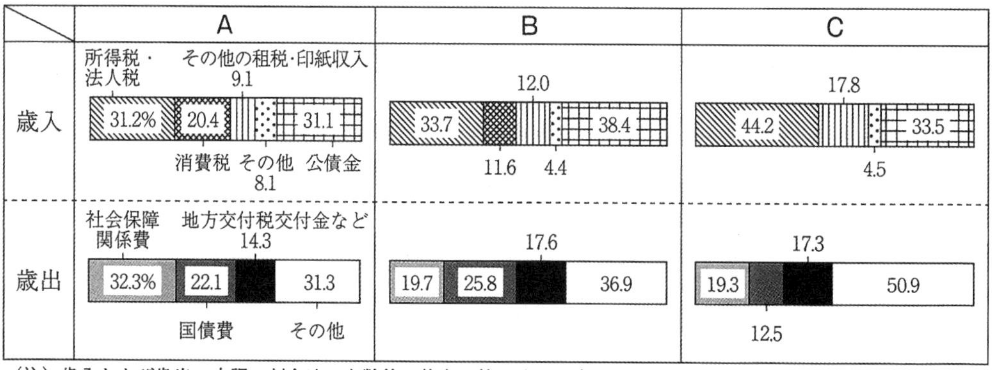

（注）歳入および歳出の内訳の割合は，小数第二位を四捨五入してあるため，合計が100.0%にならない場合がある。

（財務省資料により作成）

(3)　3班のテーマについて，次のア，イに答えなさい。

ア　内閣の仕事にあたるものを，次の1～4から一つ選び，記号で答えなさい。

1　弾劾裁判所の設置　2　違憲審査権の行使　3　政令の制定　4　国政調査権の行使

イ　図Ⅰは，地方公共団体の地方議会の議員と首長の選出方法を模式的に表したものである。地方公共団体の首長は，有権者による選挙によって選ばれるのに対し，内閣総理大臣はどのようにして選ばれるか。「有権者」と「指名」という二つの語を用いて説明しなさい。

図Ⅰ

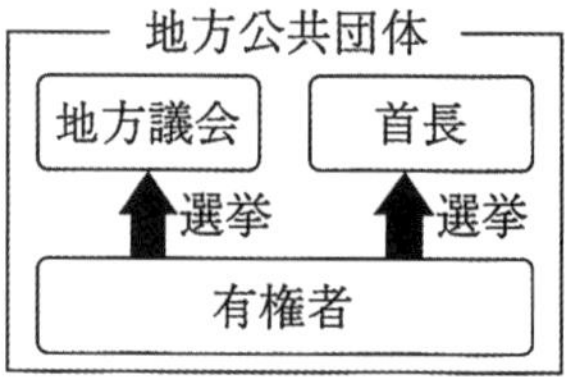

(4)　4班は，効率と公正という考え方について，自分たちの中学校で3年生を対象に開催される合唱大会を例にあげて説明するために，表Ⅰと説明原稿を作成した。説明原稿の［あ］に適切な内容をおぎない，文を完成させなさい。

表Ⅰ　3年生全クラスの合唱の練習場所の割り当て表（放課後の1時間）

	月曜日	火曜日	水曜日	木曜日	金曜日
体育館	1組	2組	3組	4組	合唱大会当日
音楽室	3組	4組	1組	2組	

説明原稿

表Ⅰは，合唱大会が行われる週における，月曜日から木曜日までの各クラスの練習場所の割り当てを示したものです。ここでは，空いた日をつくらずに体育館と音楽室を無駄なく利用しているという点で，効率的であるといえます。また，［あ］という点で，公正であるといえます。

(5)　5班のテーマに関連して，次のア，イに答えなさい。

ア　Kさんは，さまざまな国が経済関係を強化するための取組を進めていることを知り，次のメモを作成した。（　い　）にあてはまる協定の名称として適切なものを，下の1～4から一つ選び，記号で答えなさい。

メモ

日本を含む，アジア・太平洋地域の国々は，貿易の自由化を進め，経済関係を強化するために，2018年に（　い　）に調印した。

1　ASEAN　　2　USMCA　　3　MERCOSUR　　4　TPP11

イ　Kさんは，図Ⅱを用いて2000年代のある時期の為替レートの推移について考察し，次のようにまとめた。Kさんが考察の対象とした時期と，Kさんのまとめの（　う　）にあてはまる語の組み合わせとして正しいものを，下の1～4から一つ選び，記号で答えなさい。

図Ⅱ　ドルに対する円の為替レートの推移

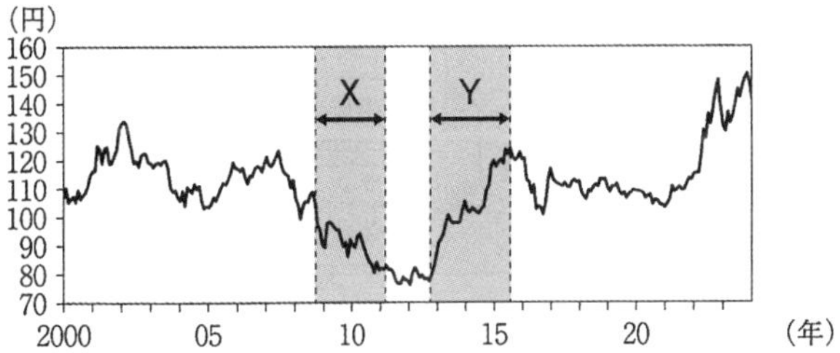

（日本銀行資料により作成）

Kさんのまとめ

この時期には，ドルを円に交換する動きが強まり，（　う　）の傾向が進んだ。

	1	2	3	4
時期	X	X	Y	Y
う	円安	円高	円安	円高

6　Sさんは，今年，パリでオリンピック・パラリンピックが開催されることを知り，夏季大会に関するレポートを作成した。次は，その一部である。これについて，あとの(1)～(3)に答えなさい。

オリンピック・パラリンピックの夏季大会について

2016年　開催地　リオデジャネイロ（ブラジル）

○　リオデジャネイロ大会は，（　あ　）大陸で初めて開催された大会となった。

2021年　開催地　東京（日本）

○　日本では，大会前の①2017年に，案内用図記号（ピクトグラム）が国際規格に合わせて変更された。

2024年　開催地　パリ（②フランス）

○　パリは，「近代オリンピックの父」と呼ばれるクーベルタンの出身地である。

(1)　レポート中の（　あ　）にあてはまる適切な語を，次の１～４から一つ選び，記号で答えなさい。

１　アフリカ　　２　オーストラリア　　３　ユーラシア　　４　南アメリカ

(2)　下線部①について，図Ⅰのように案内用図記号を国際規格に合わせて変更した目的を，図Ⅱ，図Ⅲから読み取れることと関連付けながら，説明しなさい。

図Ⅰ　変更前後の駐車場の案内用図記号

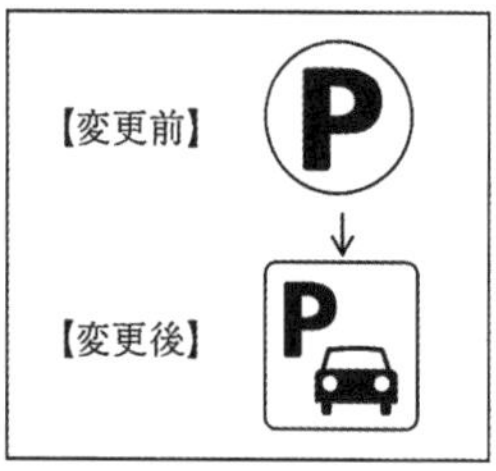

（経済産業省資料により作成）

図Ⅱ　訪日外国人数の推移

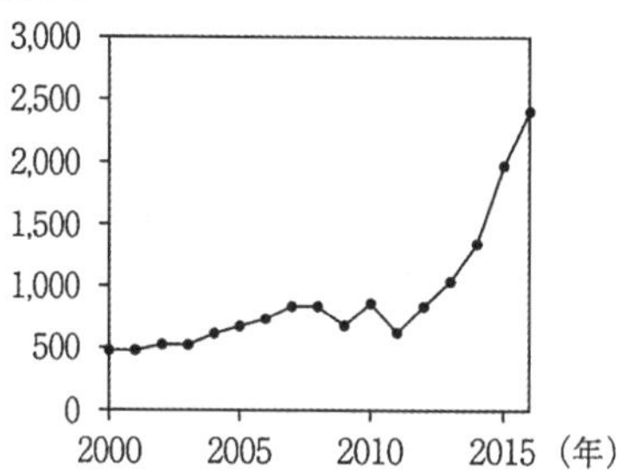

（日本政府観光局資料により作成）

図Ⅲ　訪日外国人の地域別の割合（2016年）

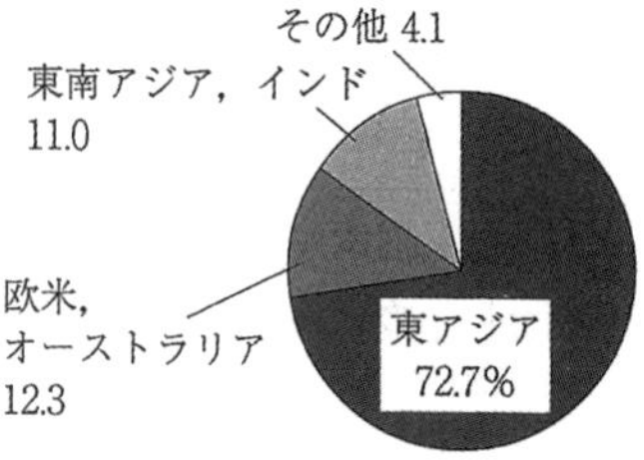

（注）割合は，小数第二位を四捨五入してあるため，合計が100.0％にならない。

（日本政府観光局資料により作成）

(3)　下線部②に関連して，次のア～ウに答えなさい。

ア　フランスで活躍した思想家で，『社会契約論』で人民主権を唱えた人物は誰か。答えなさい。

イ　図Ⅳは，フランスにある航空機メーカーでの航空機生産のようすを模式的に示したものである。図Ⅳのように，それぞれの国が得意な物を専門的に生産する方法を何というか。答えなさい。

図Ⅳ

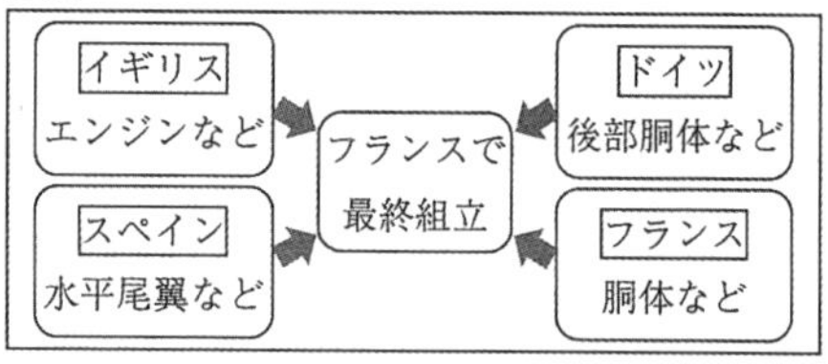

（注）国名は，おもな部品の製造国を示す。

ウ　パリ近郊で1975年に第１回先進国首脳会議（サミット）が開催され，世界の経済問題が議論された。この会議が開催された背景を，図Ⅴから読み取れることをもとに説明しなさい。

図Ⅴ　１バレル当たりの原油価格と先進国の経済成長率の推移

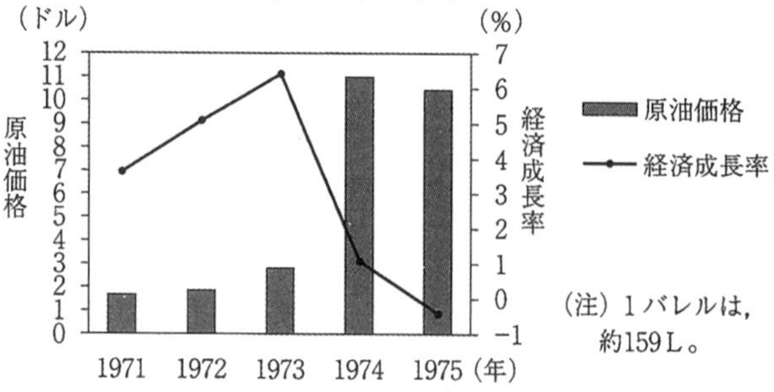

（注）１バレルは，約159Ｌ。

（OECD資料などにより作成）

令和6年度山口県公立高等学校
入学者選抜学力検査問題

理　科

（第5時限　14：10～15：00　50分間）

注　意

1　指示があるまで，開いてはいけません。

2　答えは，すべて解答用紙に記入しなさい。

3　解答用紙は，問題用紙の中に，はさんであります。

4　問題用紙は，表紙を除いて10ページで，問題は 1 から 9 までです。

1　図1のように，天体望遠鏡に太陽投影板と日よけ板をとりつけ，太陽の表面の観察を行った。太陽投影板には，図2のように太陽の像が映し出され，しみのように暗く見えるAが観察された。天体望遠鏡の向きを変えずに，引き続き観察したところ，太陽の像は，太陽投影板上を移動し，1分後には，図3のように映し出された。下の(1)，(2)に答えなさい。

図1
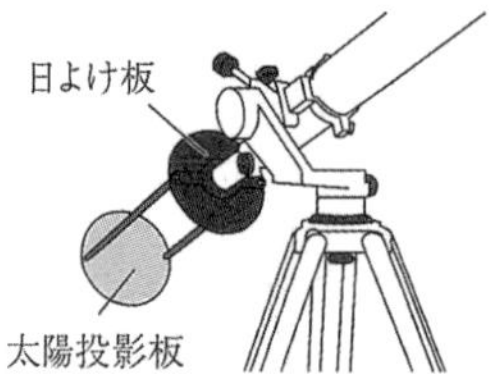

図2
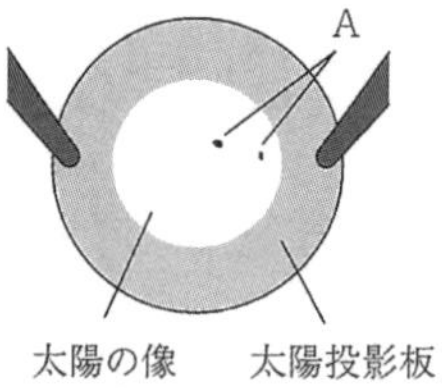

図3
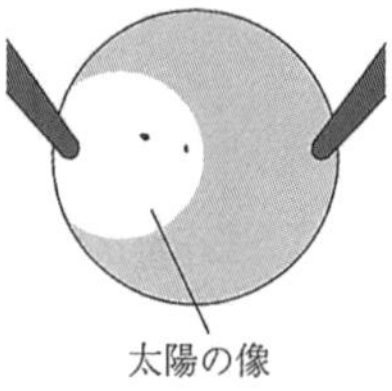

(1) 図2のAのように観察される，太陽表面に存在し，周囲よりも温度が低い部分を何というか。書きなさい。

(2) 太陽投影板に映った太陽の像が，図2から図3のように移動する理由と同じ理由で起こる現象として適切なものを，次の1～4から2つ選び，記号で答えなさい。

1　月の見かけの形が，三日月から半月，満月へと変化する。
2　北半球において，北の空の星が，北極星付近を中心にして，回転して見える。
3　太陽の光が建物に当たってできる影の向きが，朝とその日の夕方で異なる。
4　太陽の南中高度が，季節によって異なる。

2　植物の光合成と呼吸について調べるため，次の実験を行った。下の(1)，(2)に答えなさい。

［実験］
① 4本の試験管A～Dを用意し，試験管A，Bには同じ大きさのオオカナダモを入れ，試験管C，Dには何も入れなかった。
② BTB溶液を水の入ったビーカーに加えた後，ストローで息を吹き込み緑色に調整した。
③ ②の緑色のBTB溶液で試験管A～Dを満たし，すぐにゴム栓で密閉した。
④ 図1のように，試験管A，Cには，十分に光が当たるようにし，試験管B，Dは，箱に入れて光が当たらないようにした。
⑤ 3時間後，試験管A～D内のBTB溶液の色を観察し，実験の結果を表1にまとめた。

図1
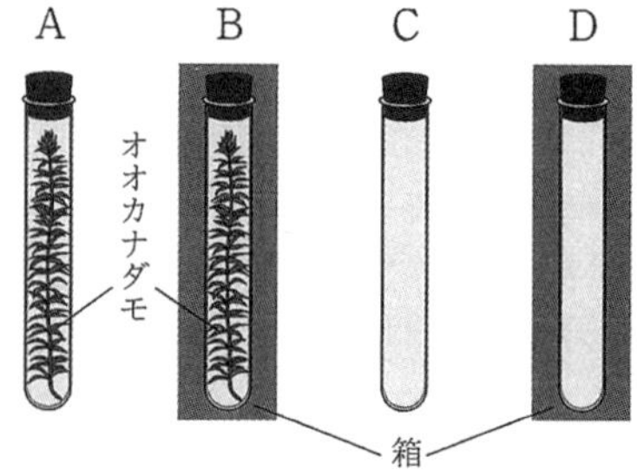

表1

試験管	A	B	C	D
BTB溶液の色	青色	黄色	緑色	緑色

(1) 次の文が，試験管A内のBTB溶液の色が変化した理由について説明したものとなるように，（　　）の中のa～dの語句について，正しい組み合わせを，下の1～4から1つ選び，記号で答えなさい。

試験管A内のオオカナダモによる光合成で（ a 放出する酸素　b 吸収する二酸化炭素 ）の量が，呼吸で（ c 放出する二酸化炭素　d 吸収する酸素 ）の量より多かったから。

1　aとc　　2　aとd　　3　bとc　　4　bとd

(2) ［実験］において，試験管A～Dを用意し実験を行ったのは，対照実験を行うためである。対照実験とは，実験条件をどのようにして行う実験か。書きなさい。

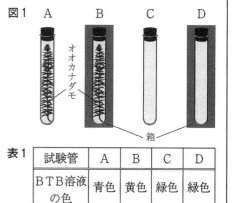

3　Sさんは，**図1**のような花びんを置いた棚の上に，水を入れた水そうを置くことにした。水そうを置いた後，Sさんが水面の高さから水そうを通して花びんを見たところ，花びんの見え方が水そうを置く前と異なって見えることに気づいた。次の(1)，(2)に答えなさい。ただし，水そうのガラスの厚さは無視できるものとする。

図1

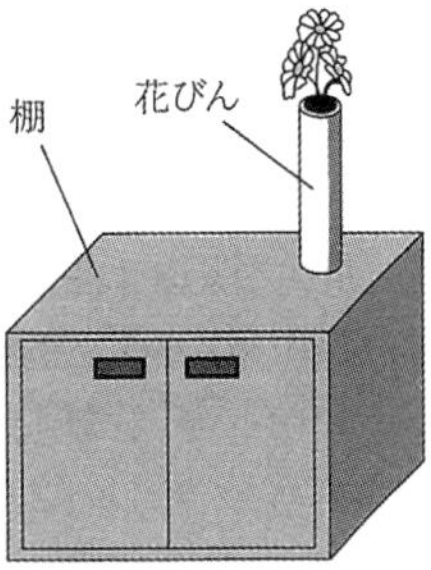

(1)　光が異なる物質の境界で折れ曲がり，光の進む向きが変わる現象を何というか。書きなさい。

(2)　**図2**は，棚の上に置いた花びんと水そうを真上から見たときの，Sさんとの位置関係を表した模式図である。Sさんの位置●から矢印⇨の向きに水そうを通して花びんを見たときの見え方として，最も適切なものを，次の**1**～**4**から選び，記号で答えなさい。

図2

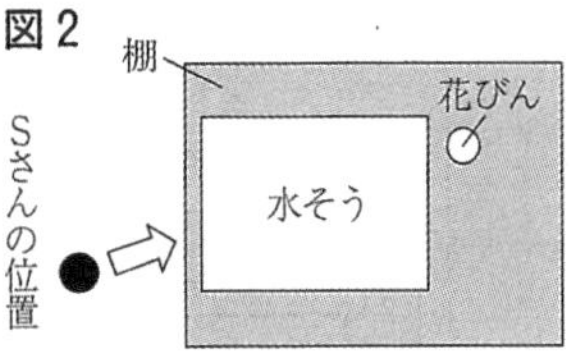

1

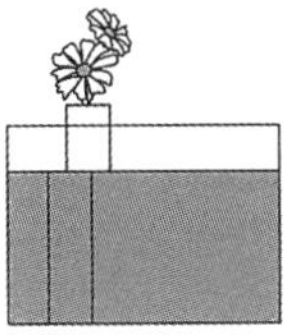

2

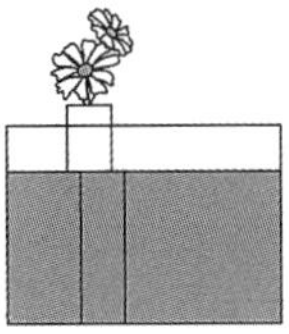

3

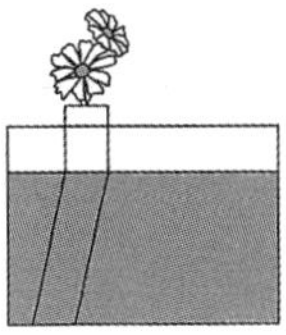

4

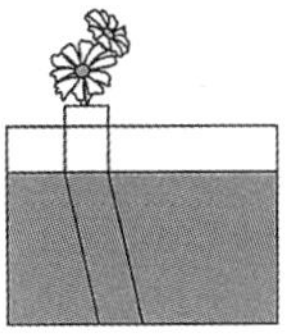

4　物質の状態変化について，次の(1)，(2)に答えなさい。

(1)　**表1**は，物質の融点と沸点を調べ，まとめたものである。**表1**の物質のうち，1気圧において，0 ℃で固体であり，200 ℃で液体であるものを，次の**1**～**4**から1つ選び，記号で答えなさい。

1　酸素　　　**2**　水銀
3　酢酸　　　**4**　メントール

表1

物　質	融点〔℃〕	沸点〔℃〕
酸　素	−219	−183
水　銀	−39	357
酢　酸	17	118
メントール	43	217

〔融点と沸点は1気圧における値である。〕

(2)　**図1**のように，液体のエタノールをポリエチレンの袋に入れ，空気が入らないよう袋の口を固くしばった。この袋に熱湯をかけると，エタノールが気体に変化し，**図2**のように袋がふくらんだ。次の文が，袋がふくらんだことについて説明したものとなるように，（　　）の中のa～eの語句について，正しい組み合わせを，下の**1**～**6**から1つ選び，記号で答えなさい。

図1

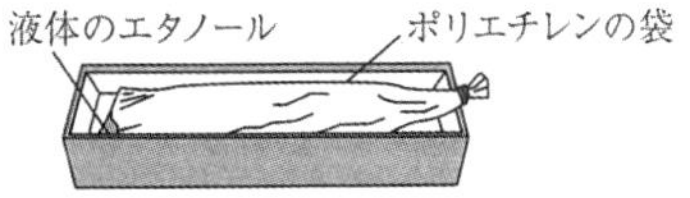

図2

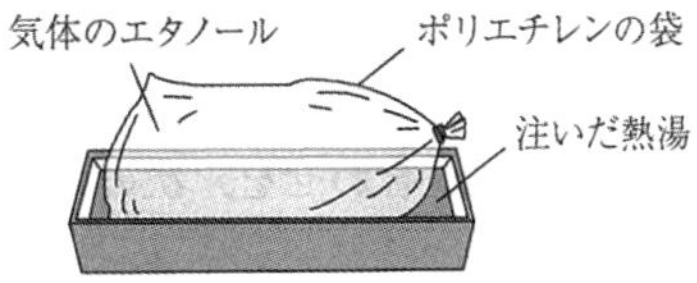

気体のエタノールは，液体のエタノールと比べると，粒子の運動が（ a おだやかで　b 激しく ），粒子どうしの距離が（ c 小さい　d 変わらない　e 大きい ）ため，袋がふくらんだ。

1　aとc　**2**　aとd　**3**　aとe　**4**　bとc　**5**　bとd　**6**　bとe

5 Sさんは，抵抗器の数と消費電力の関係を調べるために，次の実験を行った。あとの(1)～(3)に答えなさい。

［実験］
① 6.0 Ωの抵抗器3個，電源装置，導線，電圧計，電流計を用意した。
② **図1**のような回路を組み，スイッチ1を入れ，電圧計と電流計の値を記録した。
③ スイッチ1を入れたまま，スイッチ2を入れ，電圧計と電流計の値を記録した。
④ スイッチ1，2を入れたまま，スイッチ3を入れ，電圧計と電流計の値を記録した。
⑤ ②～④で記録した値をもとに，回路全体の消費電力を計算し，結果を**表1**にまとめた。

図1

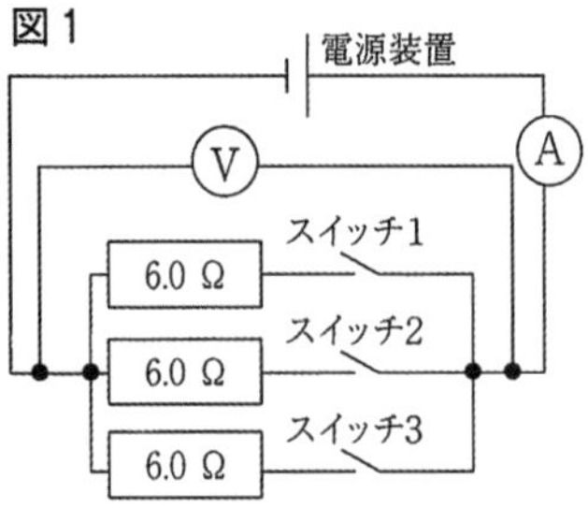

表1

	電圧 ［V］	電流 ［A］	消費電力 ［W］
スイッチ1を入れたとき	3.0	0.50	1.5
スイッチ1と2を入れたとき	3.0	1.00	3.0
スイッチ1 ～ 3を入れたとき	3.0	1.50	4.5

(1) 抵抗器を流れる電流の大きさは，抵抗器に加わる電圧に比例する。この法則を何というか。書きなさい。

(2) Sさんは，実験後，T先生と次の会話をした。あとのア～ウに答えなさい。

Sさん： この［実験］では，電源装置に接続される抵抗器の数が増えても，回路全体に加わる電圧は変わらず，流れる電流の大きさは［あ］ため，抵抗は［い］ということがわかりました。

T先生： そうですね。回路全体の抵抗が変化することで，回路全体の消費電力が変化していることもわかりましたね。

Sさん： はい。［実験］では，スイッチを用いることで，回路全体の抵抗が3通りに変わります。その結果，消費電力がそれぞれ1.5 W，3.0 W，4.5 Wとなりました。もしかして，家庭で利用されている(ア)電気ストーブも，スイッチを用いて回路全体の抵抗を変えることで，消費電力を変化させ，発生する熱量を変化させる仕組みではないですか。

T先生： よい気づきですね。この［実験］では，抵抗器を3つ使用していますが，(イ)抵抗器2つとスイッチを用いて回路全体の抵抗を変えることで，［実験］と同様に消費電力を1.5 W，3.0 W，4.5 Wと変化させる回路をつくることもできますよ。

ア Sさんの発言が，実験の結果と合うように，［あ］，［い］に入る語句について，正しい組み合わせを，次の1～4から1つ選び，記号で答えなさい。

	あ	い
1	小さくなる	大きくなる
2	小さくなる	小さくなる
3	大きくなる	大きくなる
4	大きくなる	小さくなる

イ　下線(ア)について，熱を発生させるために消費する電力が 800 Wの電気ストーブを，１分間使用するとき，発生する熱量は何Ｊか。求めなさい。

ウ　下線(イ)を表した回路図として，最も適切なものを，次の１～４から選び，記号で答えなさい。

1

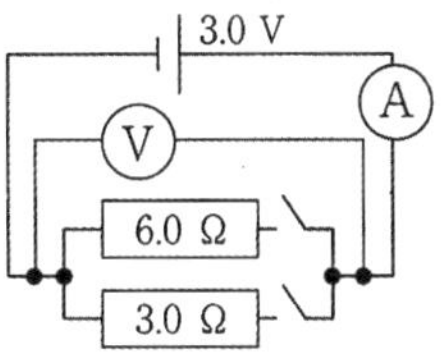

2

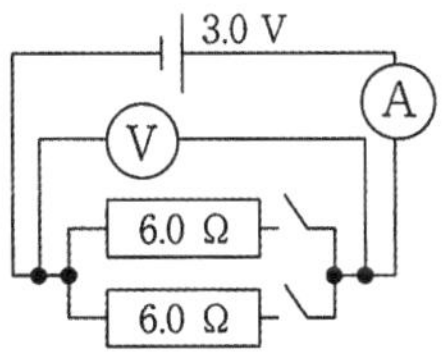

3

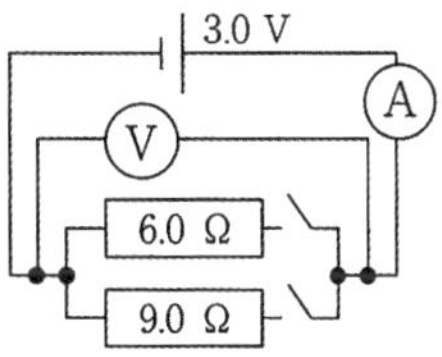

4

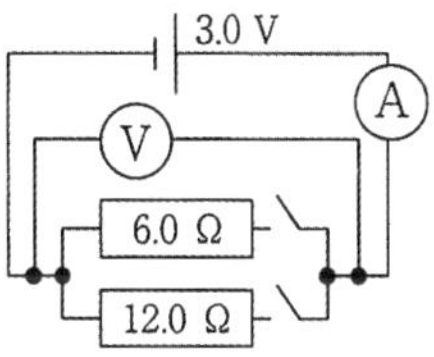

(3)　**表２**は，Ｓさんが家庭で使用している電気器具の消費電力を調べ，まとめたものである。**図２**のように，コンセントに接続した延長コードに，**表２**の電気器具のうち，ミキサーを含む２つの電気器具を接続し，同時に 100 Ｖで使用する。次のア，イに答えなさい。

表２

電気器具	消費電力〔W〕
ミキサー	300
コーヒーメーカー	550
炊飯器	700
電気湯沸かし器	1250
オーブンレンジ	1375

〔消費電力は，電気器具を 100 Ｖで使用したときの，電気器具に流れる電流の大きさをもとに，計算された値である。〕

ア　家庭のコンセントから流れる電流は，向きが周期的に変化している。このように，向きが周期的に変化する電流を何というか。書きなさい。

イ　安全のため，延長コードに流れる電流の大きさが 15 Ａを超えないように使用するものとする。このとき，ミキサーと同時に使用する電気器具のうち，延長コードに流れる電流の大きさが最も大きくなるものを，次の１～４から１つ選び，記号で答えなさい。ただし，電気器具に流れる電流の大きさは，**表２**をもとに求められるものとする。

1　コーヒーメーカー
2　炊飯器
3　電気湯沸かし器
4　オーブンレンジ

図２

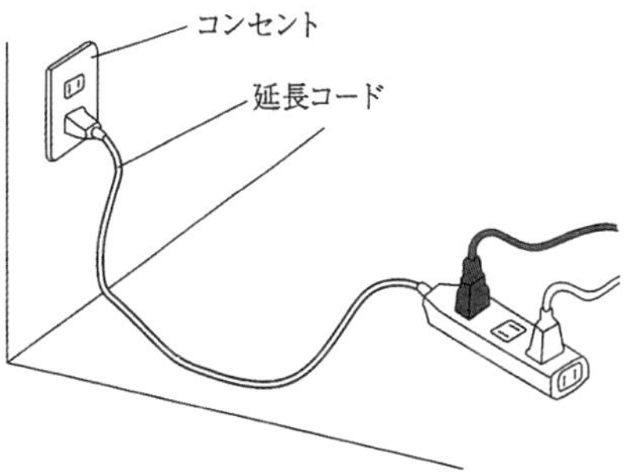

6 うすい塩酸に炭酸水素ナトリウムを加えると，気体が発生する。この反応について，次の実験を行った。あとの(1)～(4)に答えなさい。

［実験］

① 炭酸水素ナトリウム 0.4 g を薬包紙にはかりとり，**図 1** のように，うすい塩酸 10.0 g を入れたビーカーとあわせた質量を，電子てんびんで測定した。

② ①の炭酸水素ナトリウムを薬包紙から，うすい塩酸 10.0 g が入ったビーカーにすべて加えて気体を発生させ，気体が発生しなくなった後も，しばらく放置した。

③ ②の操作をした後の薬包紙とビーカーをあわせた質量を，**図 2** のように，電子てんびんで測定した。

④ 測定した質量をもとに，発生した気体の質量を求めた。

⑤ ①ではかりとる炭酸水素ナトリウムの質量を，0.8 g，1.2 g，1.6 g，2.0 g，2.4 g と変えて，①～④の操作を行った。

⑥ 実験の結果を**表 1** にまとめ，炭酸水素ナトリウムの質量と発生した気体の質量の関係を，**図 3** にまとめた。

図 1

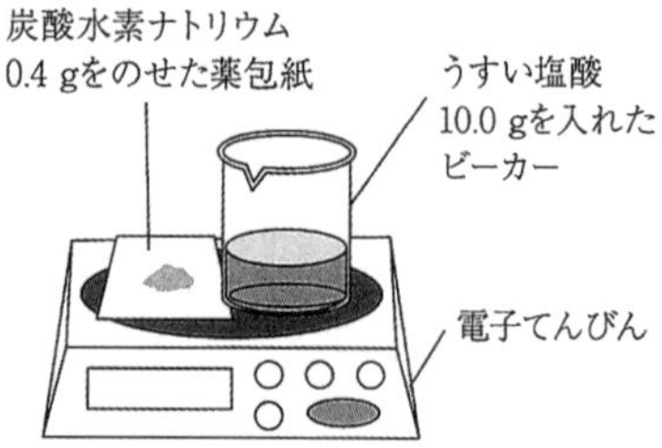

図 2

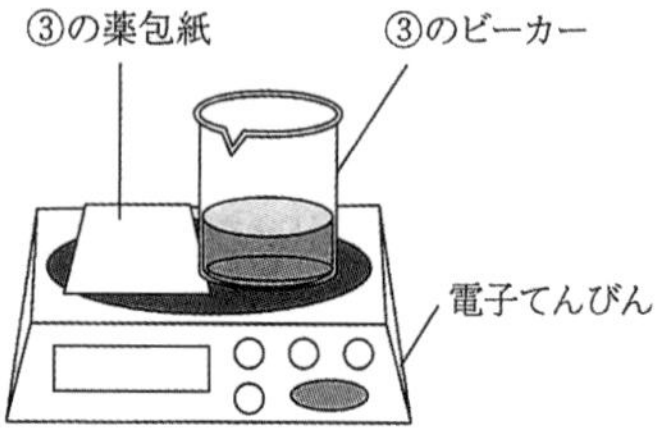

表 1

炭酸水素ナトリウムの質量〔g〕	①で測定した質量〔g〕	③で測定した質量〔g〕	発生した気体の質量〔g〕
0.4	46.5	46.3	0.2
0.8	46.9	46.5	0.4
1.2	47.3	46.7	0.6
1.6	47.7	46.9	0.8
2.0	48.1	47.1	1.0
2.4	48.5	47.5	1.0

図 3

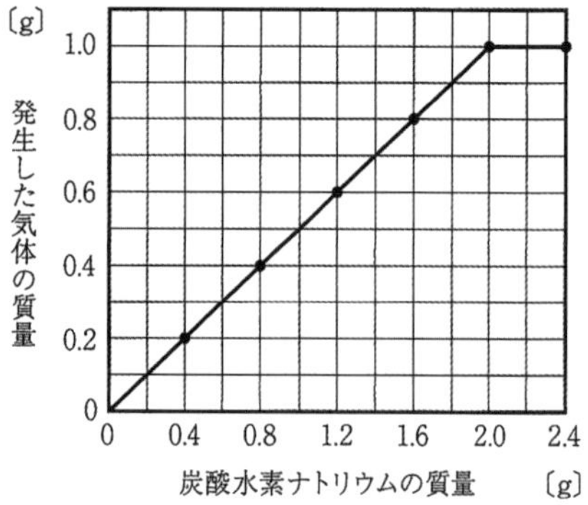

2024(R6) 山口県公立高
K 教英出版

令六　山口県

国語解答用紙

＊印の欄には何も記入しないこと。

受検番号

得点 ＊ 点

※50点満点

一

＊

㈠ 画 め

㈡

㈢

㈣

㈤ 〜

㈥

㈦

㈠１点
㈡１点
㈢１点
㈣３点
㈤２点
㈥２点
㈦２点

二

＊

㈠

㈡

㈢

㈣

㈤

㈥

㈠１点
㈡１点
㈢２点
㈣３点
㈤２点
㈥２点

三

＊

㈠

㈡

㈢ Ⅰ Ⅱ

㈠１点
㈡１点
㈢２点×２

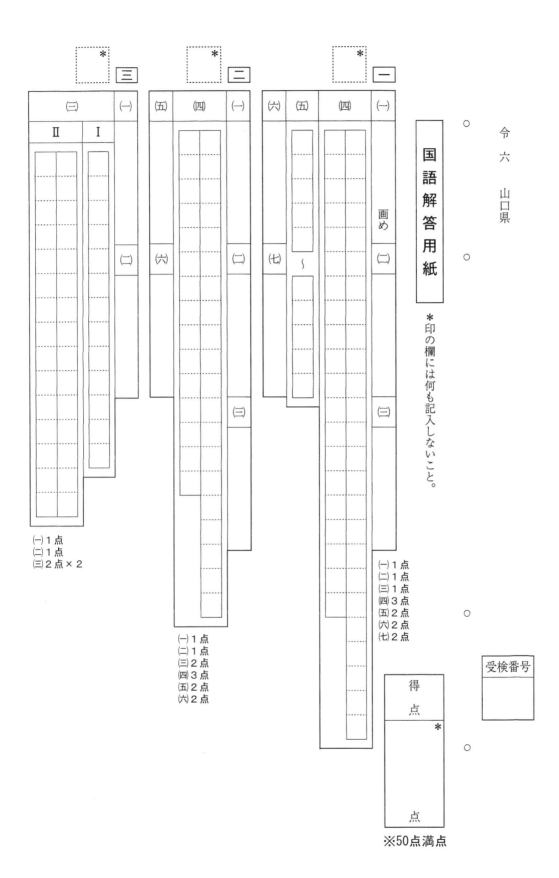

得　点	＊ 点

※50点満点

6 ＊

(1)	(%)	
(2)	式	ドリップバッグ　個 ティーバッグ　個

(1) 2点
(2) 4点

7 ＊

(1)	証明
(2)	cm

(1) 4点
(2) 3点

8 ＊

(1)	説明
(2)	℃
(3)	(cm)

(1) 3点
(2) 2点
(3) 3点

得　点	* 　　　　　　点

※50点満点

5 　*

2点×6

(1)						
(2)	(a)		(b)		(c)	
(3)	①				②	

6 　*

8点

				20語
				30語

【記入例】

Hi , how are you ? I'm

a high school student now .

得　点	＊　　　　　　点

※50点満点

3

＊

(1)		(2)	
(3)			
(4)		(5)	
(6) ア			
(6) イ			

⑴１点
⑵１点
⑶２点
⑷１点
⑸１点
⑹１点×２

4

＊

(1)		(2)	
(3)		(4)	
(5)			
(6) ア	→ →	イ	

⑴１点
⑵１点
⑶１点
⑷１点
⑸２点
⑹１点×２

5

＊

(1) ア		イ	
(2)	→ →		
(3) ア			
(3) イ			
(4)			
(5) ア		イ	

⑴１点×２
⑵１点
⑶ア．１点
　イ．２点
⑷２点
⑸１点×２

6

＊

(1)			
(2)			
(3) ア		イ	
(3) ウ			

⑴１点
⑵２点
⑶ア．１点
　イ．１点
　ウ．２点

得　点	* 　　　　　点

※50点満点

7

*

(1)				
(2)				
(3)				
(4)	ア		イ	

(1) 2 点
(2) 1 点
(3) 1 点
(4) ア．１点　イ．２点

8

*

(1) 2 点
(2) 2 点
(3) 1 点
(4) 1 点 × 2

(1)				
(2)				
(3)				
(4)	あ		い	

9

*

(1)		
(2)		
(3)		
(4)	あ	
	い	
(5)	ア	
	イ	

(1) 1 点
(2) 2 点
(3) 1 点
(4) 2 点
(5) ア．１点　イ．２点

受検番号	

理科解答用紙

＊印の欄には何も記入しないこと。

1 ＊

(1)	
(2)	

(1) 1点
(2) 2点

2 ＊

(1)	
(2)	

(1) 1点
(2) 2点

3 ＊

(1)	
(2)	

(1) 1点
(2) 2点

4 ＊

(1)	
(2)	

(1) 1点
(2) 2点

5 ＊

(1)				
(2)	ア		イ	J
	ウ			
(3)	ア		イ	

(1) 1点
(2)ア．1点　イ．2点　ウ．2点
(3) 1点×2

6 ＊

(1)	
(2)	$NaHCO_3$ ＋ HCl →
(3)	
(4)	

(1) 1点
(2) 2点
(3) 2点
(4) 2点

令　6　　山口県

受検番号	

社会解答用紙

＊印の欄には何も記入しないこと。

1

＊

(1)		(2)		(3)	
(4)					
(5)	ア				
	イ				
	ウ				

(1) 1 点
(2) 1 点
(3) 1 点
(4) 2 点
(5)ア.
イ.
ウ.

2

＊

(1)	千葉県			
	鹿児島県			
(2)			(3)	
(4)	ア			
	イ	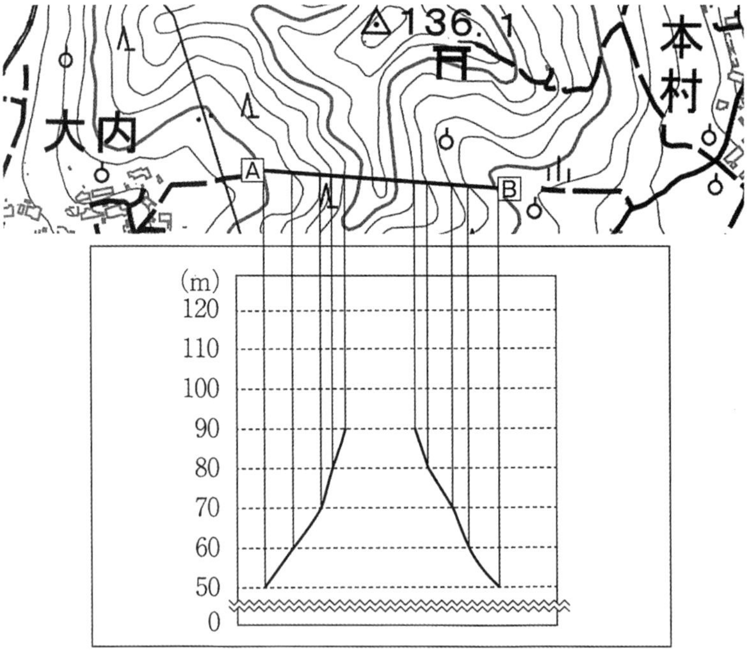		
(5)				

(1) 1 点
(2) 1 点
(3) 1 点
(4)ア.
イ.
(5) 2 点

受検番号	

英語解答用紙

＊印の欄には何も記入しないこと。

1 ＊

テスト1	No. 1	No. 2	No. 3	No. 4	
テスト2	No. 1	No. 2	No. 3	No. 4	
テスト3	(1)	(A)		(B)	
		(C)			
	(2)	?			

テスト１…１点×４
テスト２…１点×４
テスト３…⑴１点×３
⑵２点

2 ＊

(1)						
(2)	(B)		(C)		(D)	

１点×４

3 ＊

(1)		
(2)		
(3)		

⑴２点
⑵１点
⑶２点×２

4 ＊

(1)	
(2)	
(3)	

２点×３

令　6　　山口県

受検番号	

数学解答用紙

＊印の欄には何も記入しないこと。

1 ＊

(1)		(2)		(3)	
(4)		(5)			

1点 ×5

2 ＊

(1)	$y=$	(2)	度
(3)	$x=$	(4)	およそ　匹

2点 ×4

3 ＊

(1)	
(2)	作図

図2

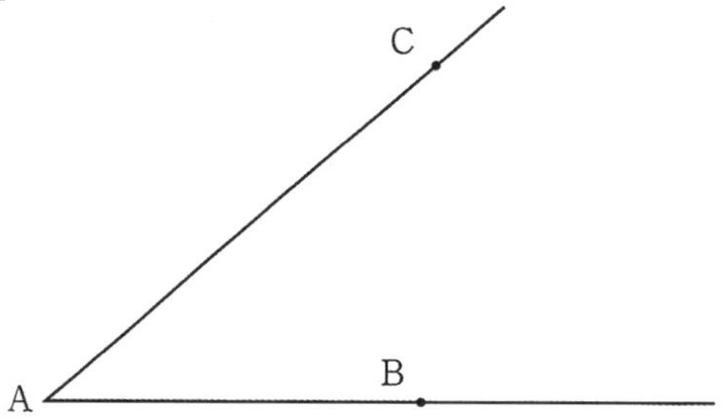

(1)2
(2)3

4 ＊

(1)		(2)	ア　　イ

(1)2
(2)3

5 ＊

(1)	
(2)	説明

(1)2
(2)4

四 ＊

㈠

㈡

㈢

㈠１点
㈡３点
㈢２点

五 ＊

㈠	㈡
1 か	ア
2	イ 相送臨高台
3	
4	ウ
5 る	

㈠１点×５
㈡１点×３

六 ＊

1 2 3 4 5 6 7 8 9 10 11 12

７点

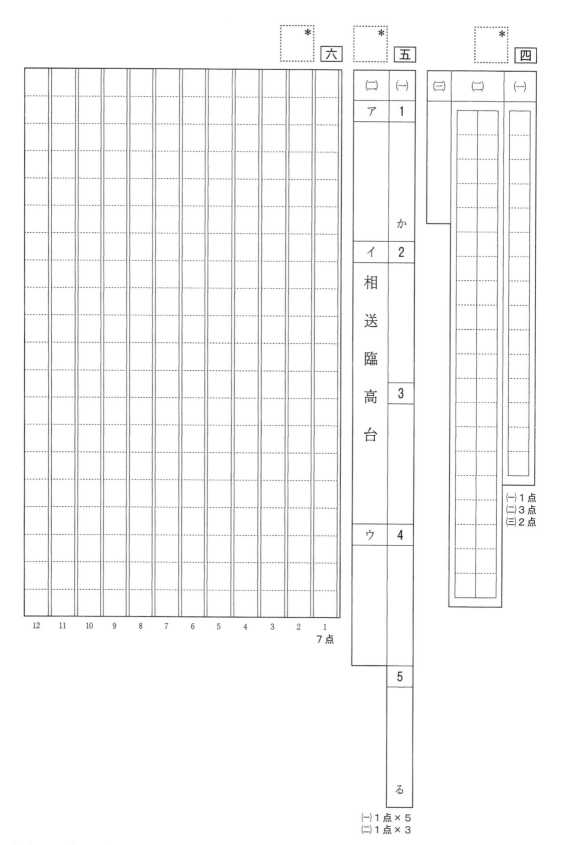

(1) ［実験］の④で，発生した気体の質量を求めることができるのは，化学変化の前後で，反応に関係している物質全体の質量は変化しないという法則が成り立つからである。この法則を何というか。書きなさい。

(2) ［実験］の②で起こる反応を表している次の［　　］内の化学反応式を完成させなさい。

［ $NaHCO_3$ ＋ HCl → ］

(3) ［実験］で用いたうすい塩酸の質量を 5.0 g に変えて，［実験］と同様の操作を行った。このときの，「炭酸水素ナトリウムの質量」と「発生した気体の質量」の関係を表した図として，最も適切なものを，次の１～４から選び，記号で答えなさい。

1

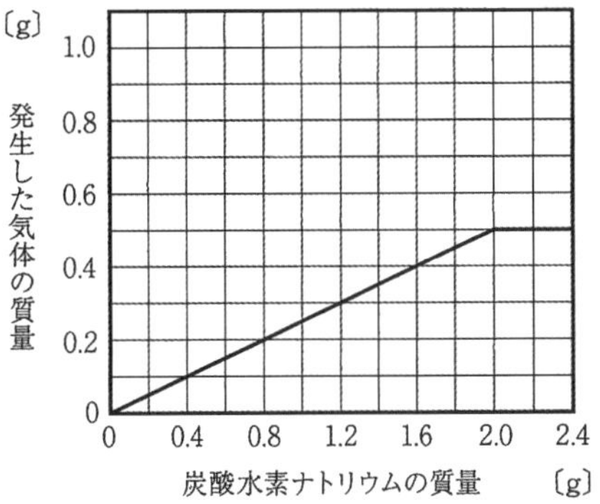

2

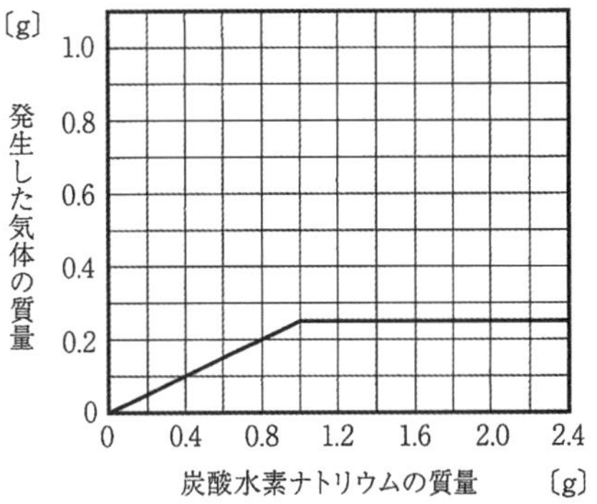

3

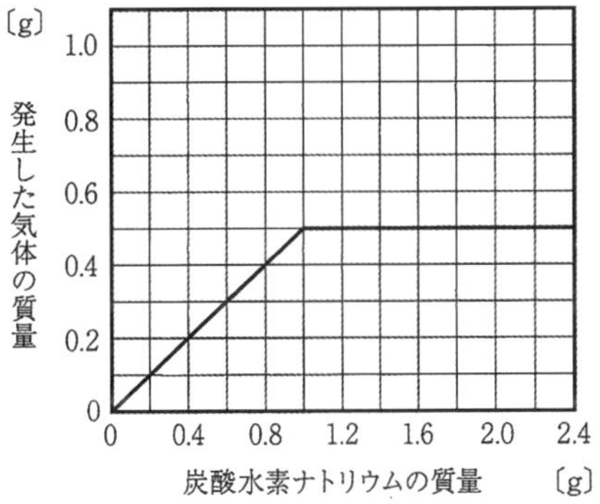

4

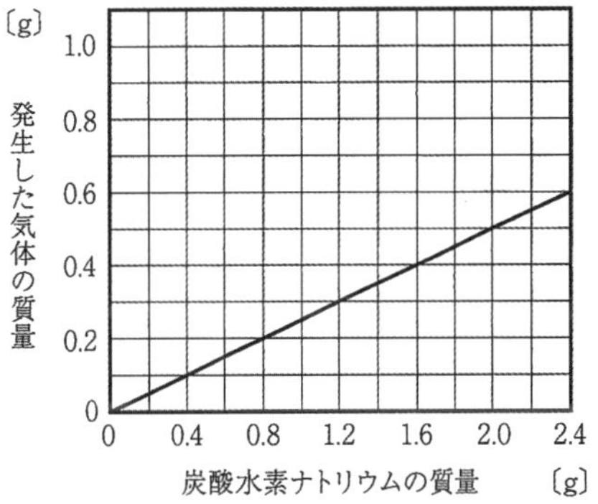

(4) ［実験］で用いたうすい塩酸 10.0 g に，30％の炭酸水素ナトリウムが含まれているベーキングパウダー 2.0 g を加え，気体を発生させた。このとき，発生する気体の質量として，最も適切なものを，［実験］をもとに，次の１～５から選び，記号で答えなさい。

ただし，ベーキングパウダー中の炭酸水素ナトリウムはすべて反応したものとし，発生した気体はすべて，うすい塩酸とベーキングパウダー中の炭酸水素ナトリウムの反応で生じたものとする。

１　0.1 g　　２　0.3 g　　３　0.5 g　　４　0.7 g　　５　0.9 g

7　Ｓさんの中学校では，被子植物であるマツバボタンを栽培している。次の(1)～(4)に答えなさい。

(1)　マツバボタンは，花や茎といった器官をもつ。器官はいくつかの組織が組み合わさって構成されたものである。この組織とはどのようなものか。書きなさい。

(2)　**図１**はマツバボタンなどの植物の体をつくっている細胞の模式図である。**図１**の細胞膜の内側において，細胞質である部分を■で塗りつぶした図として，最も適切なものを，次の１～６から選び，記号で答えなさい。

図１

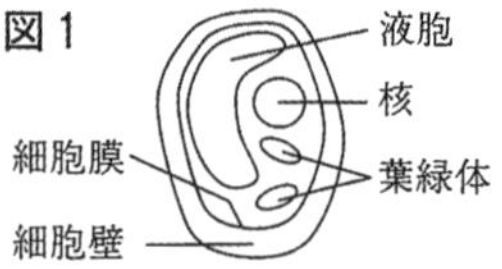

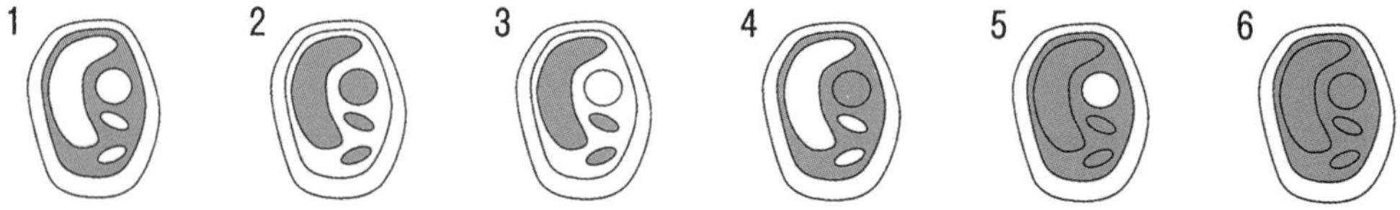

(3)　マツバボタンについて，次の文が，花粉が柱頭についたあとに起こる現象を説明したものとなるように，（　　）の中のａ～ｄの語句について，正しい組み合わせを，下の１～４から１つ選び，記号で答えなさい。

> 花粉が柱頭につくと，花粉管の中を（ ａ　胞子　ｂ　精細胞 ）の核が移動し，めしべにある卵細胞の核と合体する（ ｃ　受精　ｄ　受粉 ）が起こる。

１　ａとｃ　　２　ａとｄ　　３　ｂとｃ　　４　ｂとｄ

(4)　Ｓさんの中学校で栽培しているマツバボタンは，赤色の花を咲かせる個体（赤花）と白色の花を咲かせる個体（白花）のみである。

図２のように，①の純系の赤花と②の純系の白花をかけ合わせると，その子である③はすべて赤花となる。次のア，イに答えなさい。

図２

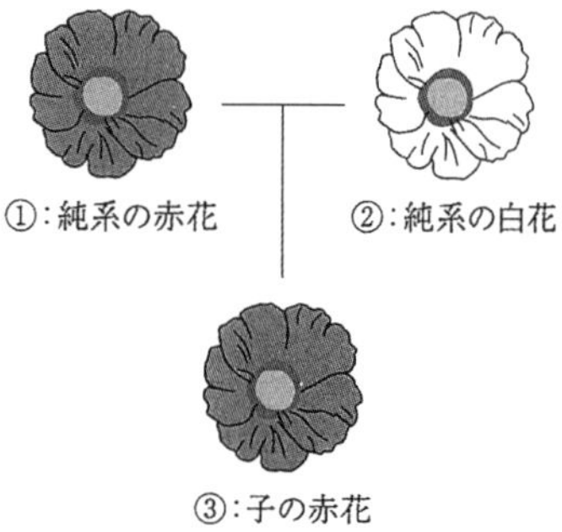

ア　対立形質をもつ純系の個体どうしをかけ合わせたとき，子に現れる形質を何というか。書きなさい。

イ　Ｓさんの中学校で栽培しているマツバボタンの赤花に，**図２**の①～③をそれぞれかけ合わせると，その子に白花がつくられる場合がある。子の白花の割合が最も大きくなるかけ合わせにおいて，子の白花の割合は，およそ何％になるか。マツバボタンの花の色は，一組の遺伝子の組み合わせで決まり，メンデルが見いだした遺伝の規則性にしたがうものとして，最も適切なものを，次の１～４から選び，記号で答えなさい。

１　25％　　２　50％　　３　75％　　４　100％

2024(R6) 山口県公立高
教英出版

8 次は，Sさんが火山について学習したときに使用したプリントの一部である。下の(1)～(4)に答えなさい。

火山の形成

火山は，地下にある(ア)マグマが上昇し，地表にふき出して周辺に積み重なることでできる。マグマが冷え固まってできた岩石を(イ)火成岩という。

火山の形の違いはマグマのねばりけの違いによって生じる。マグマのねばりけが弱いと，(ウ)図1のような断面となる傾斜がゆるやかな火山ができ，マグマのねばりけが強いと，図2のような断面となる傾斜が急で盛り上がった火山ができる。

図1　傾斜がゆるやかな火山の断面図

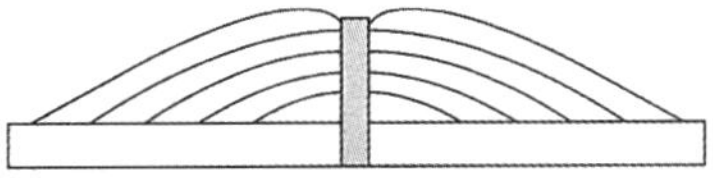

図2　傾斜が急で盛り上がった火山の断面図

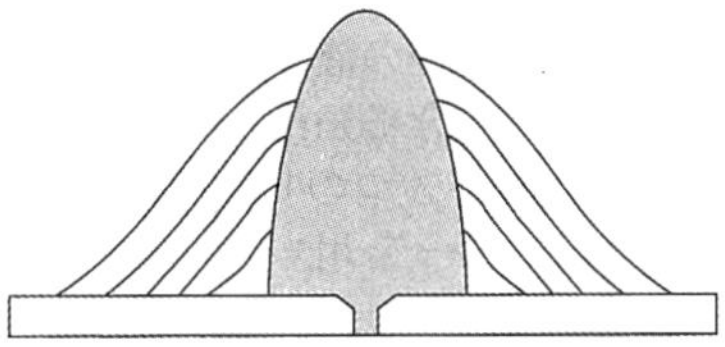

(1) 下線(ア)について，マグマがもとになってできる火山噴出物を，次の1～5からすべて選び，記号で答えなさい。

1　軽石　　2　石灰岩　　3　チャート　　4　火山灰　　5　火山ガス

(2) 下線(イ)について，図3は，火山岩である岩石を顕微鏡で観察したスケッチであり，Aのような比較的大きな鉱物がBのような粒のよく見えない部分に散らばって見える。図3のAとBのでき方を比較したときのAのでき方について，できたときの場所と冷え方に着目して，簡潔に述べなさい。

図3

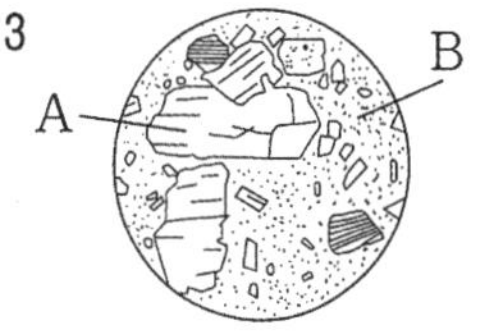

(3) 次の文が，下線(ウ)の火山活動のようすを説明したものとなるように，(　　)の中のa～dの語句について，正しい組み合わせを，下の1～4から1つ選び，記号で答えなさい。

> 噴火については，(a 爆発的な　b おだやかな) 噴火となることが多く，ふき出したマグマが固まると，(c 白っぽい　d 黒っぽい) 色の岩石になることが多い。

1　aとc　　2　aとd　　3　bとc　　4　bとd

(4) 岩石は，さまざまなはたらきにより形を変えることで，扇状地やV字谷などの特徴的な地形を形成することがある。次の文が，扇状地が形成されるまでの過程について説明したものとなるように，[あ]，[い] にあてはまる適切な語を，それぞれ下の1～5から1つずつ選び，記号で答えなさい。

> 岩石は，風化によってもろくなり，川の流れによって [あ] されながら運搬され，川の流れが緩やかになったところで [い] して扇状地をつくることがある。

1　しゅう曲　　2　侵食　　3　堆積　　4　飽和　　5　ろ過

9 洗剤を使うことで汚れが取れることに興味をもったKさんは，Lさんと次の会話をした後，実験を行った。あとの(1)～(5)に答えなさい。

Kさん：　洗濯用液体洗剤の表示を見てみると，弱アルカリ性だと書いてあったんだ。
Lさん：　私は酸性と表示されている液体洗剤を見たことがあるよ。酸やアルカリと汚れの取れ方が関係しているかもしれないね。赤色の油性マーカーのインクを汚れに見立てて調べてみるのはどうかな。
Kさん：　そうだね。T先生にお願いして実験させてもらおうよ。

［実験1］

① 透明なプラスチック板に，**図1**のように，赤色の油性マーカーを塗った。
② ①のプラスチック板から，面積が同じ正方形のプラスチック板を3枚切りとった。
③ トイレ用液体洗剤，食器用液体洗剤，洗濯用液体洗剤の3つの液を準備した。
④ ③の3つの液を 50 mL ずつメスシリンダーではかりとり，3つのビーカーにそれぞれ入れ，pHメーターを用いて各液のpHを測定し，記録した。
⑤ 温度計を用いて④の3つのビーカーの液の温度を，それぞれ測定し，温度が同じであることを確認した。
⑥ ②で用意したプラスチック板を，**図2**のように④の3つのビーカーにそれぞれ1枚ずつ入れ，1時間放置した。
⑦ ⑥のプラスチック板をピンセットでとり出し，それぞれ軽く水洗いした。
⑧ ⑦のプラスチック板に，等間隔のマス目をかいた板を**図3**のように重ね，赤色の油性マーカーの色が消えた部分のマスの数をそれぞれ数えた。

図1

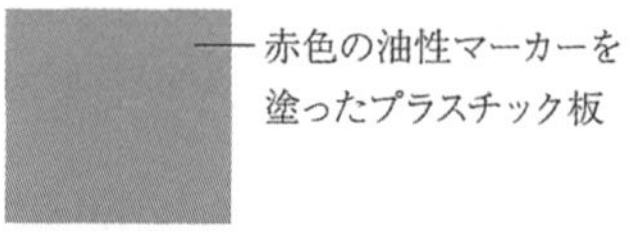

図2

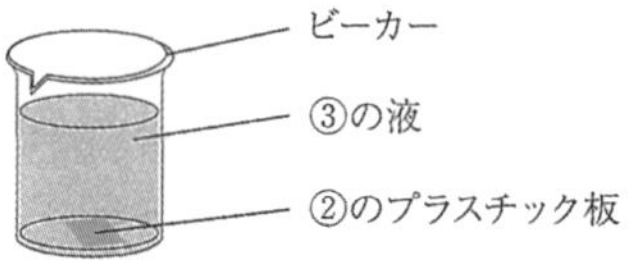

図3

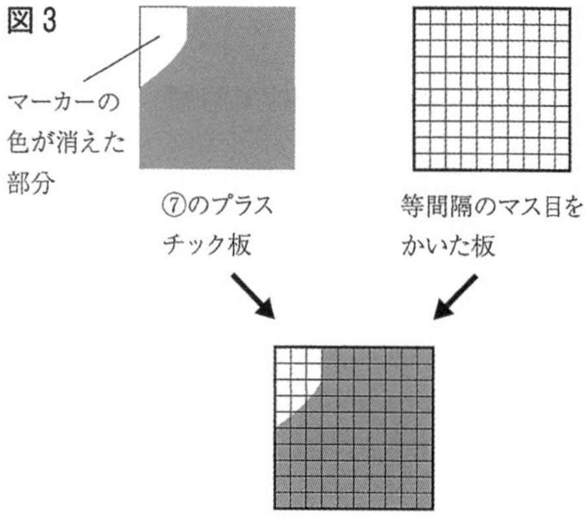

2枚の板を重ねた状態

⑨ 実験の結果を**表1**にまとめた。

表1

③の液	トイレ用液体洗剤	食器用液体洗剤	洗濯用液体洗剤
液のpH	1.5	7.5	9.5
赤色の油性マーカーの色が消えた部分のマスの数	0	12	100

KさんとLさんは，［実験1］の結果をもとに，新たに仮説を立て，その仮説を適切に検証することができるよう，T先生からアドバイスをもらい，［実験2］を行った。

［実験2］

① pHが7.0の蒸留水と固体の水酸化ナトリウムを準備した。
② ①の蒸留水 1000 g に①の水酸化ナトリウム 4.0 g を加え，pHが13.0の液をつくった。
③ ②でつくった液に①の蒸留水を加え，pHが8.0, 9.0, 10.0, 11.0, 12.0の液をそれぞれつくった。
④ ①の蒸留水と②，③でつくった各液の中に，［実験1］と同様に赤色の油性マーカーを塗ったプラスチック板を入れ，1時間放置した後，軽く水洗いし，赤色の油性マーカーの色が消えた部分のマスの数を数え，その結果を**表2**にまとめた。

表2

液のpH	7.0	8.0	9.0	10.0	11.0	12.0	13.0
赤色の油性マーカーの色が消えた部分のマスの数	0	0	0	0	0	0	0

(1) ［実験１］で用いたプラスチック板の原料は石油である。石油は化石燃料の一種で，主に中生代の生物の遺《い》骸《がい》がもとになってできたと考えられている。中生代のように，見つかる化石の種類などで区分した地球の時代の分け方を何というか。書きなさい。

(2) 衣類を洗濯して，干すときに用いる**図４**のような洗濯ばさみは，金属の針金がもつ弾性力を利用する仕組みとなっている。弾性力とはどのような力であるか，「変形」という語を用いて，簡潔に述べなさい。

図４

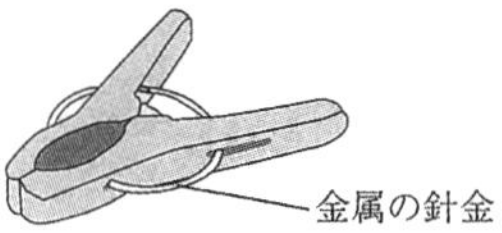

(3) ［実験１］の④の下線部について，**図５**は，メスシリンダーと液面付近の**拡大図**である。**図５**の**拡大図**のような状態において，液の体積を測定するとき，メスシリンダーの目盛りを読み取る位置として，最も適切なものを**拡大図**中の**１**～**４**から選び，記号で答えなさい。

図５

拡大図

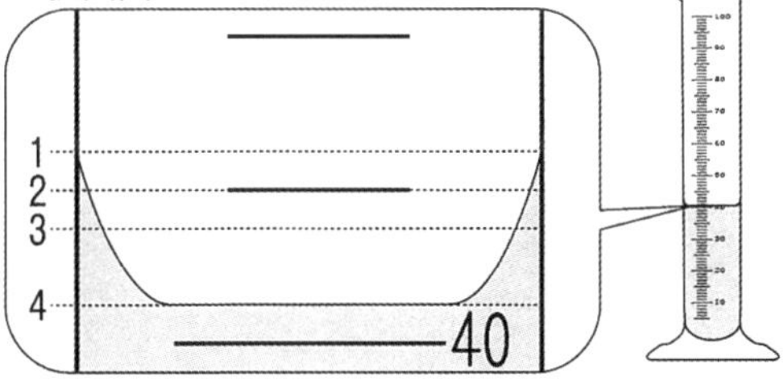

(4) 次の式が，［実験２］の②でつくった，pH が 13.0 の液の質量パーセント濃度を求める式となるように，［ あ ］，［ い ］に入る適切な数値を書きなさい。

$$\frac{\boxed{\text{あ}}}{\boxed{\text{い}}} \times \ 100\ (\%)$$

(5) ＫさんとＬさんは，実験後，Ｔ先生と次の会話をした。下のア，イに答えなさい。

Ｋさん：　私たちは，［実験１］から pH が 1.5 のトイレ用液体洗剤が，油性マーカーの色を消すことができないと分かり，このことから，［ う ］の液は油性マーカーの色を消すことができないと考えました。

Ｌさん：　また，油性マーカーの色が消えた部分のマスの数は，pH が 7.5 の食器用液体洗剤より pH が 9.5 の洗濯用液体洗剤の方が多いと分かりました。そこで，洗剤の種類に関わらず，pH と油性マーカーの色の消え方との関係をより詳しく調べたいと思い，［ え ］という仮説を立て，洗剤の代わりに，水酸化ナトリウム水溶液と蒸留水を用いて［実験２］を行いました。

Ｋさん：　ところが，［実験２］の結果は，仮説から予想される結果になりませんでした。どうしてでしょうか。

Ｔ先生：　実は，洗剤には界面活性剤と呼ばれる汚れを取るのに効果的な成分が含まれるものがあります。そのため，液の性質と汚れの取れ方との間には，必ずしも関係があるとは言えないのです。結果は仮説どおりにいきませんでしたが，日常生活に関わる実験を行い，探究していることは素晴らしいですよ。

ア　Ｋさんの発言が，［実験１］の結果として正しいものとなるように，［ う ］に入る最も適切な語句を，次の**１**～**６**から選び，記号で答えなさい。

1　酸性　　**2**　中性　　**3**　アルカリ性
4　酸性と中性　　**5**　中性とアルカリ性　　**6**　酸性とアルカリ性

イ　Ｌさんの発言が，［実験２］を行う際に立てた仮説となるように，［ え ］に入る適切な語句を書きなさい。

令和5年度山口県公立高等学校
入学者選抜学力検査問題

国　語

（第1時限　9：00～9：50　50分間）

注　意

1　指示があるまで，開いてはいけません。

2　答えは，すべて解答用紙に記入しなさい。

3　解答用紙は，問題用紙の中に，はさんであります。

4　問題用紙は，表紙を除いて10ページで，問題は 一 から 六 までです。

一　イタリアのローマで生まれ育った「圭人《けいと》」は、古い町並みに魅力を感じ、それをスケッチすることを日常としていた。東京に移り住んでからもスケッチを続けていた「圭人」は、ある日、友人の「歩《あゆむ》」に誘われて※宮大工の「師匠《ししょう》」の講演会に参加した。次の文章は、講演後に「師匠」に話しかけた「圭人」が、自分のスケッチを見てもらっている場面である。よく読んで、あとの㈠〜㈦に答えなさい。

「きみは、ローマに住んでいたのですね？」

　びっくりした。

「え、どうしてわかるんですか？　写真を見て描いたとか、旅行で行ったとかじゃなくて、どうして住んでいたとわかるんですか？」

　ふふっと、師匠がほほえんだ。

「なんというか、きみのスケッチには、執念のようなものがあるからね。いい意味でね」

「え、そうですか？」

「旅先でさらっとスケッチしたり、ネットで拾った写真を見て描いたりしても、こんな風には描けないでしょう。また、自らの※クリエイティビティを出そうと思って描こうとしても、こうはならないでしょう。これらのスケッチには、描く対象に対するあなたの多大なる敬意が表れている。それは、見ればわかりますよ」

　返事ができなかった。

　伝わっている。ぼくがなぜスケッチしていたか、この人には、ぼくの想いが伝わっているんだ。

　師匠がページをめくっていき、歩の家の一角のスケッチを見ている。圭人は、今にも泣きだしそうなのを、やっとこらえている。

　師匠は大きくうなずいてから、スケッチブックを閉じて、返してくれた。

「ありがとう。いいものを見せてもらいました」

　圭人は深々と頭を下げた。

「師匠、あの……」

「なんでしょう」

「ぼくは今日、とても感動して……もしかすると、ぼくのやりたいものはこういうことだったんじゃないかって思ったんです」

「と、言いますと？」

「あの、宮大工になって、歴史的建造物を守っていくということです」

□そんな言葉が口から出て、自分でもびっくりした。

「おい、そんなにいきなりか？」と、歩がひそひそ声でささやいた。

　師匠はしばらくだまって、圭人を見つめていた。

「わたしの講演を聴いて、急に宮大工になりたいと思ったのですか？」

「はい。そういうのって、いけないのでしょうか」

　師匠はクスッと笑った。

「きみは中学生？　高校生？」

「中学二年生です」

「そうですか。まだお若いですね。たったの一時間半で将来を決めるのは、性急かもしれませんね」

「……はい。でも、あの、宮大工になるには、なにか特別な才能が必要でしょうか？」

「うーん。情熱と執念、そして敬意でしょうか」

「それなら、ぼくにも可能性はありますか？」

「あるかもしれません。もしあなたの志が一時的なものでなく本物であれば、可能性は十分にあります」

「そうですか！　あの、師匠が宮大工になったきっかけはどういうものだったんですか？　もしかして、代々※法隆寺の宮大工さんのお家《うち》なんですか？」

　師匠は少し間をおいて、ほほえみながら首をふった。

「実は、わたしは関東の出身です。高校生のときに、修学旅行先の奈良の法隆寺を見て一目ぼれし、それからしつこく弟子入りを申しこみましたがことわられ、高校卒業後は他の宮大工のもとで修業してから、再度法隆寺の宮大工の※棟梁《とうりょう》に頼みこんで、弟子入りさせていただいたんですよ」
ああ、この師匠もそうだったのか！
「それじゃ、あの、師匠もたったの数時間で人生を決めちゃったんですね？」
うっかり本音が出てしまった。
師匠はクスクス笑ってうなずいた。
「そうですね。人生にはそういうこともあるわけです。天命、といいますか」

それから圭人と師匠は、三十分ぐらいしゃべった。歩は圭人のとなりで、ただだまって聞いていた。

（佐藤《さとう》まどか「スネークダンス」から）

（注）※宮大工＝神社・仏閣に携わる大工。　※クリエイティビティ＝創造性。
※法隆寺＝奈良にある木造建築の寺。　※棟梁＝大工を束ねる親方。

㈠ 「度」を楷書《かいしょ》で書いたときの総画数は何画か。数字で答えなさい。

㈡ 「写真」と同じ構成（組み立て）の熟語を、次の1～4から一つ選び、記号で答えなさい。
1 花束　2 保温　3 救助　4 日没

㈢ 「見せ」の終止形を答えなさい。

㈣ 文章中の［　　］に入る表現として最も適切なものを、次の1～4から選び、記号で答えなさい。
1 もやもやと　2 しげしげと　3 こそこそと　4 すらすらと

㈤ 「それなら、ぼくにも可能性はありますか？」とあるが、なぜ「圭人」はそのような質問をしたのか。次の文がその説明となるよう、［　　］に入る適切な内容を、「スケッチ」という言葉を用いて五十字以内で答えなさい。
「師匠」の講演を聞いて、宮大工になりたいと思った「圭人」は、［　　］ことに気づき、自分にも宮大工になるために必要なものが備わっているのではないかと感じ、「師匠」にそれを確かめたいと考えたから。

㈥ 「人生にはそういうこともあるわけです」とあるが、「そういうこと」の指す内容は何か。二十字以内で答えなさい。

㈦ 右の文章中に見られる表現の特徴として最も適切なものを、次の1～4から選び、記号で答えなさい。
1 「圭人」と「師匠」の会話を中心に場面を描写することで、対立する二人の緊張感が表現されている。
2 「師匠」や「圭人」が回想した内容を詳しく描写することで、場面の情景が重なり合って表現されている。
3 会話以外の部分で「圭人」の内面を描写することで、「圭人」の心情の変化が生き生きと表現されている。
4 「師匠」の笑っている様子を繰り返し描写することで、「師匠」の宮大工としての威厳が表現されている。

二　次の文章は、サステイナビリティの和訳について述べたものである。これを読んで、あとの㈠～㈤に答えなさい。

和訳を考える際には、まずは訳そうとしている概念の意味するところや細かなニュアンスを、誰にとってもわかりやすい言葉で説明できる必要があります。サステイナビリティがもともと含んでいる意味合いを取りこぼさないようにしながら日本語で説明するとしたら、どのような表現があるでしょうか。私なりに、サステイナビリティと持続可能な開発の概念が含んでいる「ある物や事を下から支え続けながら、次世代に手渡していく」という意味合いを含んだ表現を考えてみました。a色々な表現を検討しながらも、本章を書いている今日のところまでいちばん納得感があるのが、次の表現です。

サステイナビリティとは、今日まで私たちの社会のなかで大事にされてきたことをまもりながら、これから新しく私たちの社会のなかでb大切にされてほしいことをcきちんと大切にできるような仕組みをつくり、さらにそのような考え方を次世代につなげる、という考え方のこと。

サステイナビリティをこのようにとらえ直し、再定義した上で、ではその新しい和訳を考えてみると、それは「まもる・つくる・つなげる」がよいのではないかと考えています。

ここでの「まもる」は、「守る」であり「護る」です。これまで私たちの社会のなかで大切にされてきた物事や価値観を守り保全しながら、外から害を受けないようにかばい保護することです。これには自然環境や遺産など有形のものも、それぞれの地域の風土に根ざした※民俗芸能や信仰、※伝統知のdような無形のものも含まれます。

「つくる」は、「作る」であり「創る」です。物理的なものや仕組みを作ることであり、アイデアや価値を創ることです。これには、低炭素社会への転換を図るために必要な環境技術の開発や、我々の社会に生まれる全ての子どもたちが毎日栄養のある食事を取ることができ、質のe高い教育を受けることができるようにするための仕組みというようなものも含まれます。

そして「つなげる」は、「繋《つな》げる」であり「継承（継いで承る）」です。人々がつながって「私たち」という共同的な主語を持つことであり、世代を超えたつながりを意味します。ここでのつなげるは、これまで私たちが社会としてまもってきたこと、これからの世の中をよりf良くするために新しくつくったことを、将来世代へと手渡していくことです。

こうしてサステイナビリティを「まもる・つくる・つなげる」こととととらえると、いずれもが日常会話のなかでも頻繁に使う動詞ですから、より社会に広く浸透しやすくなるでしょう。また、これまで「持続可能な開発」と言われてきたものについても「まもり、つくり、次世代につなげる開発」と表現してみてもよさそうです。表現としてやや長いのがネックかもしれませんが、その場合には、「持続可能性とは、まもり、つくり、つなげることだよ」というように、難しい言葉をその意味を嚙《か》み砕いて子どもに教えるときのように、持続可能性の副題として使ってみるとよいと思います。

（工藤尚悟《くどうしょうご》「私たちのサステイナビリティ——まもり、つくり、次世代につなげる」岩波ジュニア新書から）

（注）※民俗芸能＝民間の習慣や信仰などに根ざして伝承されてきた芸能。　※伝統知＝地域において受け継がれてきた伝統的な知識や知恵。

㈠　「細かな」と同じ品詞であるものを、文章中の ═══ 部a～fから二つ選び、記号で答えなさい。

㈡　「私なりに」は、どの言葉を修飾しているか。最も適切なものを、次の1～4から選び、記号で答えなさい。

1　含んでいる　　2　意味合いを　　3　含んだ表現を　　4　考えてみました

㈢　「噛み砕いて」のここでの意味として最も適切なものを、次の1～4から選び、記号で答えなさい。

1　分かりやすくして　　2　何度も考察して　　3　細かく分析して　　4　関係を踏まえて

㈣　「まもる・つくる・つなげる」とあるが、それぞれの言葉について、筆者はどのような説明の仕方をしているか。最も適切なものを、次の1～4から選び、記号で答えなさい。

1　「まもる」と「つくる」は、その対象を有形のものに限定して実践事例を中心に説明し、「つなげる」は、その対象を無形のものに限定して抽象的なイメージを中心に説明している。

2　「まもる」と「つくる」は、それぞれ具体的な事例を二つの観点で整理して説明し、「つなげる」は、定義を明確にした上で、今後の課題を二つの観点で整理して説明している。

3　「まもる」と「つくる」は、それぞれ二通りの漢字表記をもとに内容を説明し、「つなげる」は、熟語を一つ加えることにより、その内容に広がりをもたせながら説明している。

4　「まもる」と「つくる」は、今後の社会に必要なことを個人的な見解に基づいて説明し、「つなげる」は、社会集団の形成過程について、歴史的な見解に基づいて説明している。

㈤　次の文が、筆者がサステイナビリティの和訳を「まもる・つくる・つなげる」とした理由をまとめたものとなるよう、［Ⅰ］には文章中から二十字以上二十五字以内の表現を書き抜いて答え、［Ⅱ］には適切な内容を四十字以内で答えなさい。

サステイナビリティの和訳を「まもる・つくる・つなげる」としたのは、この和訳が、［Ⅰ］を着実に踏まえた表現である上に、［Ⅱ］ことが期待できるためである。

三 次の漢文の書き下し文を読んで、あとの㈠～㈢に答えなさい。

性情《せいじやう》は一《いつ》なり。世に論者《弁論家》有りて曰《いは》く、「性は善にして、情は悪なり。」と。是《こ》れ徒《た》だに《これはただ》性情の名を識《し》るのみにして、性情の実《実質》を知らざるなり。喜《き》怒《ど》哀《あい》楽《らく》好《かう》悪《を》欲《よく》の、未《いま》だ外に発せずして、心に存するは性なり。喜怒哀楽好悪欲の、外に発して行ひ《行動》に見《あらは》るるは情なり。性は情の本《もと》《本体》、情は性の用《働きである》なり。故に吾《われ》曰く、「性情は一なり。」と。

（「唐《とう》宋《そう》八《はち》大《たい》家《か》文《ぶん》読《とく》本《ほん》」から）

㈠　「世に論者有りて曰く」は、「世有論者曰」を書き下し文に改めたものである。書き下し文を参考にして「世《ニ》有《リテ》論者曰《ク》」に返り点を補いなさい。

㈡　「名を識るのみにして」のここでの内容として最も適切なものを、次の1～4から選び、記号で答えなさい。

1　名声を知っているだけで　　2　うわべを分かっているだけで
3　評判を聞いているだけで　　4　呼び名を示しているだけで

㈢　次の会話は、右の漢文を学習した際の、AさんとBさんのやりとりである。［Ⅰ］、［Ⅱ］に入る適切な内容を答えなさい。なお、［Ⅰ］には十字以内の現代語で答え、［Ⅱ］には書き下し文中から十五字以内で書き抜いて答えなさい。

Aさん　「論者」は、「性」は「善」、「情」は「悪」と言っています。「性」と「情」は全く別のものだと考えているようですね。

Bさん　そうですね。それに対し、筆者は「論者」の考えを批判した上で、「性」は「喜怒哀楽好悪欲」が心の中にある状態、「情」は「喜怒哀楽好悪欲」が［Ⅰ］状態だと説明しています。

Aさん　そのことについてですが、筆者が「性」と「情」を区別して説明しているので、私は、筆者も「論者」と同様に、「性」と「情」を別のものとして考えているような気がしました。それなのに、「性情は一なり」と述べているのは、どうしてでしょうか。

Bさん　たしかに、筆者は「性」と「情」を区別して説明をしていますね。しかし、「［Ⅱ］」と述べているので、「性」と「情」を切り離すことができない一体のものとして捉えていることが分かります。「性情は一なり」という言葉は、そのことを強調しているものだと考えられます。

2023(R5) 山口県公立高
教英出版

四　次は、「メディアの利用の仕方」をテーマとして調べ学習を行ったAさんのグループが、発表をする際に用いる【資料】と【発表原稿の一部】である。よく読んで、あとの㈠～㈢に答えなさい。

【資料】

メディアの利用の仕方について考えよう

令和3年度「情報通信メディアの利用時間と情報行動に関する調査」（総務省）から作成

データ１　「いち早く世の中のできごとや動きを知る」ときに利用するメディア

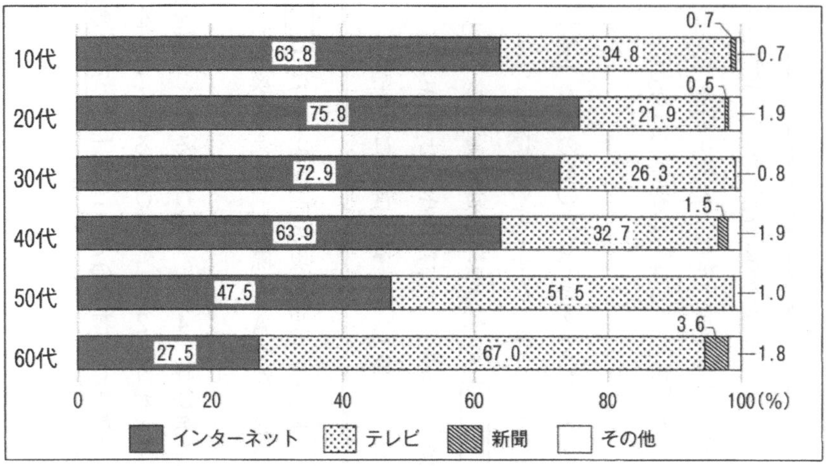

データ２　「世の中のできごとや動きについて信頼できる情報を得る」ときに利用するメディア

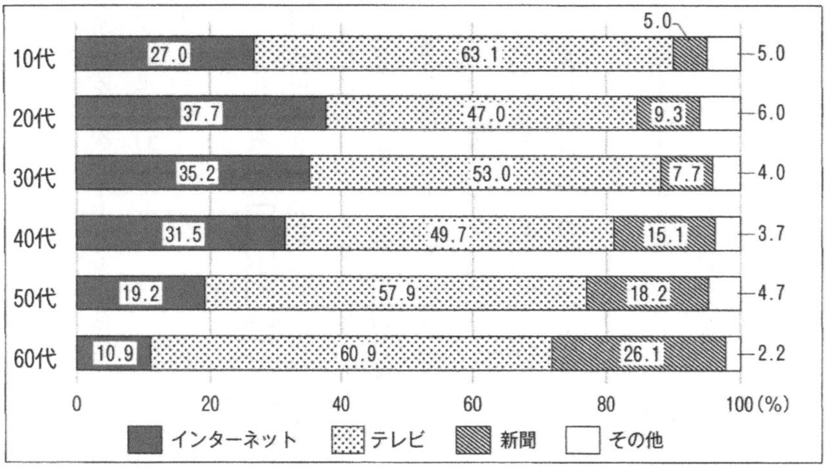

データ３　各メディアの信頼度※　（数字は%）

	インターネット	テレビ	新聞
10代	31.2	70.2	66.0
20代	25.6	46.0	49.3
30代	25.5	55.9	51.4
40代	30.9	55.2	60.8
50代	31.6	66.3	69.4
60代	24.3	69.9	77.2

※　各メディアの信頼度
それぞれのメディアについて「どの程度信頼できる情報があると考えているか」という質問に対し、「全部信頼できる」、「大部分信頼できる」と回答した割合のこと。

【発表原稿の一部】

みなさんは世の中のできごとや動きを知りたいと思ったとき、どのようにして情報を得ていますか。そのときに、信頼できる情報を得るためにどのようなことを心がけていますか。私たちはメディアの利用の仕方について、信頼度に注目して調べてみました。

データ1 からは、いち早く世の中のできごとや動きを知るとき、四十代以下の世代では、インターネットを利用する割合が過半数に達していることが分かります。しかし、データ2 を見ると、世の中のできごとや動きについて信頼できる情報を得るときには、すべての世代でインターネットを利用する割合が低くなっています。この結果については、データ3 を見ると納得できます。インターネットは出所が定かではない情報も混在しており、そのことが信頼度に影響していると、私たちは考えています。

データ2 と データ3 との比較からは、他にも気になることがあります。それは、各メディアに対する信頼度と実際に利用する割合との関係です。データ2 を見ると、信頼できる情報を得るときにテレビを利用する割合は、六十代を除き、インターネットを利用する割合よりも高くなっているのに対し、新聞を利用する割合は、すべての世代で、インターネットを利用する割合よりも低くなっています。つまり、［　　］ことが分かります。このことから、私たちは、信頼できる情報を得るために適切にメディアを利用できているのか、振り返る必要があるのではないかと考えました。

(一) 【発表原稿の一部】の〰〰部の効果について説明したものとして最も適切なものを、次の1～4から選び、記号で答えなさい。

1 聞き手に考えさせることで発表内容に関心を持たせる効果。
2 一般的だとされる行動が誤りであることを検証する効果。
3 聞き手が発表内容を理解しているかどうかを確認する効果。
4 聞き手の視点を変えて調査方法への興味を持たせる効果。

(二) Aさんのグループでは、発表原稿の内容の確認を行った。その際、Bさんが【発表原稿の一部】の――部について次のような【指摘】を行い、推敲を行うこととした。あとの【推敲文】の［　　］に入る適切な内容を、二十五字以内で答えなさい。

【指摘】

「納得できます」とありますが、その根拠が示されていないために、話を聞いている人の中には、なぜそのように言うのか、分からない人もいるのではないでしょうか。

【推敲文】

この結果については、データ3 をみると、［　　］ことが分かるので、納得できます。

(三) 【発表原稿の一部】の［　　］に入る適切な内容を、「信頼度」という言葉を用いて答えなさい。

五　次の㈠〜㈢に答えなさい。

㈠　次の1〜5について、━━部の漢字は読み仮名を書き、片仮名は漢字に改めなさい。

1　彼が研究チームを率いるリーダーだ。
2　あの神社の境内には大きな木がある。
3　テッキョウまで川沿いを散歩する。
4　地図をシュクショウして印刷する。
5　ケワしい山道を登って頂上をめざす。

㈡　次の1〜4の四字熟語について、‖部の片仮名を漢字に改めたとき、他と異なる漢字になるものを一つ選び、記号で答えなさい。

1　タイ器晩成　　2　タイ願成就　　3　タイ義名分　　4　タイ然自若

㈢　次の和歌を読んで、あとのア、イに答えなさい。

こずゑには吹くとも見えで《見えないで》桜花かほるぞ風のしるしなりける《風が吹いている証拠なのだなあ》

源《みなもとの》　俊頼《としより》

（「金《きん》葉《よう》和《わ》歌《か》集《しゅう》」から）

ア　「こずゑ」を現代仮名遣いで書き直しなさい。

イ　「風のしるしなりける」とあるが、何が「風のしるし」なのか。現代語で答えなさい。

六

ある中学校で、体育祭のスローガンを決めることになった。スローガンの候補は、次の案Aと案Bである。あなたは、どちらのスローガンがよいと考えるか。あなたの考えを、次の二つの条件とあとの注意に従って書きなさい。

条件

① 案A、案Bのどちらか一つを選ぶこと。
② ①で選んだものについて、よいと考えた理由を書くこと。

案A

みんなの力を合わせよう!

案B

一人ひとりが輝こう!

注意

○ 氏名は書かずに、1行目から本文を書くこと。
○ 原稿用紙の使い方に従って、8行以上12行以内で書くこと。
○ 段落は、内容にふさわしく適切に設けること。
○ 読み返して、いくらか付け加えたり削ったりしてもよい。

A: You only have five minutes. Can I help you? （対話をくり返す。）

No. 2 A: Kenta, what will you try this year?
B: I'll study English hard, Ms. Green. My dream is to go to New York to study drama someday.
A: Oh, I remember that your dream is to be an actor! （対話をくり返す。）

No. 3 A: Kaori, you look happy in this picture! Everyone's smiling. Are they your friends?
B: Yes. One boy in this picture, Satoshi, will leave Japan to study in Italy next week, so we took a picture together.
A: I see. Which one is Satoshi in the picture? （対話をくり返す。）

No. 4 A: When we go to see the baseball game tomorrow, we should go to the stadium by bike.
B: Why? We can take a bus. The stop is just in front of the stadium, right?
A: Yes. But, actually, we need a lot of time because the streets around the stadium are always full of cars. （対話をくり返す。）

次に，**テスト３**に移ります。**テスト３**の問題と，問題の下にある【メモ】を読みなさい。
今から，*Shota*と*Mizuki*の対話を２回くり返します。では，始めます。

Shota: Do you have any idea, Mizuki?
Mizuki: Yes. I think we can make an English map of our town and give it to the foreign students. On the map, we can show them our favorite places, such as shops and restaurants. I want to put some photos on it, too.
Shota: Good. English information will be very helpful for them.
Mizuki: Yes. Also, I believe the map can be a good topic when we talk with the students. Now, tell me your idea, Shota.
Shota: OK. I think we and the foreign students should have time to know each other first. So, my idea is to have a festival at school. I have two ideas. The first one is a music festival. We can enjoy our brass band's performance and singing songs together. The second one is a sports festival. We can play sports such as volleyball and badminton. We can communicate through sports.
Mizuki: Each festival has good points. I believe we can enjoy the festivals together.
Shota: Thank you. But if you choose one, which festival do you like better?

くり返します。 （対話をくり返す。）

以上で，リスニングテストを終わります。次の問題に移ってください。

令５　山口県　　英語リスニングテスト台本

※教英出版注
音声は，解答集の書籍ＩＤ番号を教英出版ウェブサイトで入力して聴くことができます。

ただ今から，英語の学力検査を行います。
問題用紙の中に挟んである解答用紙を取り出しなさい。問題用紙を開いて，ページ数がそろっているか確かめなさい。そして，解答用紙に得点の記入欄とまちがえないように，受検番号を書きなさい。
はじめに，放送によるリスニングテストを行います。聞きながらメモをとっても構いません。
では，問題用紙の１ページから３ページに**テスト１**から**テスト３**までがあることを確かめなさい。また，解答用紙のそれぞれの解答欄を確かめなさい。

それでは，**テスト１**から始めます。**テスト１**の問題を読みなさい。
対話はNo. 1 からNo. 4 まで４つあり，それぞれの対話の後に問いが続きます。なお，対話と問いは２回ずつくり返します。では，始めます。

No. 1　*A:*　Let's go to the zoo tomorrow. I want to see rabbits.
B:　Sounds good. But it will rain tomorrow. How about this weekend? The weather will be good.
A:　This weekend? OK. Let's go on Sunday.
Question:　When are they going to visit the zoo?　（対話と問いをくり返す。）

No. 2　*A:*　Alex, can you go to the supermarket and buy some tomatoes now?
B:　OK, Mom. I've just finished my homework. How many tomatoes do you need?
A:　I need two for making pizza. Oh, I also need an onion! Please get one.
Question:　What does Mom want Alex to do now?　（対話と問いをくり返す。）

No. 3　*A:*　How is your brother, Yuko? I hear he lives in Tokyo.
B:　Oh, that's my sister, Mr. Smith. My brother left our home last April and lives in Sapporo now.
A:　Really? I lived in Sapporo when I was young. I want to visit there again.
Question:　Who is the person living in Sapporo now?　（対話と問いをくり返す。）

No. 4　*A:*　Mike, let's have lunch at this restaurant. It's new and popular.
B:　Sounds great, Lucy. But no one is in the restaurant. Is it open now?
A:　Oh, look! The restaurant will open at 5:00 p.m. today! Let's find another one.
Question:　Why do Mike and Lucy decide to find another restaurant?　（対話と問いをくり返す。）

次に，**テスト２**に移ります。**テスト２**の問題を読みなさい。

令和5年度山口県公立高等学校
入 学 者 選 抜 学 力 検 査 問 題

数 学

（ 第2時限　10：10～11：00　50分間 ）

注 意

1　指示があるまで，開いてはいけません。

2　答えは，すべて解答用紙に記入しなさい。

3　解答用紙は，問題用紙の中に，はさんであります。

4　問題用紙は，表紙を除いて9ページで，問題は 1 から 9 までです。

1 次の(1)~(5)に答えなさい。

(1) $(-8)\div 4$ を計算しなさい。

(2) $\frac{5}{2}+\left(-\frac{7}{3}\right)$ を計算しなさい。

(3) $4(8x-7)$ を計算しなさい。

(4) $a=-2$, $b=9$ のとき，$3a+b$ の値を求めなさい。

(5) $(\sqrt{6}-1)(\sqrt{6}+5)$ を計算しなさい。

2023(R5) 山口県公立高
教英出版

2　次の(1)～(4)に答えなさい。

(1)　二次方程式$(x-2)^2-4=0$を解きなさい。

(2)　右の図の円Oで，$\angle x$の大きさを求めなさい。

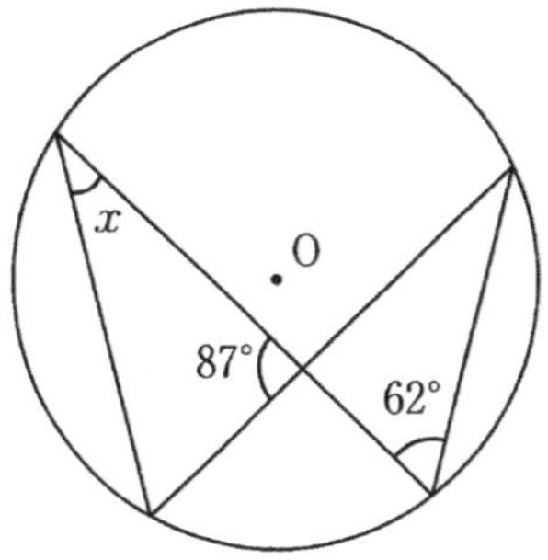

(3)　関数$y=-2x^2$について，次の ア ， イ にあてはまる数を求めなさい。

xの変域が$-2 \leqq x \leqq 1$のとき，yの変域は ア $\leqq y \leqq$ イ となる。

(4)　右の表は，ある中学校のウェブページについて，1日の閲覧数を30日間記録し，度数分布表にまとめたものである。
この度数分布表から1日の閲覧数の最頻値を答えなさい。

閲覧数（回）	度数（日）
以上　　未満	
0 ～ 20	1
20 ～ 40	6
40 ～ 60	9
60 ～ 80	10
80 ～ 100	3
100 ～ 120	0
120 ～ 140	1
計	30

3 数と式に関連して，次の(1)，(2)に答えなさい。

(1) 「1個あたりのエネルギーが20kcalのスナック菓子a個と，1個あたりのエネルギーが51kcalのチョコレート菓子b個のエネルギーの総和は180kcalより小さい」という数量の関係を，不等式で表しなさい。

(2) チョコレートにはカカオが含まれている。チョコレート全体の重さに対するカカオの重さの割合をカカオ含有率とし，次の式で表す。

$$\text{カカオ含有率（\%）} = \frac{\text{カカオの重さ}}{\text{チョコレート全体の重さ}} \times 100$$

カカオ含有率30％のチョコレートと，カカオ含有率70％のチョコレートを混ぜて，カカオ含有率40％のチョコレートを200g作る。

このとき，カカオ含有率30％のチョコレートの重さをxg，カカオ含有率70％のチョコレートの重さをygとして連立方程式をつくり，カカオ含有率30％のチョコレートの重さと，カカオ含有率70％のチョコレートの重さをそれぞれ求めなさい。

2023(R5) 山口県公立高
K 教英出版

4　図形の計量について，次の(1)，(2)に答えなさい。

(1)　図のように，半径6cmで中心角60°であるおうぎ形をA，半径6cmで弧の長さが6cmであるおうぎ形をB，一辺の長さが6cmの正三角形をCとする。

図

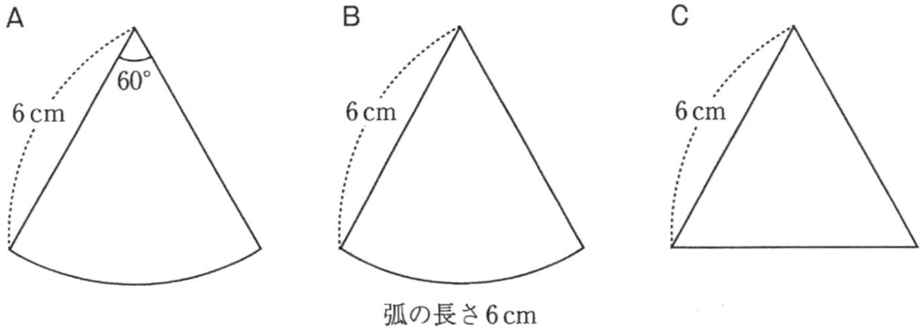

A，B，Cの面積について，次の[a]，[b]にあてはまる語句の組み合わせとして正しいものを，下のア～エから1つ選び，記号で答えなさい。

・Aの面積よりもBの面積の方が[a]。
・Aの面積よりもCの面積の方が[b]。

ア　[a]：大きい　[b]：大きい　　イ　[a]：大きい　[b]：小さい
ウ　[a]：小さい　[b]：大きい　　エ　[a]：小さい　[b]：小さい

(2)　ある店では，1個400円のMサイズのカステラと1個1600円のLサイズのカステラを販売している。この店で販売しているカステラを直方体とみなしたとき，Lサイズのカステラは，Mサイズのカステラの縦の長さ，横の長さ，高さをすべて$\frac{5}{3}$倍したものになっている。

1600円でMサイズのカステラを4個買うのと，1600円でLサイズのカステラを1個買うのとでは，どちらが割安といえるか。説明しなさい。

ただし，同じ金額で買えるカステラの体積が大きい方が割安であるとする。

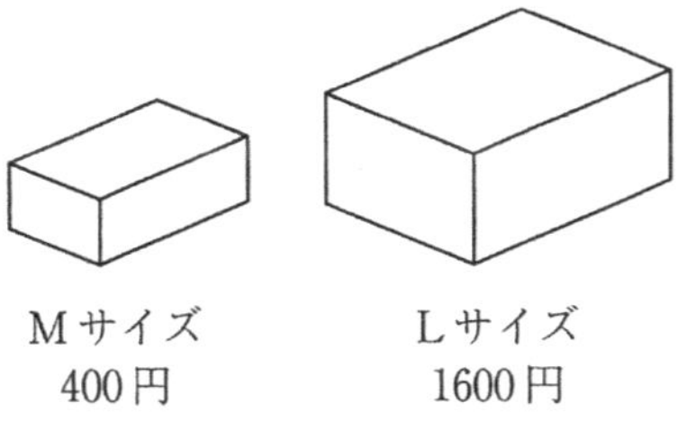

5　Tさんが通う中学校では，毎年10月に各生徒の1週間の総運動時間（授業等を除く）を調査している。図は，その調査のうち，Tさんが所属する学年の生徒50人について，令和2年，令和3年，令和4年の各データを箱ひげ図に表したものである。

図

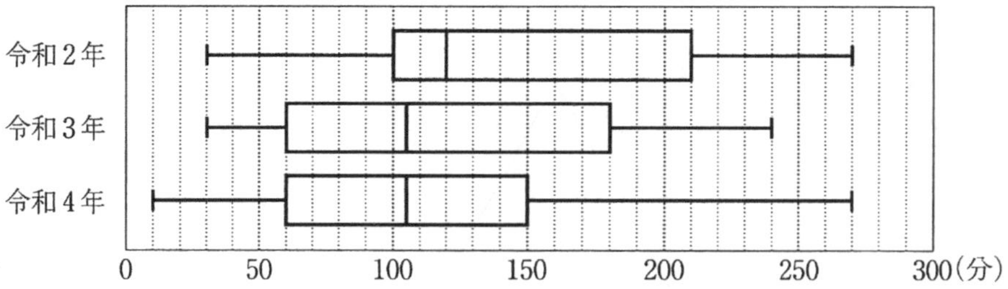

次の(1)，(2)に答えなさい。

(1)　図から読み取れることとして正しいものを，次のア～エから1つ選び，記号で答えなさい。

ア　すべての年で，1週間の総運動時間の最小値は30分となっている。

イ　1週間の総運動時間の四分位範囲は年々小さくなっている。

ウ　すべての年で，1週間の総運動時間が100分以上の人は25人以上いる。

エ　令和4年の1週間の総運動時間が150分以上の人数は，令和2年の1週間の総運動時間が210分以上の人数の2倍である。

(2)　Tさんは，図を見て，運動時間を増やしたいと考え，週に1回運動をする企画を立てた。そこで，種目を決めるためにアンケートを行い，その結果から人気のあった5種目をあげると，表のようになった。ただし，表の●は球技を表すものとする。

表の5種目の中から2種目を選ぶため，①，②，③，④，⑤の番号が1つずつかかれた5枚のくじを用意し，次の選び方Aと選び方Bを考えた。

表

場所	種目	球技
グラウンド	①サッカー	●
	②ソフトボール	●
	③長縄跳び	
体育館	④ドッジボール	●
	⑤ダンス	

選び方A

・1つの箱を用意し，5枚のくじを入れる。

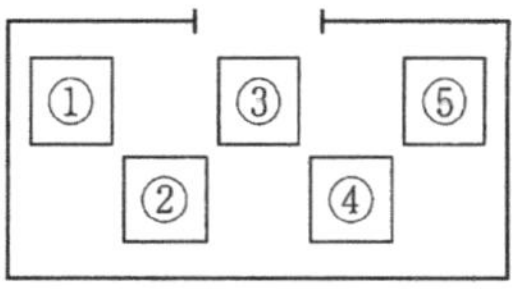

・箱の中のくじをよくかきまぜ，同時に2枚のくじを引く。

選び方B

・2つの箱を用意し，くじをグラウンドの種目と体育館の種目に分け，それぞれの箱に入れる。

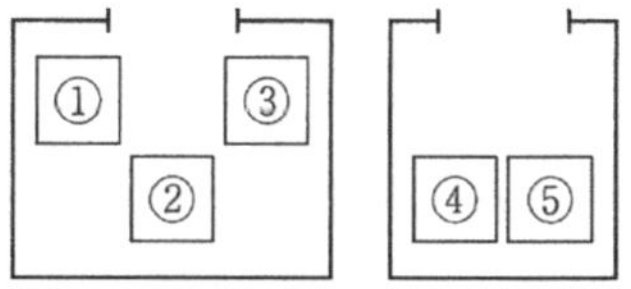

・箱の中のくじをよくかきまぜ，それぞれの箱から1枚ずつくじを引く。

選んだくじが2枚とも球技である確率は，選び方Aと選び方Bではどちらが高いか。それぞれの選び方での確率を求めるまでの過程を明らかにして説明しなさい。

6 Tさんは道路を走る車のナンバープレートを見て，自然数について考えた。
次の(1)，(2)に答えなさい。

(1) Tさんは**図1**のようなナンバープレートを見て，「2けたの数71から2けたの数17をひいた式」と読み，「$71-17=54$」になると考えた。また，17が71の十の位の数と一の位の数を入れかえた数であることに気づき，次のような**問題**をつくった。

図1

問題

2けたの自然数には，その数から，その数の十の位の数と一の位の数を入れかえた数をひくと54となるものがいくつかある。このような2けたの自然数のうち，最大の自然数を答えなさい。

問題の答えとなる自然数を求めなさい。

(2) 後日，Tさんは**図2**のようなナンバープレートを見て，連続する4つの偶数について，次のように考えた。

図2

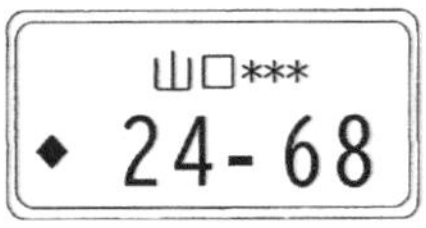

連続する4つの偶数のうち，小さい方から3番目と4番目の偶数の積から1番目と2番目の偶数の積をひく。例えば，連続する4つの偶数が，
2，4，6，8のとき，$6\times8-2\times4=48-8=40=8\times5$ ，
4，6，8，10のとき，$8\times10-4\times6=80-24=56=8\times7$ ，
6，8，10，12のとき，$10\times12-6\times8=120-48=72=8\times9$ となる。

Tさんはこの結果から，次のように**予想**した。

予想

連続する4つの偶数のうち，小さい方から3番目と4番目の偶数の積から1番目と2番目の偶数の積をひいた数は，8の倍数である。

Tさんは，この**予想**がいつでも成り立つことを次のように**説明**した。下の［　　］に式や言葉を適切に補い，Tさんの**説明**を完成させなさい。

説明

nを自然数とすると，連続する4つの偶数は$2n$，$2n+2$，$2n+4$，$2n+6$と表される。これらの偶数のうち，小さい方から3番目と4番目の偶数の積から1番目と2番目の偶数の積をひいた数は，

$(2n+4)(2n+6)-2n(2n+2)=$

したがって，連続する4つの偶数のうち，小さい方から3番目と4番目の偶数の積から1番目と2番目の偶数の積をひいた数は，8の倍数である。

7 直角二等辺三角形について，次の(1)，(2)に答えなさい。

(1) 図1のように，AC＝BCの直角二等辺三角形ABCがあり，辺BCのCの方に延長した半直線BCをひく。AC＝2としたとき，半直線BC上にあり，BP＝$1+\sqrt{5}$となる点Pを定規とコンパスを使って作図しなさい。ただし，作図に用いた線は消さないこと。

図1

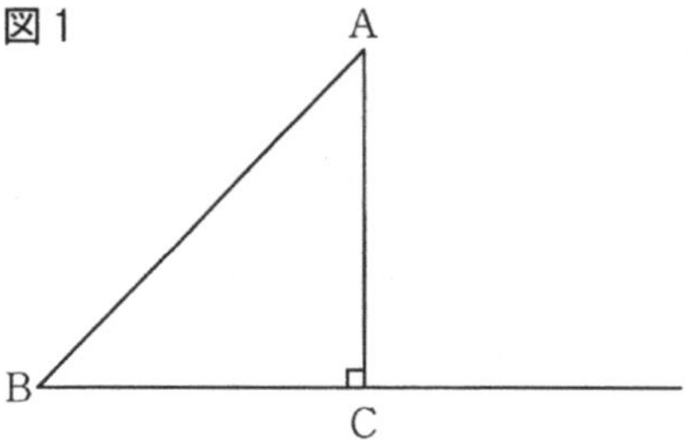

(2) 図2のように，AC＝BCの直角二等辺三角形ABCがあり，辺ACの延長上に，線分CDの長さが辺ACの長さより短くなる点Dをとる。また，点Aから線分BDに垂線AEをひき，線分AEと辺BCの交点をFとする。このとき，AF＝BDを証明しなさい。

図2

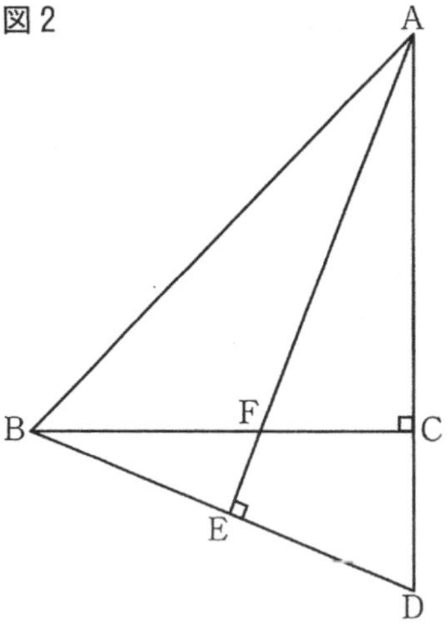

8 関数のグラフについて，次の(1)，(2)に答えなさい。

(1) **図1**において，直線ℓは，$a<0$である関数$y=ax-1$のグラフである。直線ℓと同じ座標軸を使って，関数$y=bx-1$のグラフである直線mをかく。$a<b$のとき，**図1**に直線mをかき加えた図として適切なものを，下の**ア**～**エ**から1つ選び，記号で答えなさい。

図1

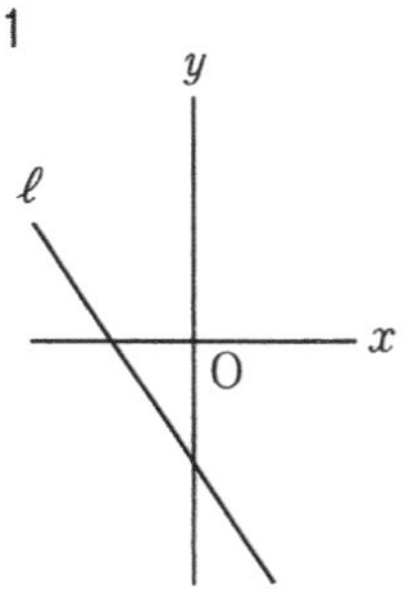

ア

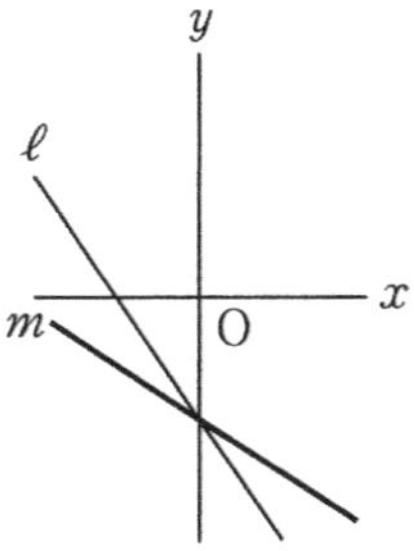

イ

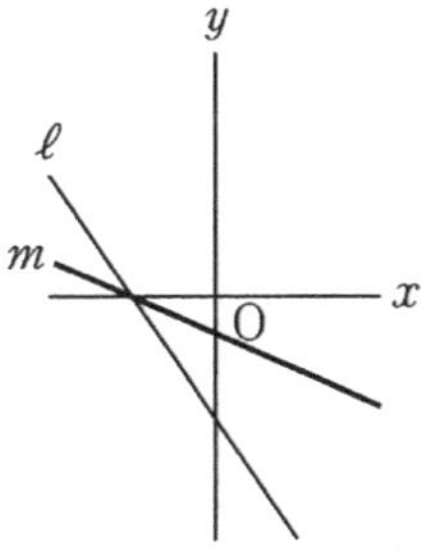

ウ

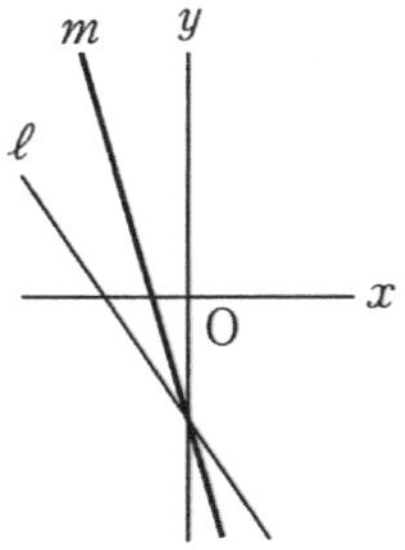

エ

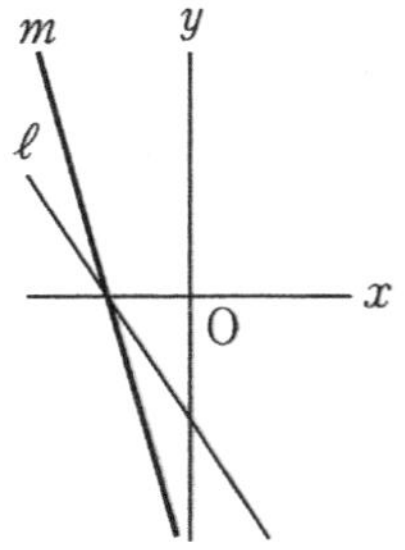

(2) **図2**のように，関数$y=x^2$のグラフ上に2点A，Bがあり，それぞれのx座標が-3，1である。また，四角形ACBDは，線分ABを対角線とし，辺ADとx軸が平行であり，辺ACとy軸が平行である長方形である。このとき，長方形ACBDの面積を2等分し，傾きが$\frac{1}{2}$である直線の式を求めなさい。

図2

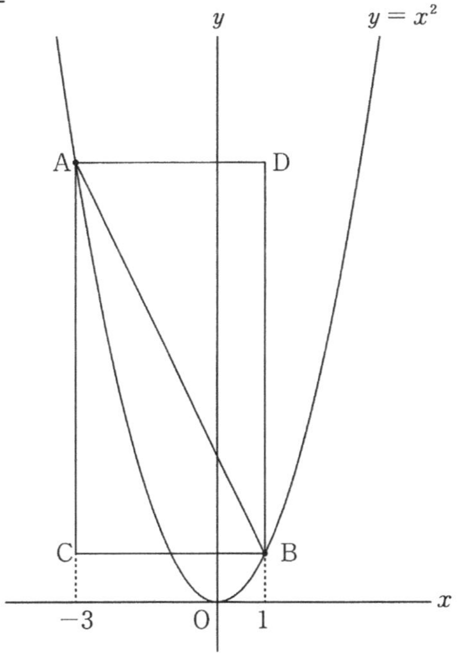

9 Tさんの住んでいる町に公園がある。
次の(1)，(2)に答えなさい。

(1) Tさんが自宅から公園まで，毎時4kmの速さで歩くと，到着するまでにかかった時間は30分であった。Tさんが自宅から公園まで同じ道を，自転車に乗って毎時$a$kmの速さで移動するとき，到着するまでにかかる時間は何分か。aを使った式で表しなさい。ただし，Tさんが歩く速さと，自転車に乗って移動する速さはそれぞれ一定であるとする。

(2) この公園の地面は平らで，**図1**のような四角形ABCDの形をしている。四角形ABCDは，AD＝CD，AB＝10m，BC＝20m，∠ABC＝90°であり，面積は$\frac{800}{3}$m^{2}である。

図1

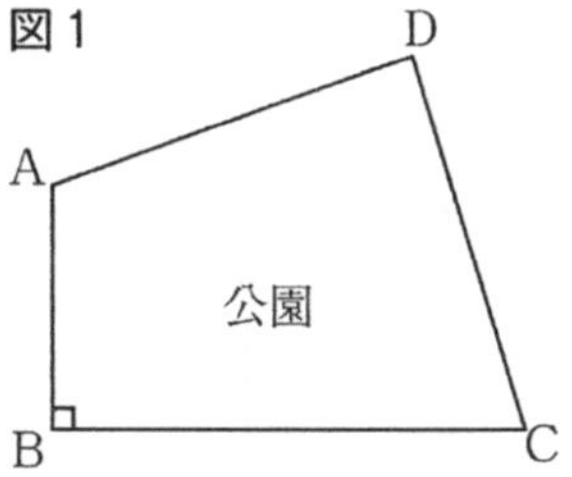

この公園に街灯が設置されていなかったので，Tさんは街灯を設置したいと思い，次のように**仮定**して考えることにした。

仮定

・**図2**のように，街灯は四角形ABCDの対角線ACの中点Mに1本だけ設置し，公園の地面全体を照らすようにする。

図2

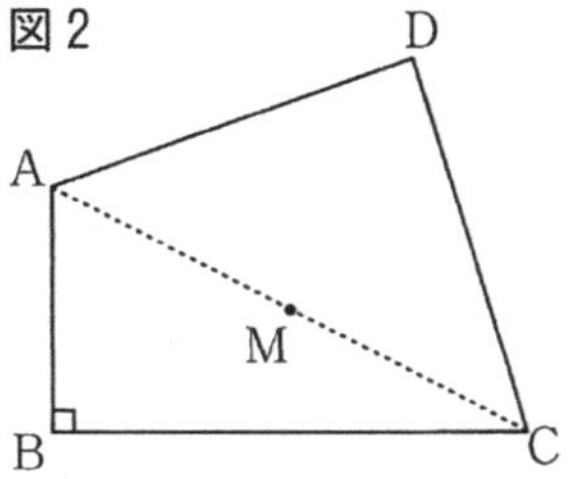

・街灯は地面に対して垂直に立て，街灯の先端に光源があるものとする。
・街灯の高さは光源から地面までの距離とし，自由に変えられるものとする。
・街灯が照らすことのできる地面の範囲は，街灯の根元をOとしたとき，Oを中心とする円の周上及び内部とし，その円の半径は街灯の高さに比例することとする。
・**図3**のように，街灯の高さが2mのとき，Oを中心とする半径10mの円の周上及び内部を照らすことができるものとする。

図3

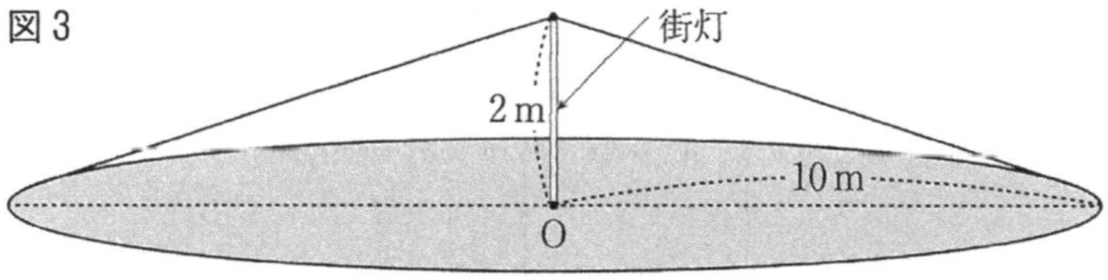

※ ▢ は街灯が照らすことのできる地面の範囲を表している。

この**仮定**に基づいて，街灯を設置するとき，その高さは最低何m必要か。求めなさい。

2023(R5) 山口県公立高
教英出版

令和５年度山口県公立高等学校
入学者選抜学力検査問題

英　語

（第３時限　11：20〜12：10　50分間）

注　意

1　指示があるまで，開いてはいけません。

2　答えは，すべて解答用紙に記入しなさい。

3　解答用紙は，問題用紙の中に，はさんであります。

4　問題用紙は，表紙を除いて11ページで，問題は［1］から［6］までです。

5　［1］は，リスニングテストで，1ページから3ページまでです。

1 放送によるリスニングテスト

テスト1　4つの対話を聞いて，対話の内容に関するそれぞれの問いの答えとして最も適切なものを，1～4から1つずつ選び，記号で答えなさい。

※教英出版注
音声は，解答集の書籍ID番号を教英出版ウェブサイトで入力して聴くことができます。

No. 1
1 Today.
2 Tomorrow.
3 This Sunday.
4 Next Saturday.

No. 2
1 To get some vegetables and pizza.
2 To buy two tomatoes and an onion.
3 To make pizza with tomatoes.
4 To finish his homework.

No. 3
1 Yuko.
2 Yuko's brother.
3 Yuko's sister.
4 Mr. Smith.

No. 4
1 Because the restaurant isn't open.
2 Because it's too early to have lunch.
3 Because there are a lot of people in the restaurant.
4 Because Lucy doesn't know where the restaurant is.

テスト２　４つの対話を聞いて，それぞれの対話に続く受け答えとして最も適切なものを，１～４から１つずつ選び，記号で答えなさい。

No. 1
1 Yes, I can.
2 Thank you, please.
3 Well, I like your desk.
4 Sure, here you are.

No. 2
1 Yes, I will watch his drama tonight.
2 Yes, I'm going to leave New York tomorrow.
3 Yes, I hope your dream will come true.
4 Yes, I want to be popular around the world someday.

No. 3
1 He likes this picture better than that one.
2 He will study drawing pictures for a year.
3 He is the boy wearing a yellow T-shirt beside me.
4 He really enjoyed taking pictures in Italy.

No. 4
1 I'm sorry, but I don't like baseball games.
2 You're right. We should go there by bus.
3 OK. We can go there by my mother's car.
4 I see. Your idea sounds better than mine.

リスニングテストは，次のページに続きます。

テスト3　次の【ワークシート】は，Mizukiが，英語の授業でクラスメイトのShotaとディスカッションをするために書いたものである。

今から，2人のディスカッションを聞いて，その内容に合うように，下線部(A)，(B)，(C)に，それぞれ対話の中で用いられた英語1語を書きなさい。

また，あなたがMizukiならば，Shotaの最後の質問に対して何と答えるか。下線部(D)に4語以上の英語で書きなさい。

【ワークシート】

Let's Talk!

If some foreign students come to our school, what can we do for them?

〈 My Idea 〉

★ Make an English ＿(A)＿

① ＿(B)＿ them our favorite places
　→ shops
　　restaurants...

② Put some photos on it

→ It can be a good ＿(C)＿ when we talk with them.

【Shotaの最後の質問に対する答え】

I ＿＿＿＿＿＿＿＿(D)＿＿＿＿＿＿＿＿ .

2 次は，ニュージーランド（New Zealand）で留学を始める *Kenji* と，留学先の学校の *Lee* 先生との対話の一部である。これを読んで，下の(1)，(2)に答えなさい。

Ms. Lee: Hello, Kenji. Welcome to our school! You arrived ___(A)___ the airport this morning, right? How are you?

Kenji: I'm fine. But it's really hot here.

Ms. Lee: Oh, I know what you mean. It's winter in Japan now, right?

Kenji: Yes. Last week, I enjoyed skiing with my friends.

Ms. Lee: Really? I love skiing. I wish I (B)(be) in Japan now.

Kenji: ___(C)___, I saw a lot of unique street names on the way here.

Ms. Lee: Oh, they come from the ___(D)___ that Maori people speak. Maori people are indigenous to our country. We respect their culture.

Kenji: I see. Now I want to know more about New Zealand!

（注） skiing スキー　Maori マオリ（ニュージーランドの先住民）の
indigenous to ～ ～に先住している

(1) 下線部(A)，(C)，(D)に入る最も適切なものを，それぞれ1～4から1つずつ選び，記号で答えなさい。

(A) 1 at　2 for　3 of　4 to

(C) 1 Every year　2 As a result　3 By the way　4 For example

(D) 1 art　2 language　3 school　4 nature

(2) 下線部(B)の（　　）の中の語を，適切な形にして書きなさい。

3　*Yuki* は，英語の授業で，【発表スライド】を作成しながら，留学生の *Ann* と話をしている。次は，そのときの *Yuki* と *Ann* の対話の一部である。対話文と【発表スライド】を読んで，下の(1)～(3)に答えなさい。

Yuki: In my presentation, I'm going to introduce my favorite food, *kamaboko*. I've made two slides about its history and recipe, but I need one more.

Ann: I can see three pictures on the first slide. Are they all *kamaboko*? The (s　　　) are not the same. This one is on a wooden board, and another one is like crab meat.

Yuki: They look different, but they are all *kamaboko*. In fact, there are many kinds of local *kamaboko* all over Japan now. I've eaten famous local *kamaboko* before. It was like a bamboo leaf.

Ann: Really? That's interesting. Then, how about introducing local *kamaboko* in the presentation?

Yuki: Oh, that's a good idea! I'll make one more slide and introduce some examples.

（注）slide(s)　スライド　　recipe　レシピ　　wooden board　木の板
crab meat　かにの身　bamboo leaf　笹（ささ）の葉

(1) 対話文中の下線部に入る適切な英語1語を書きなさい。ただし，(　　) 内に与えられた文字で書き始めなさい。

(2) 対話の内容に合うように，*Yuki* が *Ann* の提案を受けて作るスライドの見出しとして最も適切なものを，次の1～4から選び，記号で答えなさい。

1　A Variety of Local *Kamaboko*
2　*Kamaboko* and Our Health
3　The History of *Kamaboko* Companies
4　How to Make *Kamaboko*

(3) 【発表スライド】から読み取れる内容と一致するものを，次の1～6から2つ選び，記号で答えなさい。

1　At the party in 1115, *kamaboko* which was like crab meat was eaten.
2　An old book says *kamaboko* came from a foreign country in 1165.
3　A new kind of *kamaboko* was invented about 50 years ago.
4　*Kamaboko* on a wooden board is popular among children in Japan.
5　People need salt in the second step of making *kamaboko* at home.
6　When people make *kamaboko* at home, only twenty minutes are necessary.

【発表スライド】

1 History of *Kamaboko*

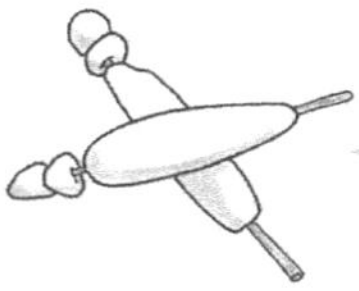

- According to an old book, *kamaboko* like this picture was eaten at a party in 1115.

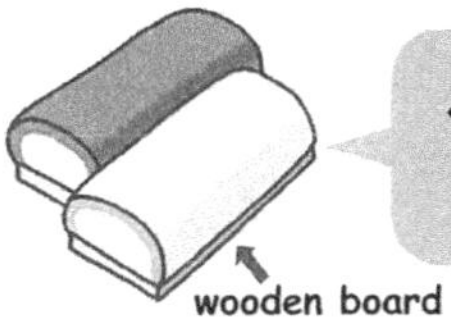

- *Kamaboko* on a wooden board became popular in the Edo period.

- This is a picture of a new kind of *kamaboko*. It is like crab meat. Some companies started making it about 50 years ago.

2 Let's Make *Kamaboko* at Home!

Step 1

Get
fresh fish

→

Step 2

Make fish paste
and
Add salt

→

Step 3

Steam the paste
for about
20 minutes

→

Step 4

Cool it
in ice water

（注） party　宴会　　Edo period　江戸時代　　paste　すり身　　steam ～　～を蒸す
cool ～　～を冷やす　　ice water　氷水

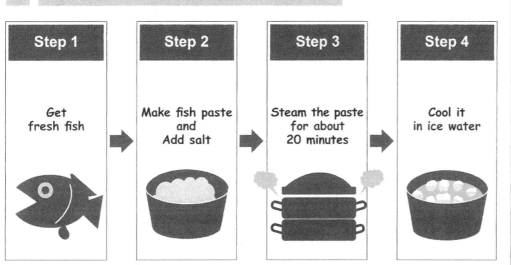

4 次は，Satsuki が英語の授業で発表する際に用いた【グラフ】(graph）と【原稿】である。これらを読んで，次の(1)～(3)に答えなさい。

【グラフ】

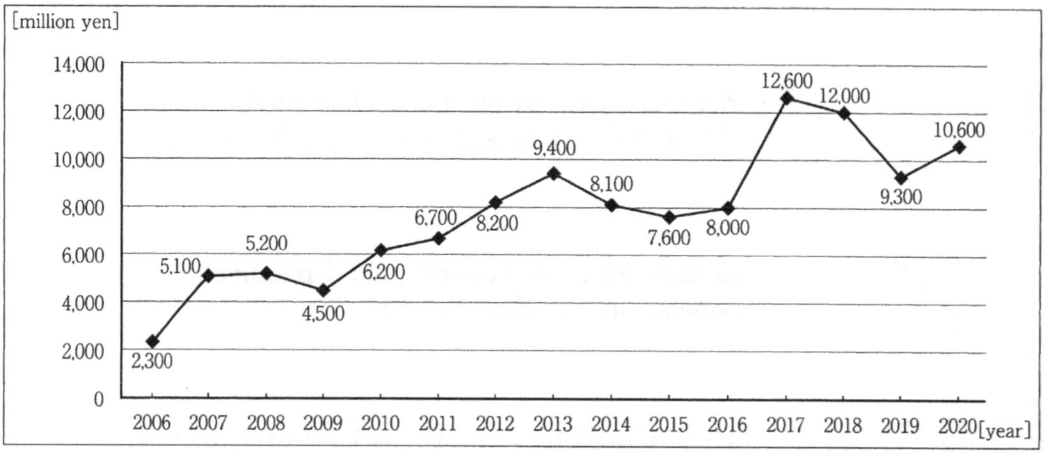

(財務省資料により作成)

【原稿】

Today, I'd like to tell you about bonsai. Do you know it's popular around the world now? The word "bonsai" is in English dictionaries. I was surprised to learn about that.

Look at the graph. You can see the export value of bonsai including garden trees from 2006 to 2020. In 2006, the export value was 2,300 million yen. Then, according to the graph, the export value ＿＿(A)＿＿. What happened then? I think one reason is a big international bonsai event held in Japan in 2017.

From the graph, we can see Japanese bonsai is becoming more popular in the world. However, now, foreign people don't just enjoy ＿＿(B)＿＿ bonsai. They also enjoy their new original bonsai. Some people make bonsai by using tropical trees! We can say that they are creating a new bonsai culture from the traditional one. In the future, not only traditional bonsai but also new original bonsai will be loved by more people all over the world.

(注) bonsai 盆栽　dictionaries 辞書　export value 輸出額
including ～ ～を含めた　garden trees 庭木
international 国際的な　tropical 熱帯の

(1) 【原稿】の文脈に合うように，下線部(A)に入る最も適切なものを，次の1～4から選び，記号で答えなさい。

1 became 4,500 million yen in 2009

2 stopped increasing in 2016

3 increased greatly especially from 2016 to 2017

4 became more than 12,000 million yen in 2017 again

(2) 下線部(B)に入る最も適切なものを，次の1～4から選び，記号で答えなさい。

1 another original　　2 their unique　　3 other new　　4 traditional Japanese

(3) Satsukiの発表全体のテーマとして，最も適切なものを，次の1～4から選び，記号で答えなさい。

1 It is interesting that we can find the word "bonsai" in foreign dictionaries.

2 Bonsai is developed around the world and will become more popular.

3 Keeping traditional Japanese culture is difficult but it's important.

4 Japan should sell traditional bonsai to the foreign countries more.

5　次の英文を読んで，あとの(1)～(3)に答えなさい。

Last summer, Masaru did a homestay in London, the U.K. He stayed with a family with a boy called David. Both Masaru and David were train fans, so they soon became good friends. [ア]

One day, David's mother came home with a happy face. "Look, boys." She had something in her hand. David and Masaru soon understood that they were train tickets. [イ] David asked, "Can we travel by train?" She answered, "Yes! Let's go to York by train this weekend!" David continued, "York has a railway museum. You bought me a book about the museum last year. I've wanted to go there for a long time!" The mother said, "Of course, we can visit the museum!" The two boys became very excited and said, "Thank you! We can't wait!"

On Saturday, they took a train from London to York. On the train, the boys enjoyed seeing cities, mountains and rivers through the windows. Two hours later, they finally got to York and went into the museum just beside the station. The museum was very large, and they were surprised to know that there were about three hundred trains there. Many of them were very old, and they learned many things about the British railway. Surprisingly, they found a Japanese *Shinkansen*, too. They walked around the museum for almost two hours. [ウ]

At three, they returned to the station to go home. Then, David suddenly became very excited and said, "Wow, look at that red train!" Masaru asked him, "What's that?" David answered, "It's a train made by a Japanese company. The company designed it with Japanese technology, and it can run very fast. It's so cool!" He continued, "We are very lucky because we can't see it often. We should take it now!" His mother and Masaru agreed, and they got on the train. [エ]

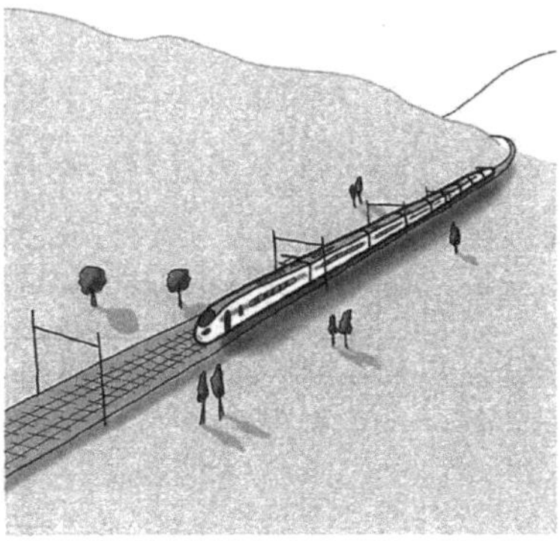

Masaru learned a lot more about the train from David. Masaru spoke to himself, "The Japanese railway was built 150 years ago with the help of British technology, and now Japanese technology is used to develop the British railway." The strong bond between Japan and the U.K. made him happy.

After his homestay in the U.K., he started to study harder. Now he has a dream of becoming an engineer. He wants to work for a project of the British railway in the future. Japan is now designing a new train that can run the fastest in Europe for the U.K.

(注) homestay　ホームステイ　　York　ヨーク（イギリスの都市名）
railway　鉄道　　British　イギリスの　　design ～　～を設計する
technology　技術　　got on ～　～に乗り込んだ
bond　絆（きずな）　　Europe　ヨーロッパ

(1) 次の英文が入る最も適切な箇所を，本文中の ア ～ エ から選び，記号で答えなさい。

However, the boys didn't feel tired because it was like a dream for them.

(2) 次の(a)～(c)の質問に対する答えとして，本文の内容に合う最も適切なものを，それぞれ１～４から１つずつ選び，記号で答えなさい。

(a) What did David's mother do to make David and Masaru happy?

1 She bought them train tickets to York.
2 She gave them movie tickets for train fans.
3 She bought them a book with pictures of trains.
4 She gave them a book about a railway museum.

(b) Which was true about the museum Masaru, David and his mother visited?

1 It took only an hour from London to the museum by train.
2 About three hundred British new trains were seen there.
3 It was the best place to learn about the history of London.
4 During the stay in the museum, they saw a Japanese train.

(c) Why did Masaru feel happy when he was on the train from York to London?

1 Because so many Japanese *Shinkansen* were running in the U.K.
2 Because he liked the train which ran the fastest in Europe.
3 Because he learned that Japan worked together with the U.K.
4 Because the train he took was one of the oldest British trains.

(3) 次の(a)，(b)は，本文の内容についての【質問】と，それに対する【答え】である。(a)の下線部には２語の，(b)の下線部には３語の適切な英語を書き，【答え】を完成させなさい。

(a)【質問】What was a special point about the train that Masaru took from York to London?
【答え】The train was ＿＿＿＿＿＿＿＿ a company with Japanese technology.

(b)【質問】Why does Masaru study harder now?
【答え】To ＿＿＿＿＿＿＿＿＿＿＿ in the future.

6 次は，高校生の *Ayako* と，シンガポールの高校生 *Judy* が，オンラインで交流しているときの対話の一部である。あなたが *Ayako* ならば，*Judy* に何を伝えるか。対話文を読んで，＿＿＿＿に *Judy* に伝えることを書きなさい。ただし，下の【注意】に従って書くこと。

Ayako: When will you come to Japan, Judy?

Judy: I'm going to start studying in Japan next September. Oh, I only have five months to improve my Japanese!

Ayako: How long have you been studying Japanese?

Judy: For three years. I love reading Japanese, but speaking Japanese is still difficult for me. I want to speak Japanese better. What should I do? Give me your advice.

Ayako: OK.

＿＿＿＿＿＿＿＿＿＿＿＿＿＿＿＿

Judy: That's a great idea! I'll try it. Thank you, Ayako.

（注） advice 助言

【注意】

① 対話の流れに合うように，20語以上30語以内の英語で書くこと。文の数はいくつでもよい。符号（. , ? ! など）は，語数に含めないものとする。
② 内容のまとまりを意識して，具体的に書くこと。
③ 解答は，解答用紙の【記入例】に従って書くこと。

令和5年度山口県公立高等学校
入学者選抜学力検査問題

社　会

（第4時限　13：00～13：50　50分間）

注　意

1　指示があるまで，開いてはいけません。

2　答えは，すべて解答用紙に記入しなさい。

3　解答用紙は，問題用紙の中に，はさんであります。

4　問題用紙は，表紙を除いて11ページで，問題は 1 から 6 までです。

1　図Ｉをみて，あとの(1)～(7)に答えなさい。

図Ｉ

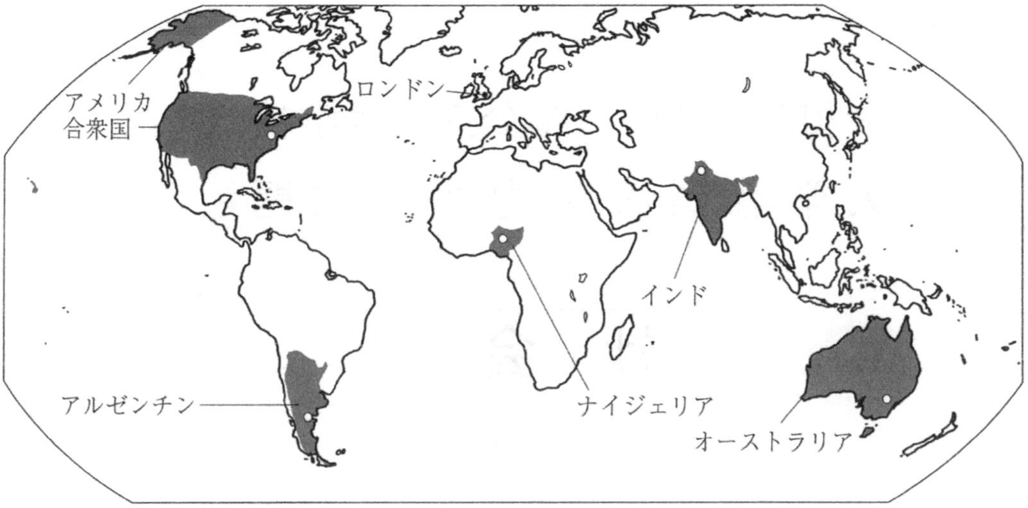

（注）図Ｉ中の○は　で示されたそれぞれの国の首都の位置を表している。

(1)　図Ｉ中のロンドンを通る，経度０度の経線を何というか。答えなさい。

(2)　図Ｉ中の　で示した５か国について述べた文として正しいものを，次の１～４から一つ選び，記号で答えなさい。

1　５か国のうち，南半球に位置する国は二つである。
2　５か国のうち，ユーラシア大陸に位置する国は二つである。
3　５か国のうち，首都の経度が西経で表示される国は三つである。
4　５か国のうち，最も早く１月１日を迎える国はアメリカ合衆国である。

(3)　アルゼンチンの首都周辺には，図Ⅱにみられるような草原が広がり，小麦の栽培や牧畜が行われている。この草原を何というか。答えなさい。

図Ⅱ

(4)　表Ｉは，図Ｉ中の　で示した５か国に関するデータをまとめたものである。ナイジェリアにあてはまるものを，表Ｉ中の１～５から一つ選び，記号で答えなさい。

表Ｉ　(2020年)

国名	人口（千人）	１人あたりのGNI（ドル）	輸出総額（百万ドル）	輸出額１位の品目と，その額が総額に占める割合（％）
1	208,327	1,946	34,900	原油　(75.4)
2	1,396,387	1,910	275,489	機械類　(11.8)
3	25,670	54,251	245,046	鉄鉱石　(32.7)
4	335,942	64,310	1,430,254	機械類　(24.6)
5	45,036	8,138	54,884	植物性油かす　(13.8)

（世界国勢図会2022/23により作成）

(5) 次の文は，インドに関するものである。文中の（　あ　）に入る，適切な語を答えなさい。

> インドで最も多くの人々が信仰している（　あ　）教は，インドの社会や人々の暮らしに大きな影響を与えている。図Ⅲは，（　あ　）教を信仰する人々が，沐浴という儀式を行っているようすである。

図Ⅲ

(6) アメリカ合衆国は，世界有数の農業国である。表Ⅱは，とうもろこしと小麦の生産量と輸出量について，世界全体に占める国別の割合をまとめたものである。表Ⅱ中の（　い　），（　う　）にはとうもろこしと小麦のいずれかが，【　X　】，【　Y　】には生産量と輸出量のいずれかがあてはまる。（　い　）と【　X　】にあてはまるものの組み合わせとして正しいものを，下の1～4から一つ選び，記号で答えなさい。

表Ⅱ　　　　(2020年)

（　い　）				（　う　）			
【　X　】の国別の割合		【　Y　】の国別の割合		【　X　】の国別の割合		【　Y　】の国別の割合	
アメリカ合衆国	26.9%	アメリカ合衆国	31.0%	ロシア	18.8%	中国	17.6%
アルゼンチン	19.1%	中国	22.4%	アメリカ合衆国	13.2%	インド	14.1%
ブラジル	17.9%	ブラジル	8.9%	カナダ	13.2%	ロシア	11.3%
その他	36.1%	その他	37.7%	その他	54.8%	その他	57.0%

（世界国勢図会2022/23により作成）

1　い - 小麦　X - 生産量　　2　い - とうもろこし　X - 生産量
3　い - 小麦　X - 輸出量　　4　い - とうもろこし　X - 輸出量

(7) オーストラリアについて，図Ⅳは1966年と2021年のオーストラリアに暮らす移民の出身州の傾向を示したものである。図Ⅳから読み取れることを，「白豪主義」という語を用いて説明しなさい。

図Ⅳ

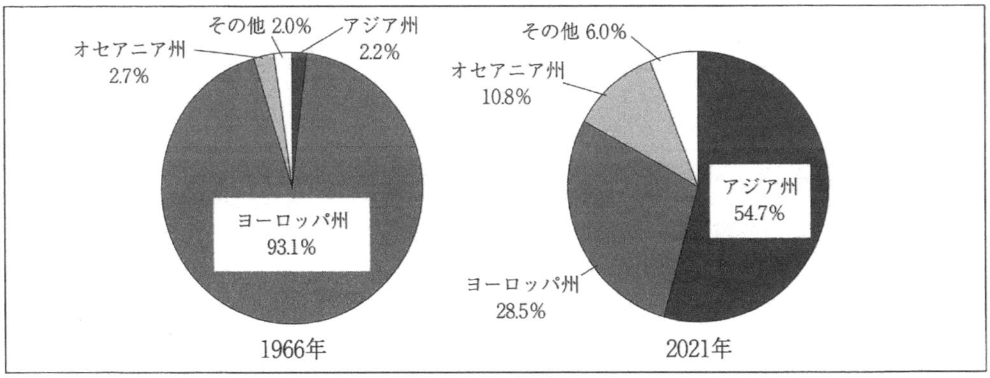

（注）グラフは，各年のオーストラリアに暮らす移民の出身地について，多い方から順に20の国と地域を抽出して作成している。

（オーストラリア政府統計により作成）

2　次の(1)〜(5)に答えなさい。

(1)　日本列島の近海には，海岸線に沿うように，深さおよそ200mまでの平たんな海底がみられる。このような海底を何というか。答えなさい。

(2)　表Ⅰは，東京向けのじゃがいもとキャベツの出荷量上位五つの都道府県について，全国に占める各都道府県の割合をまとめたものである。表Ⅰを用いて，東京向けのキャベツの出荷量上位5県のうち，関東地方の県が全国に占める割合を，【例】にならって，解答用紙のグラフにかきなさい。ただし，数値は小数第1位を四捨五入して取り扱うこと。

表Ⅰ　(2021年)

じゃがいも		キャベツ	
都道府県名	割合	都道府県名	割合
北海道	56.2%	群馬県	25.9%
鹿児島県	16.2%	愛知県	23.7%
長崎県	15.9%	千葉県	21.4%
静岡県	3.7%	神奈川県	11.1%
茨城県	3.4%	茨城県	8.0%

(東京都中央卸売市場資料により作成)

【例】　東京向けのじゃがいもの出荷量上位5道県のうち，九州地方の県が全国に占める割合（%）

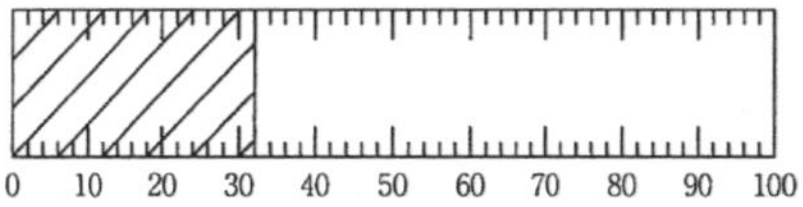

東京向けのキャベツの出荷量上位5県のうち，関東地方の県が全国に占める割合（%）

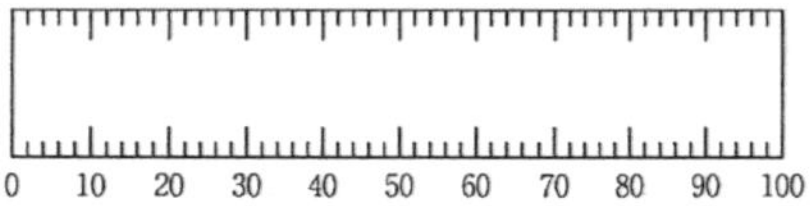

(3)　図Ⅰの**あ**，**い**は，情報通信業の売上高（2018年）と電子部品・デバイス・電子回路の製造品出荷額等（2019年）のいずれかについて，全国1位から15位までの都道府県を示したものである。**あ**，**い**から情報通信業の売上高（2018年）を示す図を選び，さらに，下の**A**〜**C**の指標のうち，上位を占める都道府県が情報通信業の売上高（2018年）と同じような傾向を示すものを選んだ場合，二つの組み合わせとして正しいものを，あとの**1**〜**6**から一つ選び，記号で答えなさい。

図Ⅰ

あ　　　　　　い

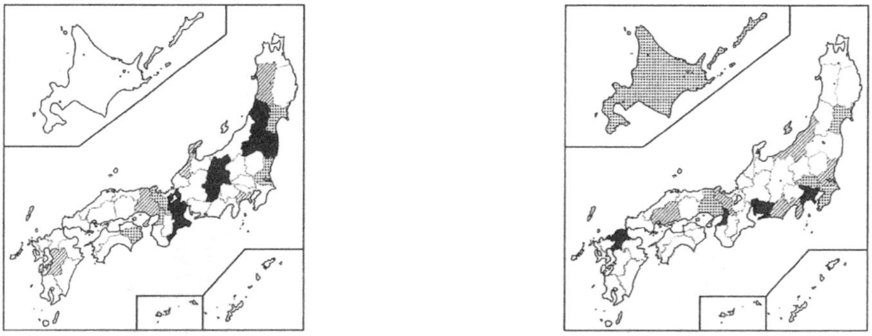

（注）■は1位〜5位，▒は6位〜10位，▨は11位〜15位を表す。

（データでみる県勢2022年版により作成）

A　鉄道による旅客輸送量（2019年）

B　一人あたり医療費（2018年）

C　水力発電による発電量（2020年）

	1	2	3	4	5	6
情報通信業の売上高 同じような傾向を示す指標	あ A	あ B	あ C	い A	い B	い C

(4) 図Ⅱは，日本のおもな港の貿易額を示したものであり，図Ⅱ中の（　う　），（　え　）には，東京国際空港と成田国際空港のいずれかが，D，Eには輸入額と輸出額のいずれかがあてはまる。（　う　）とEにあてはまるものの組み合わせとして正しいものを，次の1～4から一つ選び，記号で答えなさい。

1　う－東京国際空港　　E－輸入額
2　う－東京国際空港　　E－輸出額
3　う－成田国際空港　　E－輸入額
4　う－成田国際空港　　E－輸出額

図Ⅱ

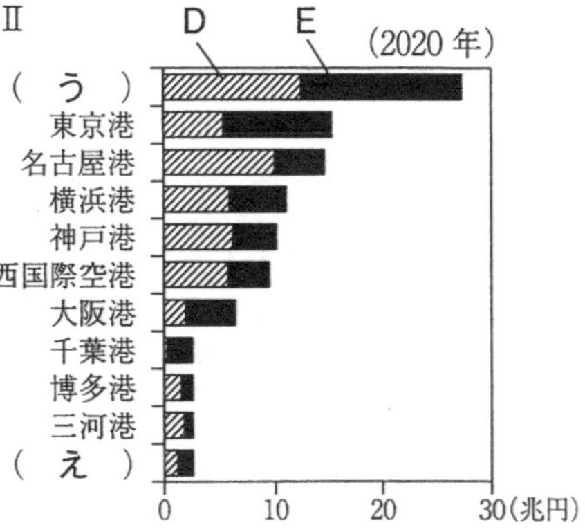

(財務省資料により作成)

(5) 社会科の授業で都市について学習したGさんは，人口が集中する大都市での人々の暮らしに興味をもち，調べ学習を行った。これについて，次のア，イに答えなさい。

ア　Gさんは，郊外と都心部との間で移動する人が多いことを，データを示しながら発表した。次は，Gさんが使用した発表原稿の一部である。文中の［　お　］にあてはまるデータとして最も適切なものを，下の1～4から選び，記号で答えなさい。

> 大都市では，郊外と都心部との間で通勤·通学などにより移動する人が多くいます。郊外と都心部の［　お　］を調べると，郊外では通勤・通学などで流入する人よりも流出する人のほうが多く，都心部ではその逆の傾向を示すことがわかります。

1　人口密度　　　　　　　2　昼間人口と夜間人口のちがい
3　産業別人口の割合　　　4　65歳以上人口の割合

イ　Gさんは，東京都内を歩いているときに，図Ⅲのように地下鉄駅の入り口が階段を数段上った後に下る構造になっているものを見つけた。そこで，隅田川下流域周辺の地形図（2万5000分の1）を用いて資料Ⅰを作成し，地理院地図を用いて資料Ⅱを作成して，図Ⅲのような構造になっている理由を考察した。資料Ⅰ，資料Ⅱを参考にして，図Ⅲのような構造になっている理由を説明しなさい。

図Ⅲ

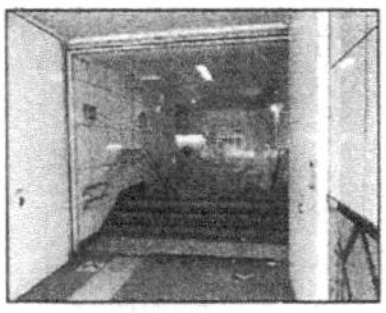
「門前仲町駅」の入り口

「木場駅」の入り口

「東陽町駅」の入り口

資料Ⅰ　地下鉄「門前仲町駅」から「東陽町駅」までGさんが歩いた経路

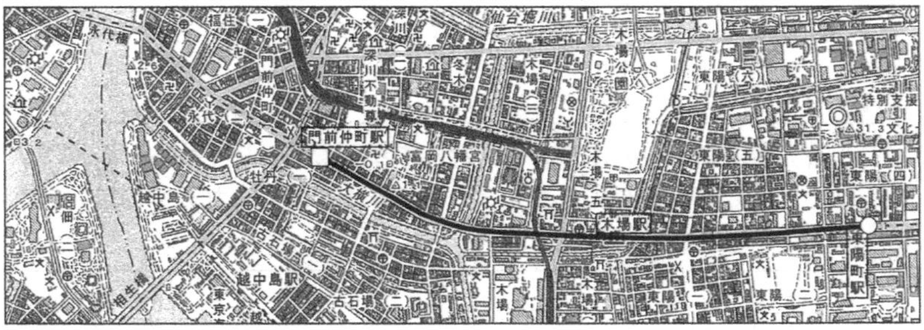

資料Ⅱ　資料Ⅰの経路に沿った断面

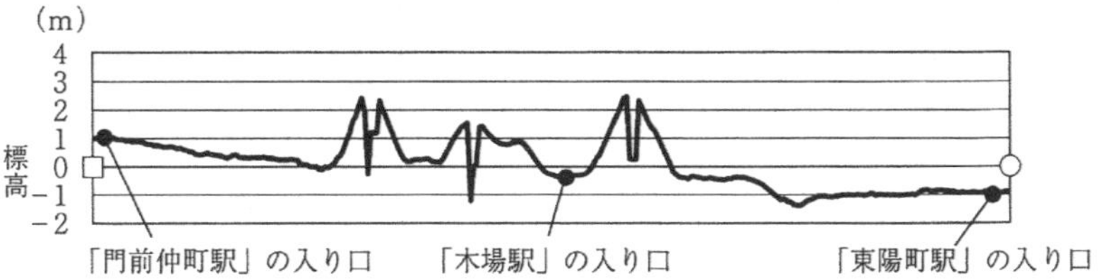

(注) 資料Ⅱ中の□と○は，資料Ⅰ中の□と○に対応する。高さは強調して表現してある。
(地理院地図により作成)

3 Hさんは，茶の歴史について調べ，次の発表原稿A～Dを作成した。これについて，あとの(1)～(4)に答えなさい。

発表原稿A

①最澄は，中国にわたり仏教の新しい教えを日本に伝えるとともに，中国から茶の種子を持ち帰り，比叡山のふもとで茶の栽培をはじめました。

発表原稿B

栄西は，②12世紀後半，中国から茶を飲む習慣を日本に伝えました。また，③鎌倉幕府3代将軍の源実朝が病気のときには，茶を献上しました。

発表原稿C

茶の湯が④大名や大商人たちの交流の場として流行しました。豊臣秀吉に仕えた［　　　　］は，質素なわび茶の作法を完成させました。

発表原稿D

イギリスで茶が流行すると，中国から多くの茶が輸入されました。やがて，⑤両国の間に貿易上の問題が発生し，アヘン戦争が起こりました。

(1) 発表原稿Aについて，下線部①の人物がひらいた宗派として正しいものを，次の1～4から一つ選び，記号で答えなさい。

1　真言宗　　2　浄土真宗　　3　時宗　　4　天台宗

(2) 発表原稿Bについて，次のア，イに答えなさい。

ア　下線部②について，12世紀後半の日本と中国との関係に関するできごととして最も適切なものを，次の1～4から選び，記号で答えなさい。

1　足利義満は，中国から与えられた証明書を貿易船に持たせ，勘合貿易を行った。
2　菅原道真は，中国で不安定な政治が続いたため，使者の派遣の停止を訴えた。
3　平清盛は，中国との貿易の利益に目をつけ，兵庫の港を整備した。
4　小野妹子は，中国の進んだ制度や文化を取り入れるために，中国に派遣された。

イ　下線部③に関連して，資料Ⅰは鎌倉幕府の執権であった北条泰時が制定した御成敗式目の一部である。Hさんは，資料Ⅰを参考にして，御成敗式目の特徴についてまとめた。Hさんのまとめが正しいものとなるように，（　あ　）にあてはまる語と，［い］にあてはまる語句の組み合わせとして正しいものを，下の1～4から一つ選び，記号で答えなさい。

資料Ⅰ

有力者を知るものは得をし，そうでないものは損をするという不公平な裁判は問注所そのものが信頼を失ってしまうので禁止する。それぞれの言い分は裁判中に述べること。

Hさんのまとめ

鎌倉幕府の権力の拡大とともに，地頭の勢力もしだいに強まり，荘園領主との間で争いが起こった。特に，（　あ　）後は，西日本にも東日本の武士が地頭として進出したため，現地の支配権をめぐって争いが拡大した。こうした状況に対応するため，幕府は御成敗式目を制定し，［い］裁定を下すように努めた。

1　あ‐承久の乱　い‐公平な　　2　あ‐承久の乱　い‐御家人に有利な
3　あ‐壬申の乱　い‐公平な　　4　あ‐壬申の乱　い‐御家人に有利な

2023(R5) 山口県公立高
教英出版

(3)　発表原稿Ｃについて，次のア，イに答えなさい。

ア　下線部④に関連して，戦国大名の中には，領国を治めるために独自の法を制定する者もいた。このような法を何というか。答えなさい。

イ　[　　　　]にあてはまる人物は誰か。答えなさい。

(4)　発表原稿Ｄについて，次のア，イに答えなさい。

ア　下線部⑤に関連して，Ｈさんは，資料Ⅱ，資料Ⅲを用いてアヘン戦争が起こった原因について考察した。下のＨさんの考察が正しいものとなるように，[う]に適切な内容をおぎない，文を完成させなさい。

資料Ⅱ　イギリス・中国・インドの三角貿易（19世紀）

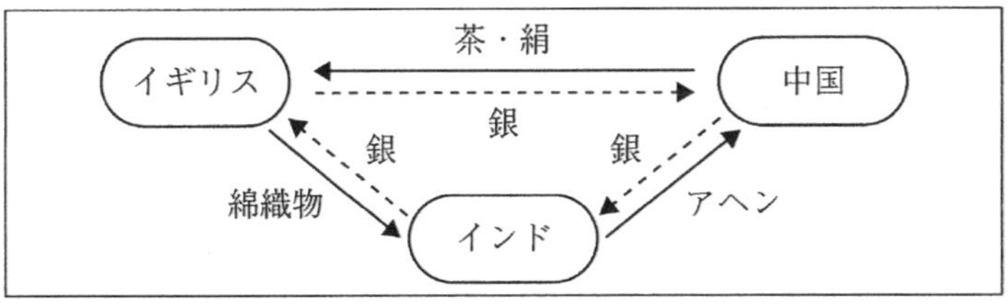

資料Ⅲ　広州における中国のアヘン密輸入額と中国からの銀流出額

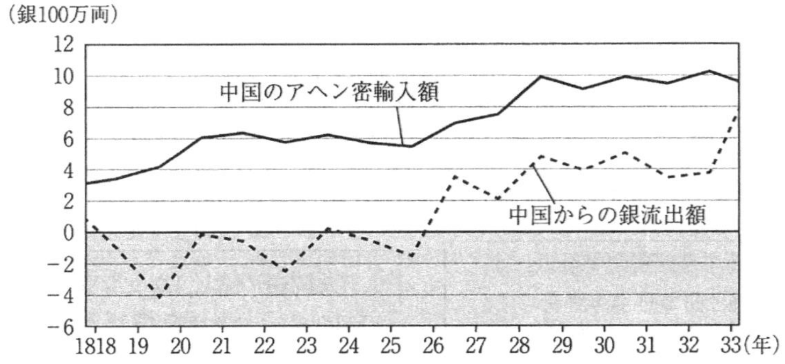

（注）銀流出額が－の場合は，中国への流入額を示す。

（岩波講座世界歴史 21により作成）

Ｈさんの考察

三角貿易により，[う]。そのため，中国がアヘンをきびしく取りしまると，イギリスが中国を攻撃し，アヘン戦争が起こった。

イ　Ｈさんは，アヘン戦争が日本に与えた影響について調べ，次のようにまとめた。Ｈさんのまとめが正しいものとなるように，（　え　）にあてはまる法令の名称を答えなさい。

Ｈさんのまとめ

アヘン戦争で中国が敗れたことを知った江戸幕府は，日本に接近してくる外国船に対する方針を定めた（　え　）を継続すると，外国との紛争をまねくおそれがあると判断し，この方針を転換した。

4 次は，Ｙさんが作成した山口県の産業に関するレポートである。これについて，あとの(1)～(5)に答えなさい。

〈幕末〉
・ ①開国後，西洋の進んだ技術や文化を学ぶために，長州藩の若い藩士が留学した。

〈明治時代〉
・ 繊維業の育成振興がはかられ，技術を学ぶために，②山口県の若者が官営模範工場に派遣された。
・ 工業化の進展により石炭鉱業がさかんになった。
　→③無煙炭の炭鉱会社が設立され，1904年には海軍省によって買いあげられた。

〈大正時代・昭和初期〉
・ ④第一次世界大戦の影響を受けて大戦景気をむかえ，山口県の産業も繁栄した。
・ 工業地帯の形成が本格化し，セメント産業や化学工業，石炭鉱業などが発展した。

〈第二次世界大戦後〉
・ 戦後，工場の誘致が行われ工業化が進んだ。
・ ⑤世界的なエネルギー革命の影響を受けて，山口県でも，産業構造の転換がはかられた。

(1) 下線部①について，Ｙさんは，ペリー艦隊が日本に開国を要求した理由について，資料Ⅰ，資料Ⅱを用いて考察した。Ｙさんの考察の［あ］，［い］にあてはまる語句の組み合わせとして最も適切なものを，下の１～４から選び，記号で答えなさい。

資料Ⅰ　アメリカから日本へ向かう航路の比較

［新航路］…太平洋を横断する航路が実現すれば，蒸気船で，18日間で日本へ到着する。

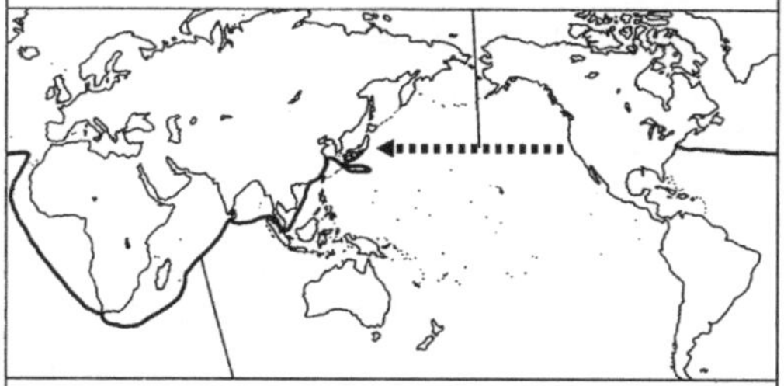

［ペリーの航路］…２週間以上かけて大西洋をわたり，その後，約７か月かけて日本へ到着した。

資料Ⅱ　Ｙさんがまとめた，1851年のアメリカ国務長官の主張

・ 大統領の考えは，カリフォルニアから中国へ太平洋を横断する蒸気船の航路を早期に確立することである。
・ その航路をアジア貿易に関心のあるわが国の商人たちに提供するための計画を進めなければならない。
・ この計画を進めるためには，わが国の蒸気船が往復の航海で必要とする石炭を，日本の国民から購入できる許可を得ることが望ましい。

Ｙさんの考察

アメリカが日本へ開国を迫ったのは，日本開国後に，［あ］ことを望み，日本をその航路の中継地や［い］にしたいと考えたからではないか。

１　あ - キリスト教を広め，アジアの香辛料を直接手に入れる　　い - 燃料用石炭の補給地
２　あ - キリスト教を広め，アジアの香辛料を直接手に入れる　　い - 燃料用石炭の輸出先
３　あ - ヨーロッパ諸国よりも有利にアジア貿易を行う　　い - 燃料用石炭の補給地
４　あ - ヨーロッパ諸国よりも有利にアジア貿易を行う　　い - 燃料用石炭の輸出先

(2) 下線部②について，図Ⅰは山口県の若者も派遣された官営模範工場で，1872年に群馬県に設立されたものである。この官営模範工場を何というか。答えなさい。

図Ⅰ

(3) 下線部③について，Ｙさんは，この炭鉱会社が海軍省によって買いあげられた背景に日露戦争の影響があることを知り，日露戦争が国内外に与えた影響について調べ，メモを作成した。（　う　）にあてはまる人物と，（　え　）にあてはまる条約の名前をそれぞれ答えなさい。

メモ

日露戦争の勝利は，のちに三民主義を発表し，中華民国を建国した（　う　）などに影響を与えた。一方，国内では，（　え　）で賠償金を得られなかったことから国民の不満が爆発し，日比谷焼き打ち事件などの暴動が起こった。

(4) 下線部④に関連して，次のア，イに答えなさい。

ア　次の１～３は，第一次世界大戦以降のできごとである。１～３のできごとを，年代の古い順に並べ，記号で答えなさい。

１　アジア･太平洋地域の国際体制について話し合うため，ワシントン会議が開かれた。
２　ドイツで，ファシズムをかかげる政党が民衆の支持を得て，初めて第一党となった。
３　世界恐慌のきっかけとなる株価の大暴落が，アメリカで起こった。

イ　大戦景気中の1917年に，山口県の生産物の総額は大幅な伸びを示したが，そうした好況下においても労働争議は発生した。そのことに疑問をもったＹさんは，表Ⅰ，表Ⅱを見つけた。表Ⅰ，表Ⅱを参考にして，好況下の山口県で労働争議が発生した理由を説明しなさい。

表Ⅰ　山口県の品目別物価上昇率（1917年）

品目	米	牛肉	野菜	塩
前年比上昇率	47％	77％	57％	35％

（山口県史により作成）

表Ⅱ　山口県のある地域における工場労働者の賃金上昇率（1917年）

	工場労働者の賃金
前年比上昇率	7％

（山口県史により作成）

(5) 下線部⑤に関連して，日本では，おもに高度経済成長期に石炭から石油へのエネルギー源の転換が進んだ。高度経済成長期の日本で起こったできごととして正しいものを，次の１～４から一つ選び，記号で答えなさい。

１　日本初の女性国会議員の誕生　　２　サンフランシスコ平和条約の締結
３　環境庁の設置　　４　55年体制の崩壊

5　次は，Ｋさんが日本政府のおもな役割について調べたことをまとめたノートの一部である。これについて，あとの(1)～(7)に答えなさい。

Ｋさんのノートの一部

《日本政府のおもな役割》

政治的な役割	経済的な役割	国際社会における役割
・国民を尊重し，①人権保障の実現をめざす。 ・三権（立法，行政，②司法）のうち，行政を担当する。	・③景気の安定をはかる。 ・市場経済の公正さを保つ。（例：④労働者の保護など） ・⑤社会保障制度を整備する。	・⑥国際社会の課題の解決をめざし，⑦国際連合などの国際機関と協力して活動する。

(1)　下線部①に関連して，次のア，イに答えなさい。

ア　図Ｉで表される，人権保障の実現のために欠かせないしくみを，「人の支配」に対して何というか。答えなさい。

図Ｉ

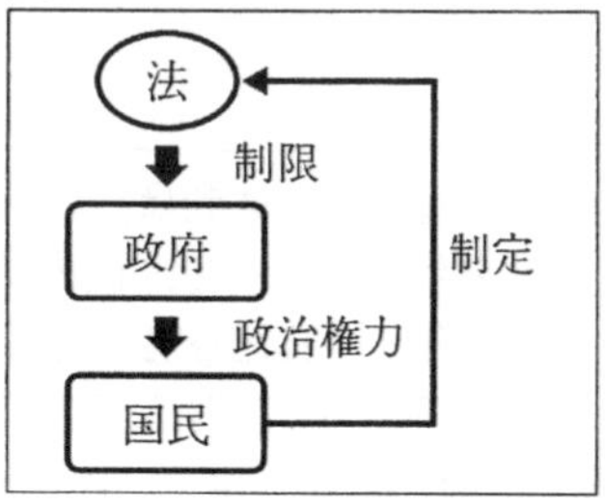

イ　日本国憲法で保障されている社会権に含まれる権利を，次の１～４から一つ選び，記号で答えなさい。

１　請願権　　２　裁判を受ける権利
３　財産権　　４　勤労の権利

(2)　下線部②に関連して，次のＸ，Ｙは，裁判員制度のしくみに関して述べたものである。Ｘ，Ｙについて，その正誤の組み合わせとして正しいものを，下の１～４から一つ選び，記号で答えなさい。

Ｘ　制度の対象となるのは，重大な犯罪についての刑事裁判の第一審である。
Ｙ　有罪の場合，どのような刑罰を科すかという判断に，裁判員は加わらない。

１　Ｘ－正　Ｙ－正　　２　Ｘ－正　Ｙ－誤
３　Ｘ－誤　Ｙ－正　　４　Ｘ－誤　Ｙ－誤

(3)　下線部③に関連して，政府は日本銀行と協調して景気の安定をはかっている。次の文は，不景気のときに日本銀行が行う金融政策について説明したものである。文中の［　あ　］に適切な内容をおぎない，説明文を完成させなさい。

> 景気が悪くなると，日本銀行は，一般の金融機関から［　あ　］ことによって，世の中に出回るお金の量を増やそうとする。

(4)　下線部④に関連して，右の文は，労働基準法第32条の一部である。文中の（　い　），（　う　）にあてはまる数字をそれぞれ答えなさい。

> 第32条①　使用者は，労働者に，休憩時間を除き１週間について（　い　）時間を超えて，労働させてはならない。
> ②　使用者は，１週間の各日については，労働者に，休憩時間を除き１日について（　う　）時間を超えて，労働させてはならない。

(5) 下線部⑤に関連して，Kさんは，社会保障制度について詳しく調べるために，関係する本を書店で購入した。これについて，次のア，イに答えなさい。

ア　図Ⅱは，書店でのKさんの行動を順に示したものである。図Ⅱにおいて，本の売買契約が成立したのはどの段階か。図Ⅱ中の1～4から一つ選び，記号で答えなさい。

図Ⅱ

1		2		3		4
Kさんは，購入しようと思う本を，棚から手に取った。	▶	Kさんは，店員に本を購入することを伝え，店員も合意した。	▶	Kさんは，本の代金を店員に支払った。	▶	Kさんは，購入した本を店員から受け取った。

イ　Kさんは，購入した本に掲載されていた図Ⅲ，図Ⅳをみながら，Lさんと下のような会話をした。会話文の内容が，図Ⅲ，図Ⅳから読み取れる内容をふまえたものとなるように，［え］，［お］に適切な語句をそれぞれおぎない，文を完成させなさい。

図Ⅲ　日本の国民負担率の推移

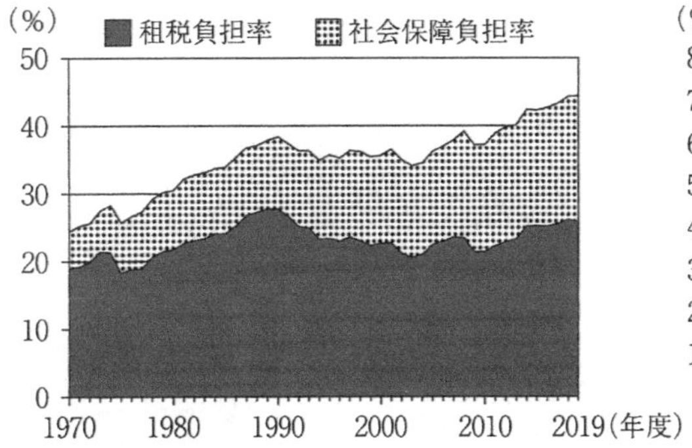

図Ⅳ　国民負担率の国際比較（2019年）

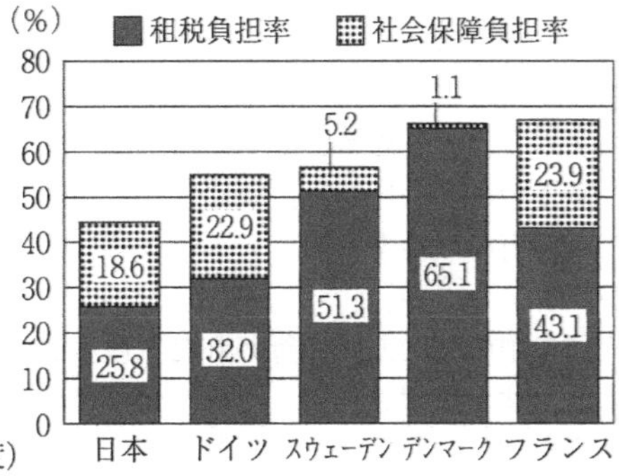

（注）国民負担率は，租税負担率と社会保障負担率を合計したもの。
（財務省資料により作成）

Kさん：2019年度の日本の国民負担率は，1970年度に比べると［え］ことがわかるね。
Lさん：そうだね。国民負担率の内訳をみると，スウェーデンやデンマークは他の国に比べて，［お］ことがわかるよ。

(6) 下線部⑥に関連して，発展途上国などにおいて，所得の低い人々が事業を始める際，金融機関が少額のお金を貸し出すしくみを何というか。答えなさい。

(7) 下線部⑦に関連して，安全保障理事会において，ある重要な決議案への投票結果が表Ⅰのようになった場合，賛成多数でも決議案が否決される。それはなぜか。簡潔に述べなさい。

表Ⅰ

賛成	常任理事国	4か国
	非常任理事国	9か国
反対	常任理事国	1か国
	非常任理事国	1か国

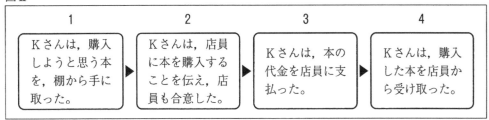

6 次は，防災についてのＳさんと先生との会話である。これを読んで，あとの(1)～(4)に答えなさい。

Ｓさん： 今日は，①江戸時代に起こった災害について学習しましたが，災害への備えとして，どのようなことを心がける必要があるのでしょうか。

先　生： 災害時には，国や地方自治体による（ **あ** ）にたよるだけでなく，自分で自分の身を守る（ **い** ）や，住民同士で助け合う（ **う** ）が重要です。また，ふだんから身近な地域で起こりやすい災害を知っておくことも必要です。山口県では，県や市町のウェブサイトで，②災害による被害の可能性や，災害発生時の避難場所などを示した地図を公開していますよ。

Ｓさん： ③インターネットを活用して，防災情報を発信しているのですね。

(1) 文中の（ **あ** ）～（ **う** ）に入る語の組み合わせとして正しいものを，次の１～６から一つ選び，記号で答えなさい。

１ **あ**－共助 **い**－自助 **う**－公助	２ **あ**－共助 **い**－公助 **う**－自助
３ **あ**－自助 **い**－共助 **う**－公助	４ **あ**－自助 **い**－公助 **う**－共助
５ **あ**－公助 **い**－共助 **う**－自助	６ **あ**－公助 **い**－自助 **う**－共助

(2) 下線部①について，1783年の浅間山の噴火などを原因として，「天明のききん」が起こった。図Ⅰは，この頃の百姓一揆と打ちこわしの発生件数を示している。このことに関連して，次のア，イに答えなさい。

ア 図Ⅰ中の**Ｘ**の期間に，老中として江戸幕府の政治を主導した人物は誰か。答えなさい。

図Ⅰ

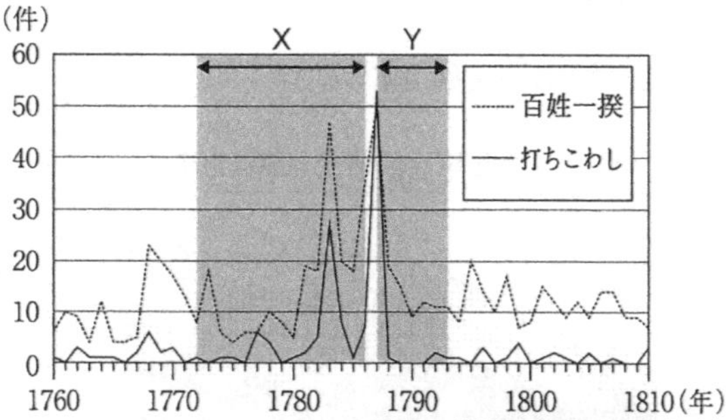

（百姓一揆総合年表により作成）

イ 図Ⅰ中の**Ｙ**の期間に行われた寛政の改革では，各地に図Ⅱのような倉が設置された。次の文が，その目的を説明したものとなるように，図Ⅰから読み取れる内容をふまえ，［ **え** ］，［ **お** ］に適切な語句をそれぞれおぎない，文を完成させなさい。

図Ⅱ

1780年代には，「天明のききん」の発生により，［ **え** ］。そのため，寛政の改革では，各地に倉を設置し，［ **お** ］ことでききんに備えた。

(3) 下線部②について，各自治体が作成している，このような地図を何というか。答えなさい。

(4) 下線部③に関連して，次のア，イに答えなさい。

ア 家電製品や自動車など，さまざまなものがインターネットでつながることを何というか。次の１～４から一つ選び，記号で答えなさい。

１ ＡＩ　　２ ＩｏＴ

３ ＳＮＳ　　４ ＶＲ

イ すべての年代に防災情報が行き届くようにするために，自治体などが情報を発信する際に，どのようなことに注意する必要があるか。図Ⅲから読み取れることをふまえて，説明しなさい。

図Ⅲ　年代別インターネット利用率（2021年）

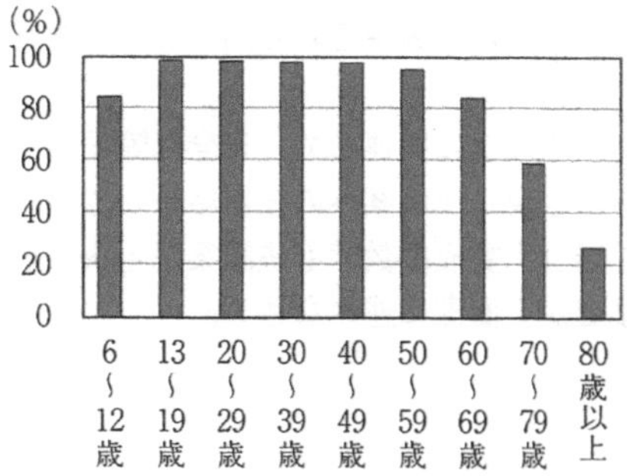

（総務省資料により作成）

令和５年度山口県公立高等学校
入学者選抜学力検査問題

理　科

（第５時限　14：10～15：00　50分間）

注　意

1　指示があるまで，開いてはいけません。

2　答えは，すべて解答用紙に記入しなさい。

3　解答用紙は，問題用紙の中に，はさんであります。

4　問題用紙は，表紙を除いて10ページで，問題は 1 から 9 までです。

1 おもりを糸でつるし，**図1**のように，位置Aからおもりを静かにはなすと，おもりは位置Bを通過する。おもりが再び位置Aまで戻ってきたときに，**図2**のように糸を切ると，おもりは自由落下し，水平面からの高さが，位置Bと同じ位置Cを通過する。摩擦や空気の抵抗はないものとして，次の(1)，(2)に答えなさい。

図1

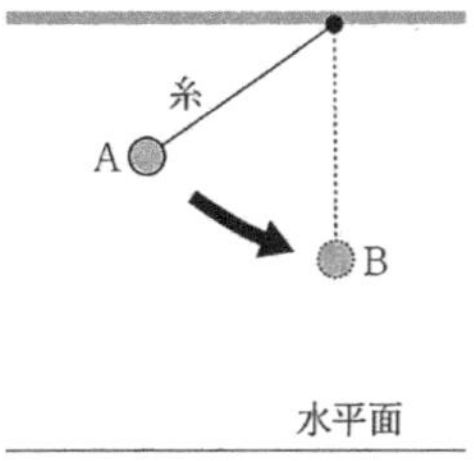

図2

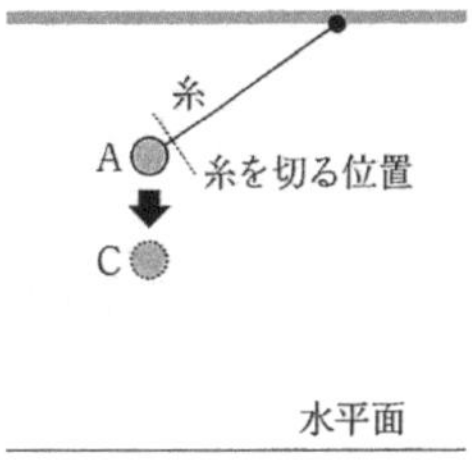

(1) **図2**でおもりが自由落下するのは，おもりが地球の中心に向かって引かれているからである。このように，地球上の物体が地球の中心に向かって引かれる力を何というか。書きなさい。

(2) **図1**でおもりが位置Bを通過するときの速さと，**図2**でおもりが位置Cを通過するときの速さは等しくなる。速さが等しくなる理由を，「減少」という語を用いて述べなさい。

2 陸上で生活する哺乳類には，カンジキウサギのように植物を食べ物とする草食動物や，オオヤマネコのように他の動物を食べ物とする肉食動物がいる。次の(1)，(2)に答えなさい。

(1) 次の文章が，草食動物の体のつくりを説明したものとなるように，（　　）の中のa～eの語句について，正しい組み合わせを，下の**1**～**6**から1つ選び，記号で答えなさい。

> 草食動物の（ a 門歯や臼歯　b 門歯や犬歯　c 臼歯や犬歯 ）は，草を切ったり，細かくすりつぶしたりすることに役立っている。また，草食動物の消化管は，体長が同程度の肉食動物の消化管に比べて（ d 長く　e 短く ），草を消化することに適している。

1 aとd　**2** aとe　**3** bとd　**4** bとe　**5** cとd　**6** cとe

(2) **図1**は，ある地域における，食物連鎖でつながっているオオヤマネコとカンジキウサギについて，1919年から1931年までの2年ごとの個体数を示したものであり，○は，1919年の個体数を，●は，1921年から1931年までのいずれかの個体数を表している。

○と●を，古い年から順に矢印でつなぐと，オオヤマネコがカンジキウサギを主に食べ，カンジキウサギがオオヤマネコに主に食べられるという関係によって，個体数が変化していることが読み取れる。

○と●を，古い年から順に矢印でつないだ図として，最も適切なものを，次の**1**～**4**から選び，記号で答えなさい。

なお，この地域では，1919年から1931年までの間，人間の活動や自然災害などによって生物の数量的な関係が大きくくずれることはなかった。

図1

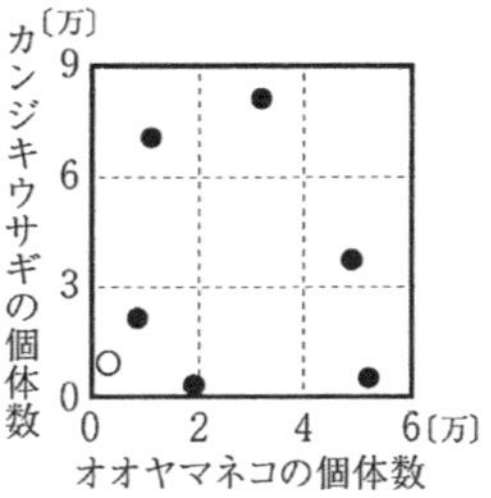

1

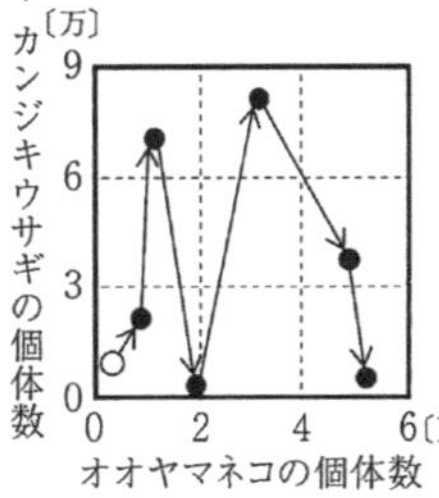

2

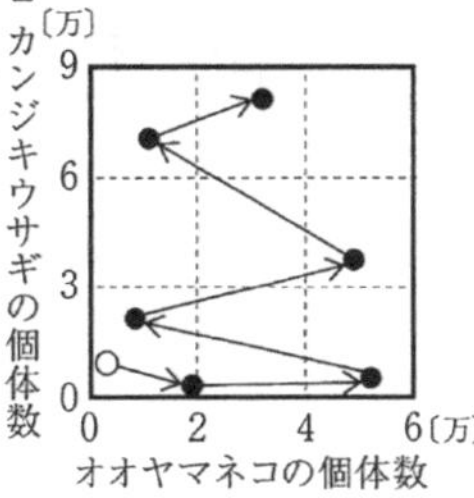

3

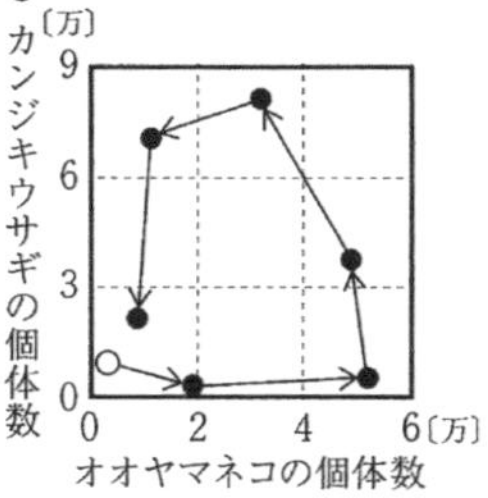

4

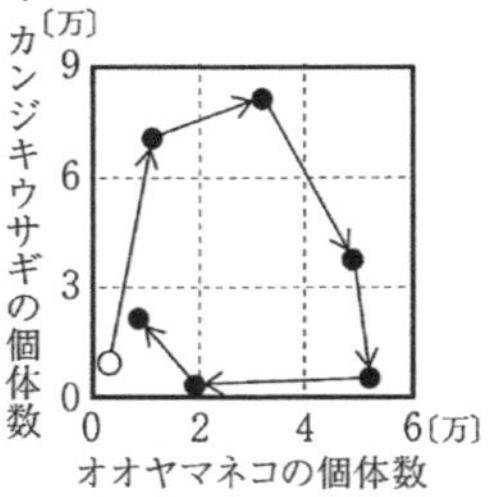

2023(R5) 山口県公立高
教英出版

3 ある白色の粉末 1.0 g を乾いた試験管に入れ，ゴム栓，ガラス管，ゴム管，三角フラスコ，ＢＴＢ溶液を入れた水を用いて，**図1**のような装置を組み立てた。白色の粉末の入った試験管をガスバーナーで加熱したところ，次のような［結果］になった。下の(1)，(2)に答えなさい。

図1

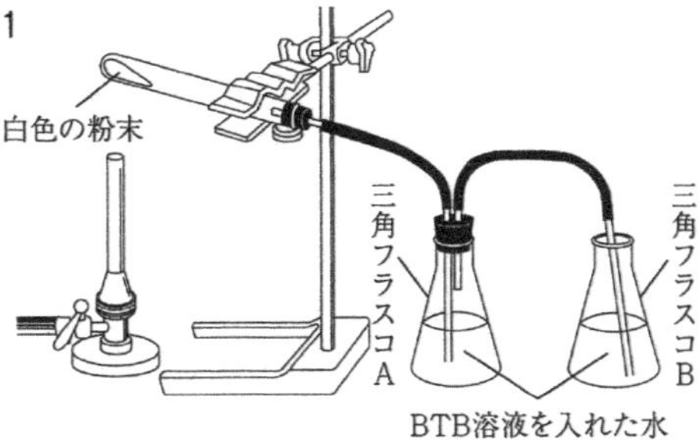

［結果］

① 加熱を始めると気体が発生し，三角フラスコＡ内の液体の色は青色に変化したが，三角フラスコＢ内の液体の色は変化しなかった。また，試験管の口付近に透明の液体がたまり始めた。

② ①の後も加熱を続けると，気体が発生し続け，三角フラスコＡ内の液体の色は青色のままで，三角フラスコＢ内の液体の色が黄色に変化した。

③ ②の後もさらに加熱を続けると，試験管内の白色の粉末はすべてなくなった。

(1) 下線部の液体は，青色の塩化コバルト紙を赤色に変化させることがわかった。試験管の口付近にたまった透明の液体は何か。化学式で書きなさい。

(2) 次の文が，［結果］からわかることを説明したものとなるように，（　　）の中のａ～ｄの語句について，正しい組み合わせを，下の**1**～**4**から１つ選び，記号で答えなさい。

加熱したことにより，水に少し溶けて（ａ 酸性　ｂ アルカリ性）を示す気体と，水に非常によく溶けて（ｃ 酸性　ｄ アルカリ性）を示す気体が発生した。

1 ａとｃ　**2** ａとｄ　**3** ｂとｃ　**4** ｂとｄ

4 **図1**の**A**，**B**，**C**は，６時間ごとの天気図であり，■は，山口県内のある地点を示している。下の(1)，(2)に答えなさい。

図1

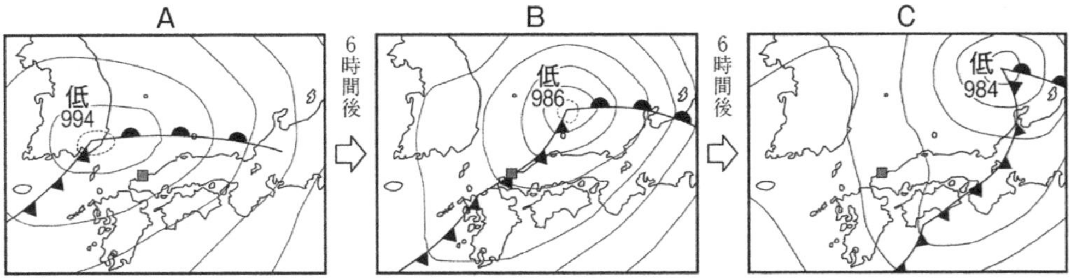

(1) **図1**のように，温帯低気圧が西から東へ移動することが多いのは，上空を西よりの風がふいているからである。このように，中緯度帯に一年中ふく西よりの風を何というか。書きなさい。

(2) **表1**は，地点■の１時間ごとの気象データをまとめたものであり，天気図が**B**になるときの時刻における気象データが含まれている。

天気図が**B**になるときの時刻として最も適切なものを，次の**1**～**4**から選び，記号で答えなさい。

1 17時　**2** 19時
3 21時　**4** 23時

表1

時刻〔時〕	気温〔℃〕	気圧〔hPa〕	風向
13	19.0	1000.9	南南東
14	19.2	998.4	南東
15	19.4	996.5	南南東
16	19.1	996.8	南
17	18.8	994.9	南南東
18	19.0	994.6	南南東
19	19.4	994.2	南南東
20	19.5	993.9	南
21	15.3	995.8	北西
22	14.6	997.8	北西
23	14.0	998.5	北北西
24	13.8	999.0	北北西

5　Kさんと L さんは，だ液に含まれるアミラーゼや胃液に含まれるペプシンのはたらきを確認するため，片栗粉を溶かしたデンプン溶液と，うすく切ったニワトリの肉（主成分はタンパク質）を用いて，次の実験を行った。あとの(1)～(3)に答えなさい。

［実験1］

① アミラーゼとペプシンをそれぞれ蒸留水に溶かした水溶液を用意し，どちらの水溶液も中性であることを確認した。

② 試験管A，Bに，①のアミラーゼの水溶液 4 mL を入れ，試験管C，Dに，①のペプシンの水溶液 4 mL を入れた。

③ 試験管A，Cに少量のデンプン溶液を，試験管B，Dに少量のニワトリの肉を入れた。

④ 試験管A～Dを，約 38 ℃の湯の中で 15 分間放置した。

⑤ 試験管A，Cにヨウ素液を加え，試験管内の液の色の変化を観察した。

⑥ 試験管B，Dに入れたニワトリの肉のようすを観察した。

⑦ 実験の結果を**表1**にまとめた。

表1

	試験管A	試験管B	試験管C	試験管D
②で入れた水溶液	アミラーゼの水溶液	アミラーゼの水溶液	ペプシンの水溶液	ペプシンの水溶液
③で入れたもの	デンプン溶液	ニワトリの肉	デンプン溶液	ニワトリの肉
⑤または⑥の結果	変化がみられなかった。	変化がみられなかった。	青紫色に変化した。	変化がみられなかった。

［実験1］を終えたKさんとLさんは，タンパク質を分解するはずのペプシンが，ニワトリの肉を分解しなかったことに疑問をもった。そこで，T先生のアドバイスを受け，消化酵素を溶かす液体を蒸留水からうすい塩酸に変えて，次の［実験2］を行った。

［実験2］

① アミラーゼとペプシンをそれぞれうすい塩酸に溶かした溶液を用意し，どちらの溶液も酸性であることを確認した。

② 試験管E，Fに，①のアミラーゼをうすい塩酸に溶かした溶液 4 mL を入れ，試験管G，Hに，①のペプシンをうすい塩酸に溶かした溶液 4 mL を入れた。

③ 試験管E，Gに少量のデンプン溶液を，試験管F，Hに少量のニワトリの肉を入れた。

④ 試験管E～Hを，約 38 ℃の湯の中で 15 分間放置した。

⑤ 試験管E，Gにヨウ素液を加え，試験管内の液の色の変化を観察した。

⑥ 試験管F，Hに入れたニワトリの肉のようすを観察した。

⑦ 実験の結果を**表2**にまとめた。

表2

	試験管E	試験管F	試験管G	試験管H
②で入れた溶液	アミラーゼをうすい塩酸に溶かした溶液	アミラーゼをうすい塩酸に溶かした溶液	ペプシンをうすい塩酸に溶かした溶液	ペプシンをうすい塩酸に溶かした溶液
③で入れたもの	デンプン溶液	ニワトリの肉	デンプン溶液	ニワトリの肉
⑤または⑥の結果	青紫色に変化した。	変化がみられなかった。	青紫色に変化した。	ニワトリの肉が小さくなった。

(1)　**表1**の試験管Aの結果から，ヨウ素液によって，デンプンが分解されて別の物質に変化したことを確認することができる。デンプンがアミラーゼによって分解されると，ブドウ糖が数個つながったものになる。ブドウ糖が数個つながったものを確認する薬品として適切なものを，次の**1**～**4**から1つ選び，記号で答えなさい。

1　フェノールフタレイン液　　**2**　ベネジクト液　　**3**　酢酸カーミン液　　**4**　石灰水

(2)　実験を終えたKさんとLさんは，T先生と次の会話をした。KさんとLさんの発言が，実験の結果をもとにしたものとなるように，[あ]，[い]，[う]に入る試験管の記号として正しいものを，それぞれA～Hから1つずつ選び，記号で答えなさい。

なお，実験で使用した蒸留水や塩酸は，デンプンやニワトリの肉を分解しないことがわかっている。

T先生：　**表1**と**表2**から，どのようなことがわかりましたか。

Kさん：　試験管[あ]と試験管Hの比較から，酸性の液体に溶かすことで，ペプシンがはたらくことがわかりました。[実験2]で消化酵素をうすい塩酸に溶かしたのは，ペプシンがはたらく胃の中の環境に近い条件にするためだったのですね。

T先生：　そのとおりです。消化酵素がはたらく場所は体内であるため，消化酵素のはたらきを確認するには，体内の環境に近い条件を設定することが大切です。

Lさん：　なるほど。試験管[い]と試験管[う]の比較から，だ液に含まれるアミラーゼについても同じことがいえますね。

(3)　次の文章が，ヒトの体内でデンプンやタンパク質が分解・吸収される過程や，吸収された栄養分の利用について説明したものとなるように，[え]，[お]，[か]に入る適切な語を書きなさい。

デンプンは，アミラーゼや小腸の壁にある消化酵素のはたらきで，最終的にブドウ糖に分解される。また，タンパク質は，ペプシンやトリプシン，小腸の壁にある消化酵素のはたらきで，最終的に[え]に分解される。ブドウ糖や[え]は，小腸の壁にある柔毛内部の[お]に入り，肝臓を通って全身に運ばれる。

肝臓に運ばれたブドウ糖の一部は，[か]という物質に変えられて貯蔵される。また，体の各部に運ばれた[え]は，体をつくるタンパク質の材料に用いられる。

6　Ｋさんと Ｌさんは，教科書で紹介されている陰極線に関する２つの実験を，それぞれまとめ，発表した。次は，Ｋさんと Ｌさんが発表で使用したスライドである。下の(1)～(3)に答えなさい。

［Ｋさんのスライド］

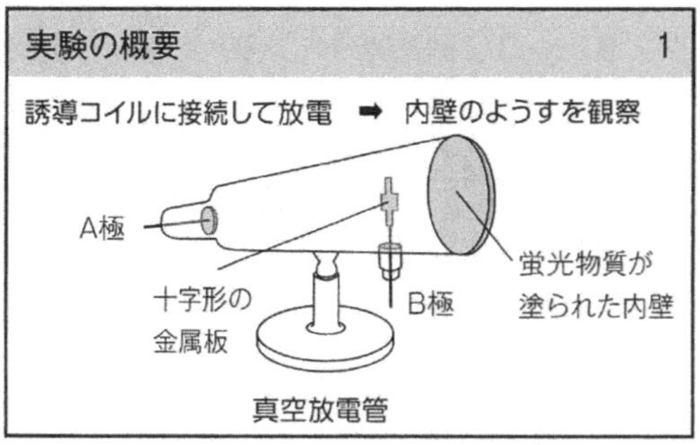

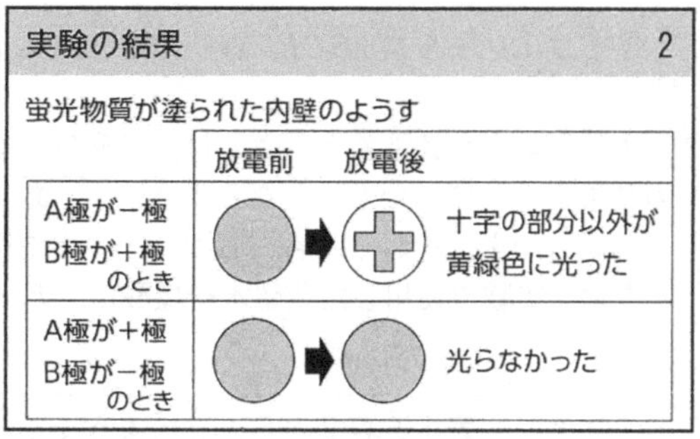

［Ｌさんのスライド］

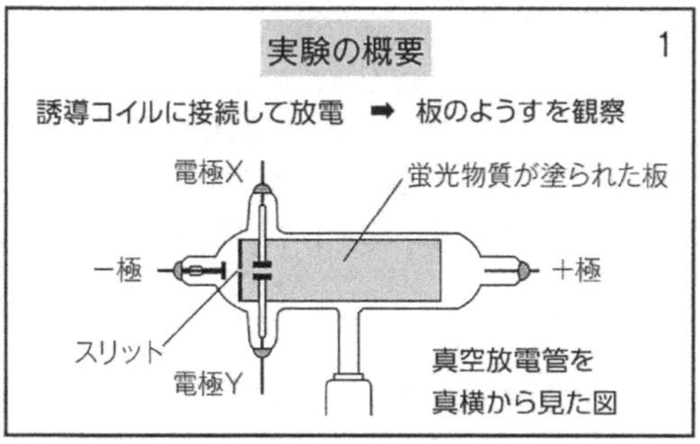

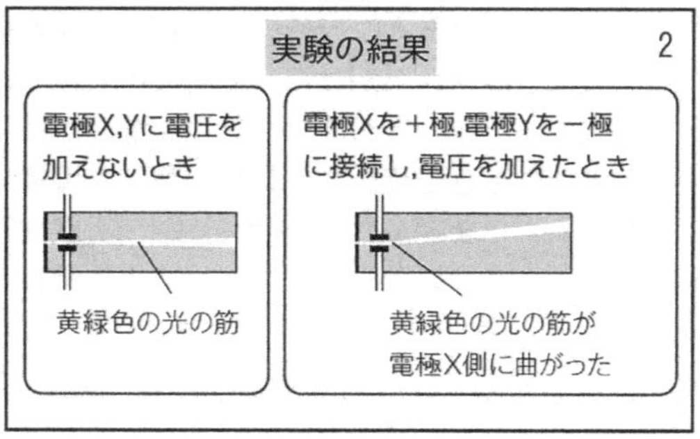

(1)　実験で用いられる誘導コイルは，電磁誘導を利用した装置である。電磁誘導とはどのような現象か。「電圧」という語を用いて述べなさい。

(2)　２人の発表を聞いたＴ先生は，陰極線の性質について，次の説明をした。下のア，イに答えなさい。

> ２人がまとめたどちらの実験からも，陰極線が直進することや，蛍光物質を光らせることがわかりますね。
> 他にも，Ｋさんがまとめた実験において，Ａ極が－極，Ｂ極が＋極のときのみ内壁が光ったことから，陰極線が［ あ ］という性質をもつことや，金属板にさえぎられることがわかります。また，Ｌさんがまとめた実験からは，電極Ｘと電極Ｙの間に電圧を加えたときに<u>黄緑色の光の筋が曲がった</u>ことから，陰極線が－の電気をもつこともわかりますね。

ア　［ あ ］に入る適切な語句を書きなさい。

イ　下線部について，黄緑色の光の筋が曲がったしくみと同じしくみによって起こる現象として最も適切なものを，次の１～４から選び，記号で答えなさい。

1　息をふき入れた風船がふくらんだ。
2　プラスチック板を布でこすると紙がくっついた。
3　磁石を近づけると方位磁針の針が動いた。
4　虫めがねのレンズに入った光が曲がった。

(3)　現在では，陰極線は小さな粒子の流れであることがわかっている。この小さな粒子は何か。書きなさい。

令五　山口県

国語解答用紙

＊印の欄には何も記入しないこと。

受検番号

得点　＊　点

※50点満点

一

＊

(一)　画

(二)

(三)

(四)

(五)

(六)

(七)

(一)１点
(二)１点
(三)１点
(四)２点
(五)３点
(六)２点
(七)２点

二

＊

(一)

(二)

(三)

(四)

(五)　Ⅰ　Ⅱ

(一)２点
(二)１点
(三)１点
(四)２点
(五)Ⅰ．２点
Ⅱ．３点

三

＊

(一)　世《ニ》有《リテ》論者曰《ク》

(二)

(三)　Ⅰ　Ⅱ

(一)１点
(二)１点
(三)２点×２

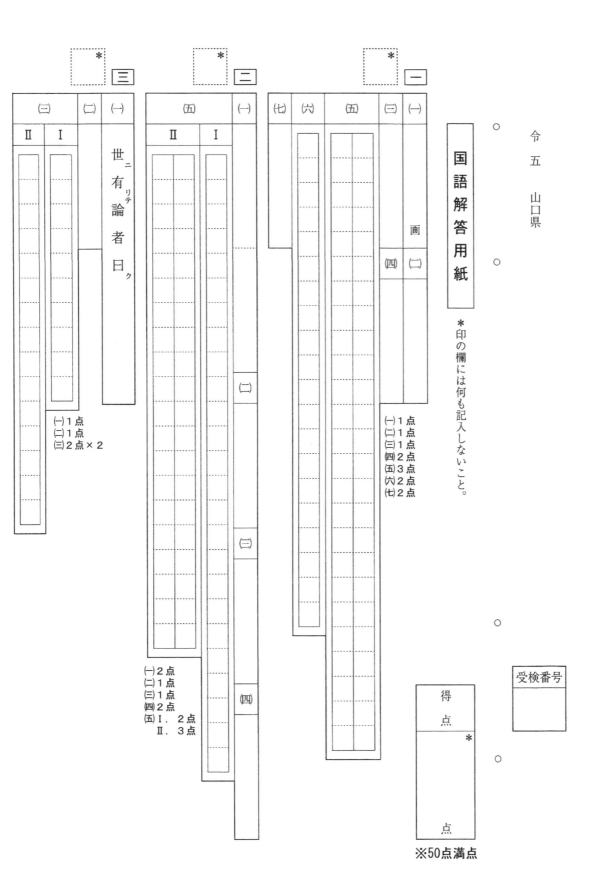

得　点	* 点

※50点満点

6		
*	(1)	
	(2)	$(2n+4)(2n+6)-2n(2n+2)=$

(1) 2 点
(2) 3 点

7				
*	(1)	作図	(2)	証明

図 1

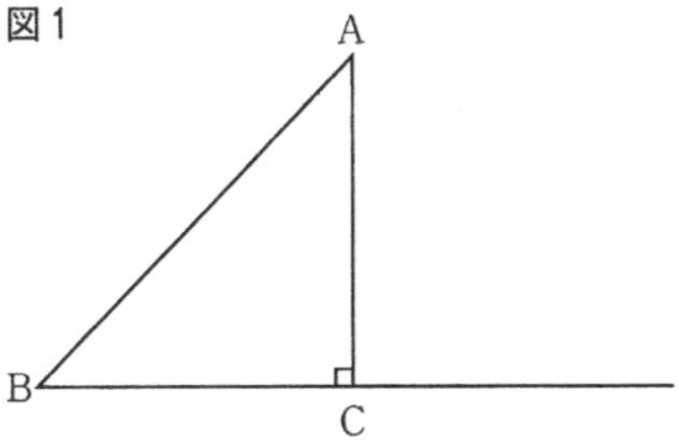

(1) 3 点
(2) 3 点

8				
*	(1)		(2)	$y=$

(1) 2 点
(2) 3 点

9				
*	(1)	（分）	(2)	m

(1) 2 点
(2) 3 点

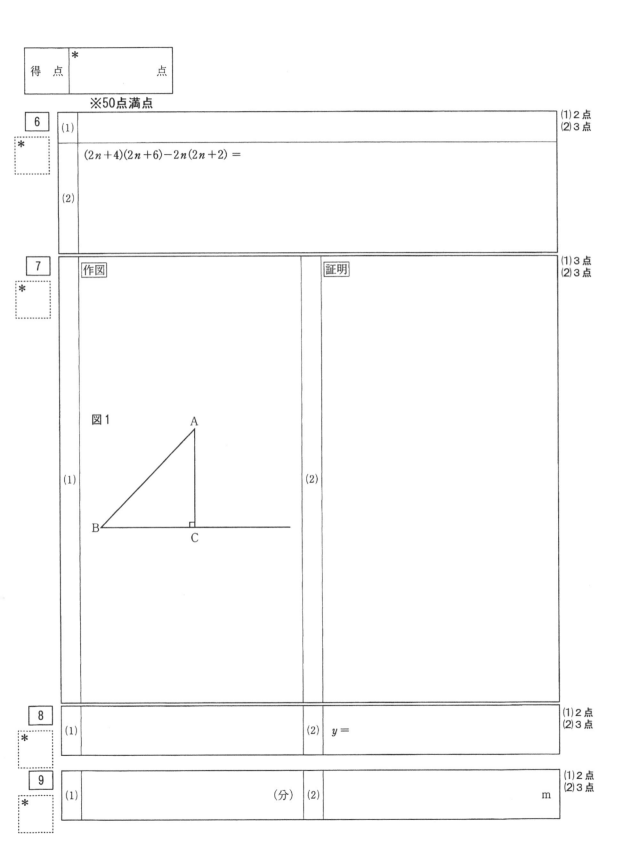

得 点	* 点

※50点満点

5 *

2点×6

(1)						
(2)	(a)		(b)		(c)	
(3)	(a)	The train was ____________________ a company with Japanese technology.				
	(b)	To ____________________ in the future.				

6 *

8点

_____ _____ _____ _____ _____

_____ _____ _____ _____ _____

_____ _____ _____ _____ _____

_____ _____ _____ _____ _____ 20語

_____ _____ _____ _____ _____

_____ _____ _____ _____ _____ 30語

【記入例】

Hi , how are you ? I'm

a high school student now .

得　点	* 点

※50点満点

4

*

(1)		(2)	
(3)	う	え	
(4)	ア	→ →	
	イ		
(5)			

(1) 1点
(2) 1点
(3) 1点
　×2
(4)ア. 1点
　イ. 2点
(5) 1点

5

*

(1)	ア		イ	
(2)			(3)	
(4)	い		う	
(5)	ア			
	イ	え		
		お		
(6)				
(7)				

1点
×10
((4)は完答)

6

*

(1)			
(2)	ア		
	イ	え	
		お	
(3)			
(4)	ア		
	イ		

(1) 1点
(2) 1点×3
(3) 1点
(4)ア.　1点
　イ.　2点

得 点	* 点

※50点満点

7

*

(1)		
(2)		
(3)	ア	
	イ	

(1) 2点
(2) 1点
(3) 2点×2

8

*

(1)							
(2)							
(3)	ア						
	イ	い		う		え	

(1) 2点
(2) 1点×2
(3) ア. 2点　イ. 完答2点

9

*

(1)					
(2)	ア				
	イ	Pa			
(3)	ア	あ		い	
	イ				

(1) 1点
(2) 2点×2
(3) ア. 完答2点　イ. 2点

受検番号	

理科解答用紙

＊印の欄には何も記入しないこと。

1 ＊

(1)	
(2)	

(1) 1 点
(2) 2 点

2 ＊

(1)	
(2)	

(1) 1 点
(2) 2 点

3 ＊

(1)	
(2)	

(1) 1 点
(2) 2 点

4 ＊

(1)	
(2)	

(1) 1 点
(2) 2 点

5 ＊

(1)						
(2)	あ		い		う	
(3)	え		お		か	

(1) 1 点
(2) あ．1 点　い・う．完答 2 点
(3) 1 点 × 3

6 ＊

(1)		
(2)	ア	
	イ	
(3)		

(1) 2 点
(2) 2 点 × 2
(3) 1 点

受検番号	

社会解答用紙

＊印の欄には何も記入しないこと。

1　＊

(1)		(2)	
(3)		(4)	
(5)		(6)	
(7)			

(1) 1点
(2) 1点
(3) 1点
(4) 1点
(5) 1点
(6) 1点
(7) 2点

2　＊

(1)			
(2)	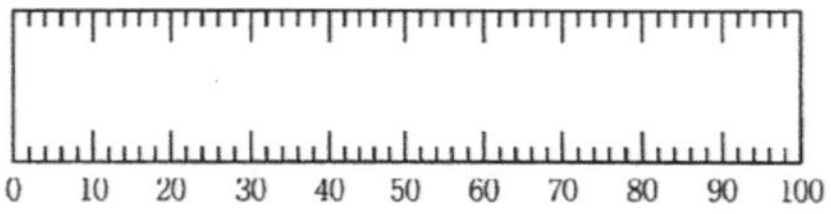		
(3)		(4)	
(5)	ア		
	イ		

(1) 1点
(2) 2点
(3) 1点
(4) 1点
(5) ア．1点
イ．2点

3　＊

(1)				
(2)	ア		イ	
(3)	ア		イ	
(4)	ア			
	イ			

(1) 1点
(2) 1点 ×2
(3) 1点 ×2
(4) ア．2
イ．1

令　5　　山口県

受検番号	

英語解答用紙

＊印の欄には何も記入しないこと。

1

＊

テスト1	No. 1	No. 2	No. 3	No. 4	
テスト2	No. 1	No. 2	No. 3	No. 4	
テスト3	(A)		(B)		
	(C)				
	(D)	I ＿＿＿＿＿＿＿＿＿＿＿＿＿＿＿＿.			

テスト１…１点×４
テスト２…１点×４
テスト３…(A) １点
(B) １点
(C) １点
(D) ２点

2

＊

(1)	(A)		(C)		(D)	
(2)						

１点×４

3

＊

(1)		
(2)		
(3)		

(1) ２点
(2) １点
(3) ２点×２

4

＊

(1)	
(2)	
(3)	

２点×３

令　5　　山口県

受検番号	

数学解答用紙

＊印の欄には何も記入しないこと。

1

＊

(1)		(2)		(3)	
(4)		(5)			

1
×

2

＊

(1)	$x=$	(2)	度
(3)	ア　　イ	(4)	回

2
×

3

＊

(1)		
(2)	式	カカオ含有率30%のチョコレートの重さ　g
		カカオ含有率70%のチョコレートの重さ　g

(1)
(2)

4

＊

(1)	
(2)	説明

(1)
(2)

5

＊

(1)	
(2)	説明

(1)
(2)

四 *

(一)

(二)

(三)

(一)2点
(二)2点
(三)2点

五 *

(一)
1 いる
2
3
4
5 しい

(二)

(三)
ア
イ

(一)1点×5
(二)1点
(三)1点×2

六 *

1 2 3 4 5 6 7 8 9 10 11 12

7点

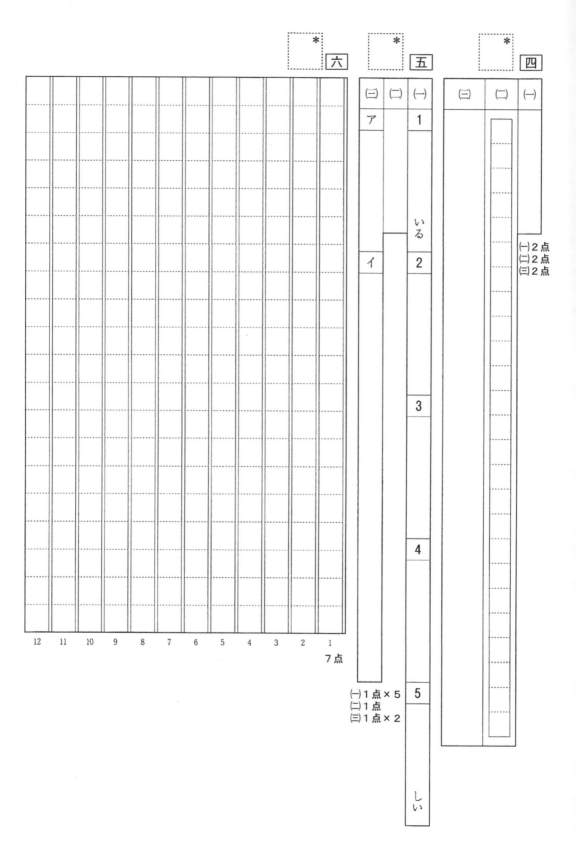

7　Sさんは，2022年6月に，日本のある地点で惑星を観察した。下の(1)～(3)に答えなさい。

［観察］
① 見晴らしのよい場所で，方位磁針を使って東西南北を確認した。
② 観察する方位を定め，水星，金星，天王星，火星，木星，土星を観察し，それらの位置を地上の景色とともにスケッチをした。
③ 海王星については，天体シミュレーションソフトを用いて位置を確認し，図1のようにスケッチにかき入れた。

図1

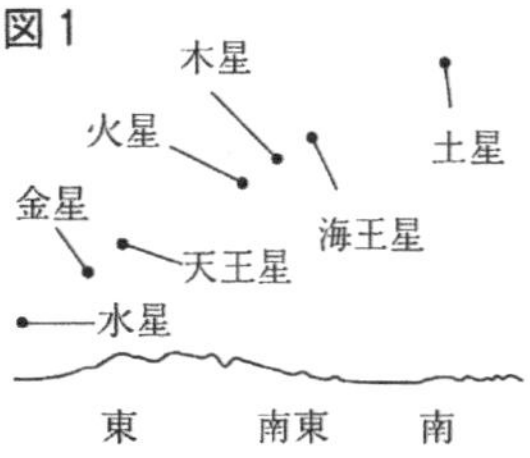

(1) 惑星が自ら光を出していないのに光って見える理由を述べなさい。

(2) 観察した惑星が，ほぼ一直線に並んでいると気づいたSさんは，図2のように図1のスケッチに直線をかき入れた。次の文が，惑星がほぼ一直線に並んで見える理由を説明したものとなるように，[あ] に入る適切な語句を，下の1～4から1つ選び，記号で答えなさい。

図2

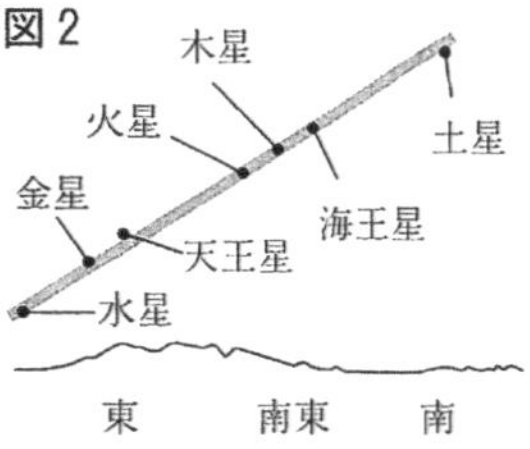

水星，金星，天王星，火星，木星，海王星，土星，地球のそれぞれの [あ] がほぼ同じだから。

1　自転する速さ　　2　自転軸の向き　　3　公転周期　　4　公転する面

(3) 図1について，次のア，イに答えなさい。

ア　惑星が図1のように観察された時刻として，最も適切なものを，次の1～4から選び，記号で答えなさい。

1　午前0時　　2　午前5時　　3　午後7時　　4　午後10時

イ　地球の北極側から見たとき，この日の惑星の配置を表した模式図として，最も適切なものを，次の1～4から選び，記号で答えなさい。

ただし，●は太陽の位置，●は太陽系の8つの惑星のうち，木星型惑星の位置を示しており，●を通る円はそれぞれの惑星の公転軌道を示している。

1

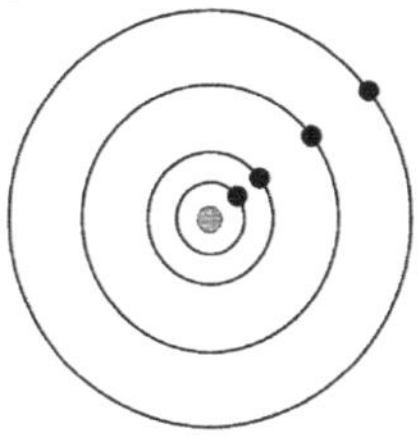

2

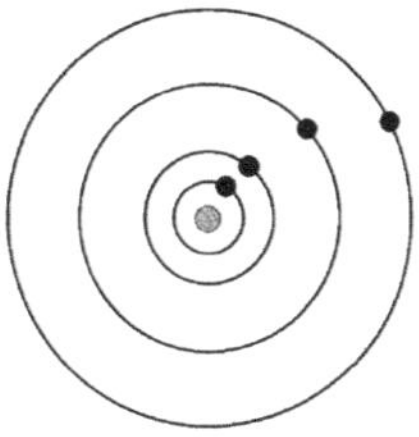

3

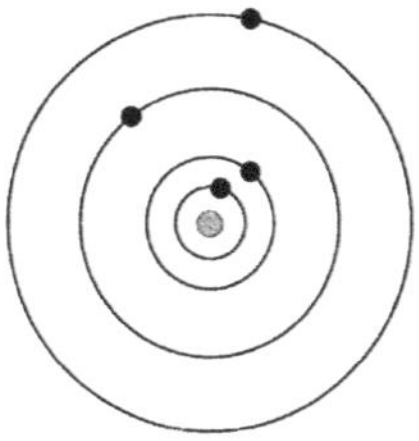

4

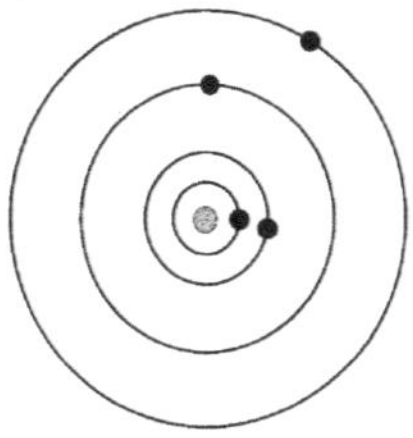

8　塩酸に溶ける金属と溶けない金属があることに疑問をもったＳさんは，Ｔ先生と次の会話をし，実験を行った。あとの(1)～(3)に答えなさい。

Ｓさん：　亜鉛と銅では，なぜ，亜鉛は塩酸に溶け，銅は塩酸に溶けないのでしょうか。

Ｔ先生：　すばらしい問いですね。亜鉛が塩酸に溶けるとき，亜鉛 Zn は［　あ　］の反応により亜鉛イオン Zn^{2+} に変化しています。一方，亜鉛の表面では，塩酸の電離によって生じている水素イオン H^+ が，$2H^+ + 2e^- \rightarrow H_2$ の反応により水素 H_2 に変化しています。

Ｓさん：　亜鉛は，原子の状態からイオンに変化し，水素は，イオンの状態から分子に変化していますね。亜鉛が水素よりもイオンになりやすいということでしょうか。

Ｔ先生：　よくわかりましたね。逆に，銅が塩酸に溶けないということは，銅が水素よりもイオンになりにくいということなのです。

Ｓさん：　亜鉛が水素よりイオンになりやすく，銅が水素よりイオンになりにくいということは，亜鉛が銅よりもイオンになりやすいということですね。

Ｔ先生：　そのとおりです。ただ，複数の金属について，水溶液中でのイオンへのなりやすさを比較したいのであれば，別の方法でも調べることができます。亜鉛と銅だけでなく，他の金属も含めて実験してみましょう。

［実験］

① 4種類の金属板（鉄板，銅板，亜鉛板，マグネシウム板）と，4種類の 5%水溶液（硫酸鉄水溶液，硫酸銅水溶液，硫酸亜鉛水溶液，硫酸マグネシウム水溶液）を用意した。

② **図1**のように，マイクロプレートの縦の列に同じ種類の金属板を入れ，マイクロプレートの横の列に同じ種類の水溶液を入れた。

③ それぞれの金属板が水溶液に溶けるかを観察した。

④ 金属板が溶けたことを「○」，溶けなかったことを「×」として，実験の結果を**表1**にまとめた。

図1

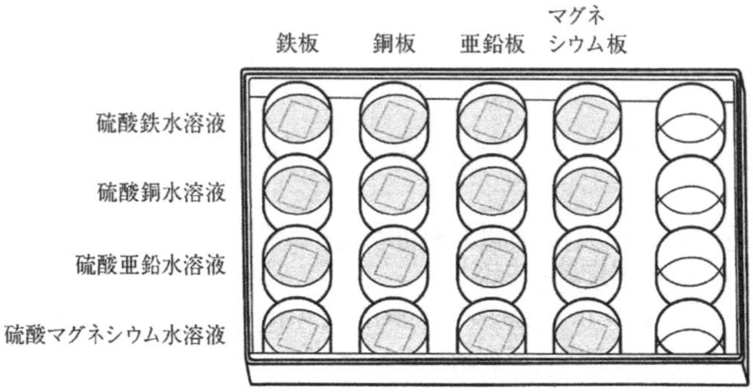

表1

	鉄板	銅板	亜鉛板	マグネシウム板
硫酸鉄水溶液	×	×	○	○
硫酸銅水溶液	○	×	○	○
硫酸亜鉛水溶液	×	×	×	○
硫酸マグネシウム水溶液	×	×	×	×

(1) あ に入る，亜鉛 Zn が亜鉛イオン Zn^{2+} になる変化を，e^- を含む化学反応式で書きなさい。

(2) マイクロプレートを用いた実験のように，少量の薬品と小さな器具を用いて行う実験のことを，マイクロスケール実験という。マイクロスケール実験の長所として適切なものを，次の1～4から2つ選び，記号で答えなさい。

1　薬品の使用量を減らせるため，費用を安くすることができる。
2　目的の物質を，より効率よく多く得ることができる。
3　実験結果の誤差を小さくすることができる。
4　実験後に出る廃液の量を少なくすることができる。

(3) 水溶液中での金属や水素のイオンへのなりやすさについて，次のア，イに答えなさい。

ア　**表1**をもとに，鉄，銅，マグネシウムを，イオンになりやすいものから順に並べたものとして，適切なものを，次の1～6から1つ選び，記号で答えなさい。

1　鉄，銅，マグネシウム　　　2　鉄，マグネシウム，銅
3　銅，鉄，マグネシウム　　　4　銅，マグネシウム，鉄
5　マグネシウム，鉄，銅　　　6　マグネシウム，銅，鉄

イ　Sさんは，T先生との会話と実験の結果をもとに，鉄，銅，亜鉛，マグネシウム，水素を，イオンになりやすいものから順に並べようとしたが，実験が不足しており，順番がわからない部分があった。次の文章が，追加で行うべき実験について述べたものとなるように，い，う，え に入る適切な語を書きなさい。

鉄，銅，亜鉛，マグネシウム，水素のうち，「い と う のどちらがイオンになりやすいか」がわかっていない。そのため，「い と え が反応するかどうか」を調べると，鉄，銅，亜鉛，マグネシウム，水素を，イオンになりやすいものから順に並べることができる。

9　Kさんは，みそ汁を作っているときに，なべの底に沈んでいた豆腐が，煮込むことによって浮いてきたことに疑問をもち，Lさんと次の会話をし，実験を行った。あとの(1)～(3)に答えなさい。ただし，100 g の物体の重さを1Nとする。

Kさん：　豆腐は水に沈むと思っていたけれど，煮込んだら浮いてきて，火を消したあとも浮いたままだったんだ。水の対流が原因ではなさそうだけれど，なぜだろう。
Lさん：　水に浮いてきたということは，煮込む前と後で浮力が変化したのではないかな。
Kさん：　そうだね。浮力の変化の原因には，質量の変化や体積の変化が考えられるよね。
Lさん：　2種類の粘土を使って，これらのことを調べてみようよ。

［実験1］

① 　2種類の粘土A，Bを，それぞれ 100 mL はかりとった後，図1のように糸を取り付けて形を整えた。
② 　1Lメスシリンダーに 500 mL の水を入れた。
③ 　①の粘土Aをばねばかりにつるし，空気中でのばねばかりの値を記録した。
④ 　粘土Aを②のメスシリンダーの水の中にすべて入れ，ばねばかりの値とメスシリンダーの目盛りの値を記録した。
⑤ 　粘土Aを粘土Bに変え，②～④を行った。
⑥ 　実験の結果を表1にまとめた。

図1

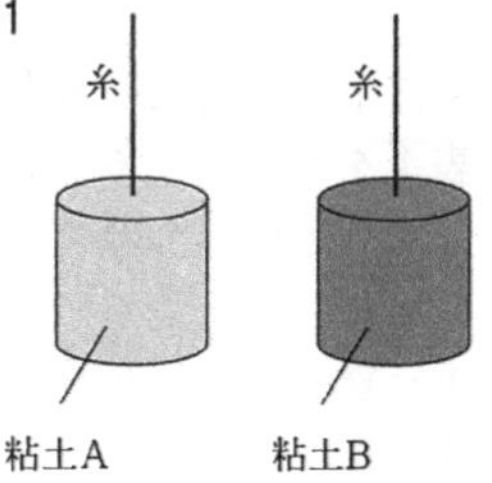

表1

	空気中		水の中	
	ばねばかりの値	メスシリンダーの目盛りの値	ばねばかりの値	メスシリンダーの目盛りの値
粘土A	1.6 N	500 mL	0.6 N	600 mL
粘土B	2.0 N	500 mL	1.0 N	600 mL

［実験2］

① 　2種類の粘土A，Bを，それぞれ 160 g はかりとった後，図2のように糸を取り付けて形を整えた。
② 　1Lメスシリンダーに 500 mL の水を入れた。
③ 　①の粘土Aをばねばかりにつるし，空気中でのばねばかりの値を記録した。
④ 　粘土Aを②のメスシリンダーの水の中にすべて入れ，ばねばかりの値とメスシリンダーの目盛りの値を記録した。
⑤ 　粘土Aを粘土Bに変え，②～④を行った。
⑥ 　実験の結果を表2にまとめた。

図2

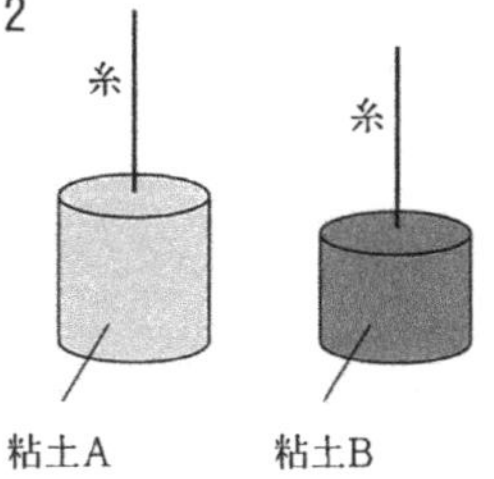

表2

	空気中		水の中	
	ばねばかりの値	メスシリンダーの目盛りの値	ばねばかりの値	メスシリンダーの目盛りの値
粘土A	1.6 N	500 mL	0.6 N	600 mL
粘土B	1.6 N	500 mL	0.8 N	580 mL

(1)　豆腐の原材料であるダイズは，子葉が２枚の植物である。被子植物のうち，ダイズのように，子葉が２枚の植物のなかまを何というか。書きなさい。

(2)　**図３**は，豆腐の種類の１つである木綿豆腐をつくる主な工程を表した模式図である。次のア，イに答えなさい。

図３

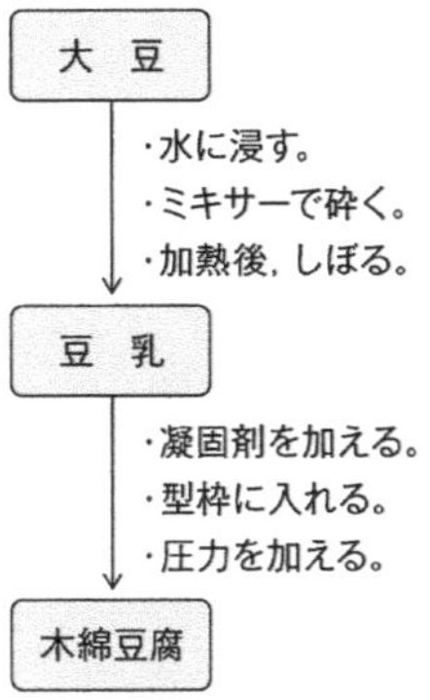
大　豆
・水に浸す。
・ミキサーで砕く。
・加熱後，しぼる。
豆　乳
・凝固剤を加える。
・型枠に入れる。
・圧力を加える。
木綿豆腐

ア　豆乳に凝固剤を加えると，豆乳が固まる。凝固剤の１つである硫酸カルシウム $CaSO_4$ に含まれる，カルシウムイオンと硫酸イオンの数の比として適切なものを，次の**1**～**5**から１つ選び，記号で答えなさい。

1　4：1　　**2**　2：1　　**3**　1：1
4　1：2　　**5**　1：4

イ　木綿豆腐は，凝固剤で固まった豆乳をくずして型枠に入れ，**図４**のように，上から圧力を加えて型枠の穴から水を抜いてつくる。

図４において，型枠のふたは１辺 10 cm の正方形，型枠のふたとおもりは合わせて 200 g とするとき，木綿豆腐の上面に加わる圧力は何 Pa か。求めなさい。

図４

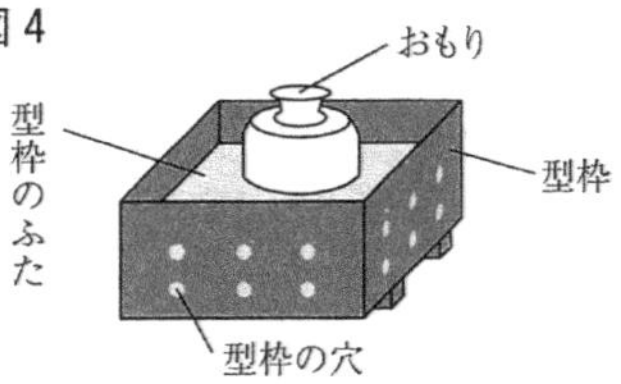
おもり
型枠のふた
型枠
型枠の穴

(3)　ＫさんとＬさんは，実験後，Ｔ先生と次の会話をした。下のア，イに答えなさい。

Ｌさん：　Ｔ先生，実験の結果は，**表１**，**表２**のようになりました。このことから，浮力は，水の中に入れた物体の体積と関係があることがわかりました。
Ｔ先生：　結論をどのように導きましたか。
Ｌさん：　**表１**から，［実験１］では［　あ　］ということがわかりました。また，**表２**から，［実験２］では［　い　］ということがわかりました。
　これらのことから，浮力の大きさは，質量ではなく，体積と関係があると考えました。
Ｔ先生：　よく考えましたね。アルキメデスの原理によると，「物体にはたらく浮力の大きさは，その物体が押しのけた液体の重さに等しい。」とされています。
　つまり，「物体の重さ」と「その物体と同じ体積の水の重さ」を比較して，「物体の重さ」の方が小さいと，物体は水に浮くことになります。
Ｋさん：　そうなのですね。これらの実験の結果をふまえると，なべの底に沈んでいた豆腐が浮いてきたのは，煮込むことによって，豆腐の［　う　］ので，「豆腐の重さ」より「豆腐が押しのけた水の重さ」が大きくなったからというわけですね。
Ｔ先生：　そのとおりです。実験の結果をもとに正しく考察できましたね。

ア　Ｌさんの発言が，それぞれの実験の結果と合うように，［　あ　］，［　い　］に入る適切な語句を，次の**1**～**3**からそれぞれ１つずつ選び，記号で答えなさい。ただし，同じ記号を選んでもよい。

1　粘土Ａにはたらく浮力の大きさは，粘土Ｂにはたらく浮力の大きさより大きい
2　粘土Ａにはたらく浮力の大きさは，粘土Ｂにはたらく浮力の大きさより小さい
3　粘土Ａにはたらく浮力の大きさと，粘土Ｂにはたらく浮力の大きさは等しい

イ　Ｋさんの発言が，実験の結果をもとにした考察となるように，［　う　］に入る適切な語句を書きなさい。

令和４年度山口県公立高等学校
入学者選抜学力検査問題

国　語

（第１時限　９：00～９：50　50分間）

注　意

1　指示があるまで，開いてはいけません。

2　答えは，すべて解答用紙に記入しなさい。

3　解答用紙は，問題用紙の中に，はさんであります。

4　問題用紙は，表紙を除いて10ページで，問題は 一 から 六 までです。

一

次の文章は、「実弥子《みやこ》」の絵画教室に通っている小学生の「ルイ」、「まゆ」、「ゆず」たちがお互いを描き、その絵を見せ合っている場面である。「実弥子」は、「なんのために絵を描くのか」と以前尋ねられ、うまく答えることができなかったことを気にしていた。よく読んで、あとの㈠～㈥に答えなさい。

　ルイが描いたまゆちゃんは、今にも絵の中から飛び出してきそうだった。a細密にb描かれた鉛筆の下書きの上に、慎重に絵の具が塗り重ねられていた。筆先を使って髪の毛や眉や睫毛《まつげ》が一本一本描かれ、瞳には淡い光がともっていた。まゆちゃんの顔によく似ていると同時に、その心の奥にある芯の強さを感じさせる。頰や指先、膝がしらには淡い桃色がかすかな青を滲《にじ》ませながら置かれていた。生き生きと血の通う、エネルギーの充《み》ちた子どもの身体なのだということを、実物以上に伝えているようだった。

「ルイくん、すばらしいね……」

　実弥子は、ルイの絵のすばらしさを伝えるための言葉を探そうとしてうまく見つからず、口ごもった。

「わあ、すごい……。これが私……？」

「まゆちゃんに、にてる」

　ゆずちゃんが、感心して言った。

「なんだろう、これ……。こんなふうに描いてもらうと、自分が今、ちゃんと生きてここにいるんだって、気がついた気がする……」

　まゆちゃんがつぶやいた。実弥子ははっとする。

　ルイが、まゆちゃんをモデルに絵を描いた。ただそれだけの、シンプルなこと。でも、描かれた絵の中には、今まで見えていなかったその人が見えてくる。言葉では言えない、不思議な存在感を放つ姿が。ルイと※希一《きいち》、それぞれの母親がふと口にした「なんのために絵を描くのか」という問いの答えが、もしかするとこうした絵の中にあるのではないかと、実弥子は思った。

「ねえ、ルイくんって、何年生？」まゆちゃんが訊《き》いた。

「三年」

「うわあ、私より二コも下なんだあ。やだなあ、こっちは、まゆちゃんがA自分の絵を隠すように、覆いかぶさった。

「まゆちゃん、絵はね、描き上がったときに、描いた人を離れるんだよ」

　実弥子がやさしく言った。

「え？　離れる……？　どういうことですか？」

　まゆちゃんが、絵の上に手をのせたまま顔を上げた。

「でき上がった絵は、ひとつの作品だから、でき上がった瞬間に、作者の手から離れて、まわりに自分を見てもらいたいな、という意志が生まれるのよ。それは作品自体の心。描いた人の心とは別に、新しく生まれるの」

「……ほんとに？」

　まゆちゃんの眉が少し下がり、不安そうにB数度まばたきをした。

「そうよ。たとえば、今ルイくんの描いたこの絵は、ルイくんだけのものだって思う？　ルイくんだけが見て、満足すればそれでいいと思う？」

　実弥子の質問に、まゆちゃんはC長い睫毛を伏せてしばらく考えた。

「そりゃあ、ルイくんの絵は、上手だから……みんなで一緒に見たいなあって思うけど……」

「まゆちゃんの絵も、みんなが一緒に見たいなあって思ってるよ」

　実弥子がそう言ったとき、ルイがその言葉にかぶせるように「見せてよ」と言った。

　まゆちゃんは、少し照れたような表情を浮かべて、ルイにちらりと視線を送ってからD背筋を伸ばした。

「わかった。モデルのルイくんが見たいって言うなら、見せないわけにはいかないよね」

（東直子《ひがしなおこ》「階段にパレット」から）

㈠ 次の1～4の行書のうち、点画の省略がみられるものはどれか。一つ選び、記号で答えなさい。

1 描　2 作　3 情　4 視

㈡ 文章中の＝＝＝部a、bの文節と文節の関係は、次の1～4のどれにあたるか。一つ選び、記号で答えなさい。

1 主語・述語の関係　2 修飾・被修飾の関係　3 並立（対等）の関係　4 補助の関係

㈢ 次の文の□には「慎重」の対義語が入る。その対義語を二字の熟語で答えなさい。

よく考えて、□に判断しないように気をつけよう。

㈣ 「実弥子ははっとする」とあるが、「実弥子」はどのようなことに気づいたのか。次の文がそれを説明したものとなるよう、□に入る適切な内容を、「ルイ」の絵に関する記述を踏まえて五十字以内で答えなさい。

「ルイ」の絵に関する「まゆ」のつぶやきから、絵は□ということに気づいた。

㈤ 次は、文章中の～～～部A～Dにみられる「まゆ」の様子の変化について【ノート】にまとめたものである。【ノート】が文章の内容に即したものとなるよう、Ⅰ、Ⅱに入る語として最も適切なものを、あとの1～6からそれぞれ選び、記号で答えなさい。また、Ⅲに入る適切な内容を、文章中から六字で書き抜きなさい。

【ノート】

○まゆの様子		○変化のきっかけとなった言葉の内容（発言した人物）
A 自分の絵を隠すように、覆いかぶさった	Ⅰ	
	←	・まゆより年下の三年生である（ルイ）
B 数度まばたきをした	不安	
	←	・Ⅲが新しく生まれる（実弥子）
C 長い睫毛を伏せてしばらく考えた	思案	
	←	・絵は描いた人だけのものではない（実弥子）
D 背筋を伸ばした	Ⅱ	
		・まゆの描いた絵を見たい（実弥子とルイ）

1 失望　2 自慢　3 鼓舞　4 嫌悪　5 羞恥　6 嫉妬

㈥ 右の文章中にみられる表現の特徴として最も適切なものを、次の1～4から選び、記号で答えなさい。

1 絵の内容を色彩感覚豊かに記述することで、描かれた人物と周囲との関係を具体的に読者に伝えている。
2 特定の登場人物の視点から説明することで、その場面の切迫した状況を冷静に詳しく読者に伝えている。
3 端的な言葉で複数の会話を叙述することで、生き生きとした人物像を臨場感をもって読者に伝えている。
4 擬人法を用いながら情景を描写することで、幻想的な雰囲気の中で絵の価値について読者に伝えている。

二　次の文章を読んで、あとの㈠～㈥に答えなさい。なお、1～9は、それぞれの段落を示す番号である。

1　「深く考える」とは、どういうことでしょうか。それは、自分が普段から、知らず知らずのうちに身につけてしまっている考え方や、「当たり前」と一方的に思い込んでいる自分の常識を、あらためて検討してみるということです。

2　たとえば、※先ほどの「地方創生」というテーマでいえば、「町おこしと言うときに、何を〝おこす〟のか」という問いが出てきました。町おこしというと、町が賑《にぎ》やかになり、お店にはたくさん人が来て、経済的に潤う光景を頭に浮かべないでしょうか。それが町おこしの目的だと頭から信じて、勝手に思い込んでいたのです。

3　しかしそもそも、私たちは自分の町をどうしたいのでしょうか。私たちにとって「住みやすい町」とはどういう町でしょうか。その町で、私たちは、どのような生活や人生を送ろうとしているのでしょうか。自分たちの思い込みを排除して、はじめから考え直そうとしているときに、テーマを深く考えられるようになっているのです。

4　当然視されていること、常識と思われていること、昔から信じ込まれていること、これらをもう一度掘り起こして、考え直してみることが「深く考える」ことの意味です。それは自分が立っている足元を見直してみる態度だといえるでしょう。そうして考え直してみた結果、「もとのままでもよい」という結論が出るときもありますし、「部分的に改善していくほうがよい」という結論が出るときもありますし、「大きく変えたほうがよい」「全面的に新しいものにしたほうがよい」という結論が出るときもあるでしょう。

5　科学の発見も、芸術の新しい表現も、斬新なイベントも、創造的なことはすべて、当然とされていることを一旦疑ってみる態度から生まれてくるのです。そしてこうした態度は、科学や芸術の分野だけではなく、日常生活にも当てはめてみるべきなのです。

6　しかしながら、自分の思い込みや古い常識に、自分だけで気がつくことはなかなか難しいものです。自分の周りの人たちも一緒に信じてしまっている思い込みならなおさらです。

7　それに気がつかせてくれるのが、自分とは異なる他者との対話です。その他者は、できれば自分と違えば違うほどいいでしょう。

8　生徒同士で対話する場合では、年齢はほとんど同じで、社会的立場はまさしく学校の生徒です。その意味で、かなり似た部分の多い他者なのですが、それでもあなたの友人は、あなたには話していない意外なことを考え、普段は見せない意外な側面を持っているものです。

9　また、自分がこれまでに出会った人のこと、あるいは、ニュース番組や書籍を通じて知った人たちのことを思い出してみましょう。多様な人がいるはずです。異なった人生を歩んでいればいるほど、異なった考え方をするでしょう。異なった考えの人と対話することが、深く考えるきっかけになります。異なった人の意見が貴重であることに気がつけば、異なった人に興味や関心をもてるようになります。

（河野《こうの》哲也《てつや》「問う方法・考える方法　「探究型の学習」のために」ちくまプリマー新書から。一部省略がある）

㈠「身につけて」とあるが、「つけ」と同じ活用形であるものを、文章中の ‖ 部a～dから一つ選び、記号で答えなさい。

㈡「意見」の「見」と同じ意味で用いられている「見」を含む熟語を、次の1～4から一つ選び、記号で答えなさい。

1 見聞　2 会見　3 発見　4 見解

㈢「勝手に思い込んでいた」とあるが、それはどのような思い込みか。次の文がその説明となるよう、□に入る適切な内容を、文章中から三十字以内で抜き出し、初めと終わりの五字で答えなさい。

町おこしとは □ ことという思い込み。

㈣「自分が立っている足元を見直してみる」とあるが、この比喩表現と同じ内容を述べているものとして最も適切なものを、次の1～4から選び、記号で答えなさい。

1 自明だとされている通説について、自分なりにその内容を新たに分析すること。
2 ある問題を解決しようとするとき、科学的なデータを根拠として検討すること。
3 他者との対話をすすめるにあたって、それぞれの社会的な立場を考慮すること。
4 芸術作品を創作する際に、習得した表現技法を組み合わせながら制作すること。

㈤「その他者は、できれば自分と違えば違うほどいいでしょう」とあるが、筆者がこのように述べているのはなぜか。文章の内容に即して、八十字以内で説明しなさい。

㈥ 右の文章における段落と段落の関係について説明したものとして最も適切なものを、次の1～4から選び、記号で答えなさい。

1 [1]段落の説明とは反する内容を[2]段落で主張し、[3]段落では異なる話題を挙げて問題提起をしている。
2 [1]段落で定義した内容を[4]段落で再定義し、[9]段落では具体的な方策を挙げてさらに論を進めている。
3 [5]段落では[3]段落で否定した内容を再度否定し、[8]段落でその具体例を挙げて主張の根拠としている。
4 [5]段落では[4]段落で述べた主張と対立する意見を示し、[6]段落ではさらに具体的な課題を挙げている。

三　次の古文を読んで、あとの㈠～㈢に答えなさい。

※関取《せきとり》※谷風梶之助《たにかぜかぢのすけ》、小角力《こずまう》を供につれ《弟子を供として連れて》※日本橋本船《ほんふな》町を通りける時、鰹《かつを》をかはんとしけるに価《あたひ》いと高かりければ、供のものにいひつけて、「まけよ」といはせて行過《ゆきすぎ》し(a)を、魚うるをのこよびとどめて、「関取のまけるといふはいむ《さける》べき事なり」といひければ、谷風立《たち》かへり「買へ買へ」といひてかはせたる(b)もをかしかりき。これは谷風のまくる《まける》にあらず、魚うるをのこの方をまけさする事なれば、さのみ《それほど》忌《い》むべきことにはあらざる(c)を、「かへかへ」といひしはちとせきこみし(d)《少しあせって早とちりをした》と見えたり。是《これ》は予《私》が若かりし時まのあたり見たる事なりき。

（「仮名世説《かなせせつ》」から）

（注）※関取＝すもうにおける上位の力士のこと。
※谷風梶之助＝江戸時代に活躍した力士。
※日本橋本船町＝近世の江戸の地名。

㈠　「かはん」を現代仮名遣いで書き直しなさい。

㈡　「魚うるをのこよびとどめて」の解釈として最も適切なものを、次の1～4から選び、記号で答えなさい。

1　魚を売っている男が、谷風に声をかけて　　2　魚を売っている男が、谷風に魚を売って

3　魚を売っている男に、谷風が声をかけて　　4　魚を売っている男に、谷風が魚を売って

㈢　次の会話は、右の古文を学習した際の、AさんとBさんのやりとりである。よく読んで、あとのア、イに答えなさい。

Aさん	このお話の中で、力士として勝負にこだわる谷風は、「まける」という言葉に対して敏感に反応し、早とちりをしてしまいましたね。
Bさん	そうですね。「これは谷風のまくるにあらず、魚うるをのこの方をまけさする事なれば」とあるように、ここで「まける」のは谷風ではなく、魚を売っている男の方ですよね。「まける」という動作の主体が変わっています。
Aさん	そのとおりです。そのように考えると、魚を売っている男は、結果的に「まける」という言葉がもつ二つの意味をうまく使ったと言えますね。
Bさん	ところで、このお話が収められている「仮名世説」は、筆者が聞いたうわさ話や実際に経験したことを書きとめたものであるようです。このお話は、筆者が目にしたことについて感想を述べる形式になっています。
Aさん	すると、「　　」までが、筆者が見た内容ですね。この後から、筆者の感想や説明が始まっています。短い話ですが、構成がまとまっていますね。

ア　「魚を売っている男は、結果的に「まける」という言葉がもつ二つの意味をうまく使った」とあるが、それは「魚を売っている男」が、「まける」という言葉をどのような意味で使ったということか。「まける」という言葉がもつ二つの意味を明らかにしながら説明しなさい。

イ　　　　に入る表現として最も適切なものを、古文中の ‖ 部a～dから選び、記号で答えなさい。

四

次は、「国語に対する認識」をテーマとして調べ学習を行ったAさんのグループが、発表をする際に用いる【資料】と【発表原稿の一部】である。よく読んで、あとの(一)～(三)に答えなさい。

【資料】

国語に対する認識 ～令和元年度「国語に関する世論調査」(文化庁)より～

《基本調査》国語で乱れを感じているところ（複数回答可）

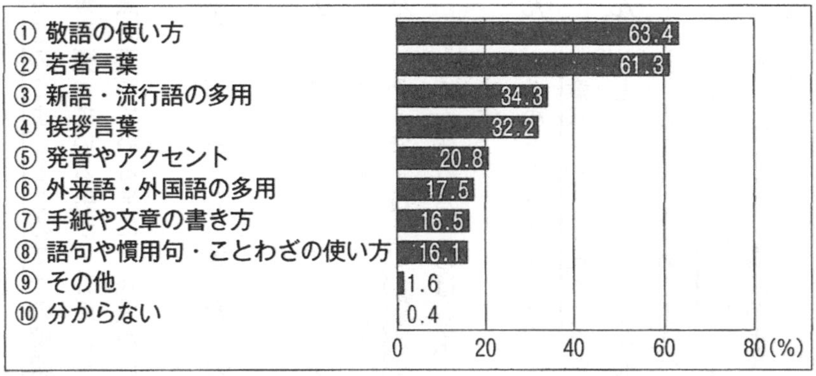

データ１ （①について）気になる表現　（数字は％）

	言い方 ※下線部が気になる表現	気になる	気にならない	その他
ア	規則でそう<u>なってございます</u>。	81.5	15.8	2.7
イ	こちらで<u>待たれてください</u>。	81.3	17.2	1.5
ウ	<u>お歩きやすい</u>靴を御用意ください。	78.0	20.0	2.0
エ	お客様が<u>参られています</u>。	77.4	20.7	1.9
オ	昼食はもう<u>頂かれましたか</u>。	67.5	29.8	2.7

データ２ （①、②について）乱れていると答えた人の割合（年齢層別）

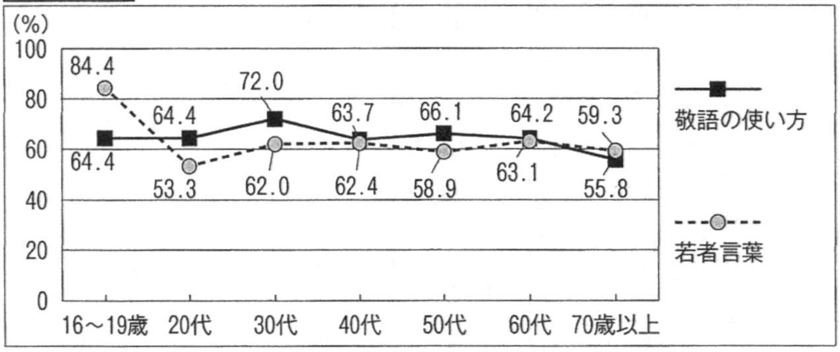

データ３ （⑧について）慣用句「浮足立つ」の意味とは

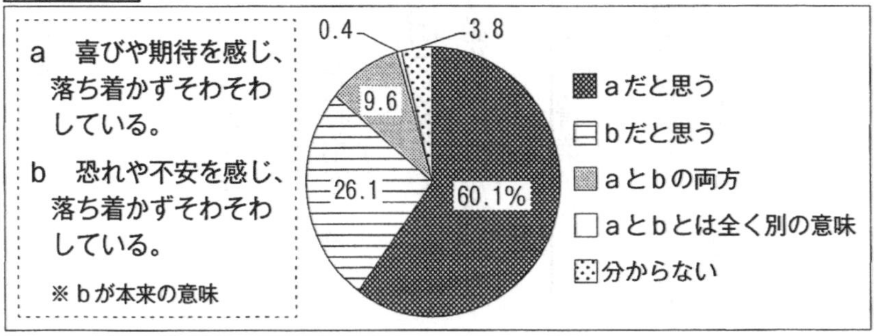

【発表原稿の一部】

私たちは、国語に対する認識について調べてみました。まず、《基本調査》の結果からは、①の「敬語の使い方」と②の「若者言葉」に乱れを感じている人の割合がともに六割を超えていることが分かります。そのうち「敬語の使い方」については、［データ1］に気になる表現を挙げています。この中で私たちが注目したのは、「言い方」の中にある［Ⅰ］の表現のように、尊敬語と謙譲語の使い分けができていないことです。この二つの使い分けを、よく理解していきたいと思いました。

［データ2］からは、「十六〜十九歳」と「二十代」の認識には共通点と相違点があるということが分かります。隣接する年齢層ではあるものの、調査対象の全年齢層の中で比較すると、相違点として［Ⅱ］ということが挙げられ、そのことがこのグラフから読み取れる大きな特徴となっています。なぜこのような結果になったのか、大変興味があります。

そして、《基本調査》の⑧の「語句や慣用句・ことわざの使い方」にも注目しました。この項目については、乱れを感じている人の割合はそれほど高くありません。しかし、［データ3］を見ると、慣用句「浮足立つ」については、本来とは異なる意味で認識している人の方が多くなっていました。ここから考えると、《基本調査》においてこの項目の数値がそれほど高くない原因は、人々が慣用句を本来とは異なる意味で認識していることに気づいていないためである、ということが分かります。言葉の意味が時代とともに変化することは自然なことではありますが、本来の意味を理解することも大切だと思いました。

(一) 【発表原稿の一部】の［Ⅰ］に入る内容として最も適切なものを、次の1〜6から選び、記号で答えなさい。

1 アとイ　2 アとオ　3 イとエ　4 ウとオ　5 ウとエ　6 エとオ

(二) 【発表原稿の一部】の［Ⅱ］に入る適切な内容を、文脈に即して答えなさい。

(三) Aさんのグループでは、発表原稿の内容の確認を行った。その際、Bさんが【発表原稿の一部】の〰〰部の内容について次のような指摘を行い、グループでもう一度調べ直すことにした。［　］に入る適切な内容を、「全体の傾向」という言葉を用いて二十五字以内で答えなさい。

> 確かに、慣用句を異なる意味で認識して本来の意味に気づいていない人が多いことは、この項目の数値が低いことの原因の一つであるようにも思いますが、［　］ことは、適切ではないと思います。慣用句の捉え方に関する事例をもっと調べてみませんか。

五

次の㈠〜㈢に答えなさい。

㈠ 次の1〜5について、——部の漢字は読み仮名を書き、片仮名は漢字に改めなさい。

1 海の方から快い潮風が吹いてきた。
2 お金の出納を記録する。
3 父のキョウリは鹿児島県だ。
4 時間になればスミやかに移動しなさい。
5 涼しい場所に野菜をチョゾウする。

㈡ 次のA、Bの文中の□に共通して入る四字熟語を答えなさい。ただし、漢数字の「千」を含むものとする。

A グローバル化に対する人々の意識は□であるため、議論が必要だ。
B 器の形は、それを作る職人によって□であり、それぞれに味わいがある。

㈢ 次の漢文と書き下し文、現代語訳を読んで、あとのア、イに答えなさい。

漢文	故ニ曰ク、「巧詐ハ不ト如カ拙誠ニ。」 （「韓非子《かんぴし》」から）
書き下し文	故《ゆゑ》に曰《いは》く、「巧詐《かうさ》は拙誠《せつせい》に如《し》かず。」と。
現代語訳	だから、「巧みに表面をとりつくろうようなやり方は、つたなくても心のこもったやり方には及ばない」と言われている。

ア 書き下し文を参考にして、「巧詐ハ不ト如カ拙誠ニ。」に返り点を補いなさい。

イ この漢文の内容を踏まえると、日常生活で心がけるとよいことはどのようなことか。最も適切なものを、次の1〜4から選び、記号で答えなさい。

1 計画を最優先して物事を進めること。
2 不器用でも実直に行動すること。
3 言葉でうまく人を得意にさせること。
4 変化に柔軟に対応していくこと。

六

次に示す二人の先人の言葉を読んで、あなたの考えをあとの注意に従って書きなさい。なお、作文は二段落構成とし、一段落目には二つの言葉から感じ取ったことをまとめて書き、二段落目には「あなたの未来」についての考えを書きなさい。

- ・あなたが今まく種はやがて、あなたの未来となって現れる。（夏目《なつめ》漱石《そうせき》）
- ・未来とは、あなたが予知しようとするものではなく、自分で可能にするものだ。（サン＝テグジュペリ）

注意

○氏名は書かずに、1行目から本文を書くこと。
○原稿用紙の使い方に従って、8行以上12行以内で書くこと。
○読み返して、いくらか付け加えたり削ったりしてもよい。

2022(R4) 山口県公立高
教英出版

令4　山口県　　英語リスニングテスト台本

★教英出版注
音声は，解答集の書籍ＩＤ番号を教英出版ウェブサイトで入力して聴くことができます。

ただ今から，英語の学力検査を行います。
問題用紙の中に挟んである解答用紙を取り出しなさい。問題用紙を開いて，ページ数がそろっているか確かめなさい。そして，解答用紙に得点の記入欄とまちがえないように，受検番号を書きなさい。
はじめに，放送によるリスニングテストを行います。聞きながらメモをとっても構いません。
では，問題用紙の１ページから３ページに**テスト１**から**テスト３**までがあることを確かめなさい。また，解答用紙のそれぞれの解答欄を確かめなさい。

それでは，**テスト１**から始めます。**テスト１**の問題を読みなさい。
対話はNo.１からNo.４まで４つあり，それぞれの対話の後に問いが続きます。なお，対話と問いは２回ずつくり返します。
では，始めます。

No. 1　*A:*　Hi, two hot dogs, please.
B:　Sure. It'll be three dollars. Do you want something to drink?
A:　No, thank you.
Question:　What does the customer want?　　(対話と問いをくり返す。)

No. 2　*A:*　Excuse me, how long can I keep these books?
B:　For two weeks. You can borrow ten books here.
A:　I see. Thank you.
Question:　Where are they talking?　　(対話と問いをくり返す。)

No. 3　*A:*　Mom, I'll get up at six tomorrow.
B:　Why will you get up early, John? Do you have anything to do?
A:　Usually, we start practicing table tennis at nine, but tomorrow, we'll have a game and I need to get to school by eight.
Question:　Why will John get up early tomorrow?　　(対話と問いをくり返す。)

No. 4　*A:*　I finished cleaning the desks, Mr. Brown. Should I clean the windows, too?
B:　Thank you, Yuko. But before that, can you carry this box to the English room?
A:　OK. I'll do it now.
Question:　What does Mr. Brown ask Yuko to do?　　(対話と問いをくり返す。)

対話はNo.1からNo.4まで4つあり，それぞれ2回くり返します。では，始めます。

No. 1 *A:* Where can we eat delicious *sushi* in this city?
B: I know a very good restaurant.
A: Really? Is it near here? (対話をくり返す。)

No. 2 *A:* Ichiro, can you help me now?
B: Sure. What's the matter?
A: My computer doesn't start today. What should I do? (対話をくり返す。)

No. 3 *A:* Have you seen this movie?
B: No, I haven't. But my friends say it's interesting.
A: I'm going to see it with my brother this weekend. Why don't you come with us? (対話をくり返す。)

No. 4 *A:* Excuse me, I'm looking for something good for my grandmother's birthday.
B: OK. Well, what is her favorite thing?
A: She likes flowers, and I gave her flowers last year. This year, I want to give her something different.
(対話をくり返す。)

次に，テスト3に移ります。テスト3の問題と，問題の下にある【ワークシート】を読みなさい。
今から，先生の話を2回くり返します。では，始めます。

Good morning, everyone. Now, I'll tell you about what we're going to do during our English Day. Today, we'll have an English writing activity in the morning. In the afternoon, you'll have a presentation. Tomorrow, we'll go to a river. I'll show you how to catch big fish! On the last day, we'll make a short movie. You'll write your original story and make the movie in English. Let's have a good time together, and make your English better!

OK then, let's start the writing activity now. Enjoy writing and sharing your ideas in a group. First, I'll ask you some questions, so write your ideas on the paper. Question number one. What country do you want to visit? Write your answer now.

くり返します。 (話をくり返す。)

以上で，リスニングテストを終わります。次の問題に移ってください。

令和４年度山口県公立高等学校
入学者選抜学力検査問題

数　学

（ 第２時限　10：10～11：00　50分間 ）

注　意

1　指示があるまで，開いてはいけません。
2　答えは，すべて解答用紙に記入しなさい。
3　解答用紙は，問題用紙の中に，はさんであります。
4　問題用紙は，表紙を除いて10ページで，問題は 1 から 9 までです。

1 次の(1)～(5)に答えなさい。

(1) $8-(-5)$ を計算しなさい。

(2) $\frac{2}{5} \div \left(-\frac{1}{10}\right)$ を計算しなさい。

(3) $(-4a)^2 \times 3b$ を計算しなさい。

(4) $(6x+y)-(9x+7y)$ を計算しなさい。

(5) $(a+3)(a-3)$ を計算しなさい。

2　次の(1)〜(4)に答えなさい。

(1)　直方体の形をした水そうがあり，水そうの底から7cmの高さまで水が入っている。この水そうに，毎分3cmずつ水面が上がるように水を入れる。水を入れ始めてからx分後の水そうの底から水面までの高さを$y$cmとしたとき，水そうが満水になるまでのxとyの関係について，yをxの式で表しなさい。ただし，xの変域はかかなくてよい。

(2)　右の表は，山口県の19市町別の人口密度（1km^{2}あたりの人数）を度数分布表にまとめたものである。

19市町の中央値が含まれている階級を，次のア〜エから1つ選び，記号で答えなさい。

ア　100人以上200人未満
イ　200人以上300人未満
ウ　300人以上400人未満
エ　400人以上500人未満

1km^{2}あたりの人数（人）	度数（市町）
以上　〜　未満	
0　〜　100	5
100　〜　200	3
200　〜　300	3
300　〜　400	2
400　〜　500	1
500　〜　600	4
600　〜　700	1
計	19

（令和3年人口移動統計調査などにより作成）

(3)　次の条件①と条件②の両方を満たす数を答えなさい。

条件①　4より大きく5より小さい無理数である
条件②　2乗すると18より小さい整数となる

(4)　右の図のような平行四辺形ABCDで，辺CD上にあり，頂点C，Dと重ならない点をE，線分ACと線分BEの交点をFとする。

このとき，△ABCと面積が等しい三角形を，次のア〜エから1つ選び，記号で答えなさい。

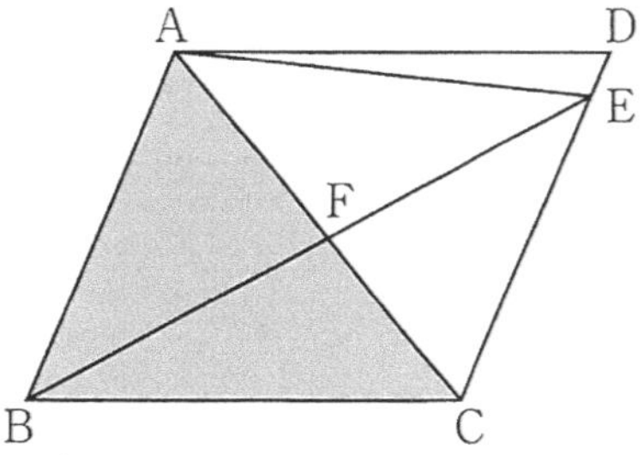

ア　△ACE　　イ　△BCE
ウ　△ABE　　エ　△BCF

3　Sさんと Tさんは，インターネットを利用する機会が増えたので，データ量や通信量に興味をもった。

次の(1)，(2)に答えなさい。

(1)　Sさんのタブレット端末には，1枚3MB（メガバイト）の静止画がa枚，1本80MBの動画がb本保存されており，それらのデータ量の合計は500MBよりも小さかった。この数量の関係を不等式で表しなさい。なお，MBとは，情報の量を表す単位である。

(2)　Sさんと Tさんはそれぞれ，アプリケーションソフトウェア（以下，「アプリ」という。）PとQを使用したときの，インターネットの通信量を調べた。下の表はその結果である。アプリP，Qはどちらも，使用時間と通信量が比例することがわかっている。

	アプリPの使用時間	アプリQの使用時間	アプリPとアプリQの通信量の合計
Sさんの結果	20分	10分	198MB
Tさんの結果	5分	30分	66MB

このとき，アプリPの1分間あたりの通信量をxMB，アプリQの1分間あたりの通信量をyMBとして連立方程式をつくり，アプリP，Qの1分間あたりの通信量をそれぞれ求めなさい。なお，MBとは，情報の量を表す単位である。

4 空間図形について，次の(1)，(2)に答えなさい。

(1) **図1**のような直径ABが6cmの半円がある。線分ABを軸としてこの半円を1回転してできる立体の体積を求めなさい。ただし，円周率はπとする。

図1

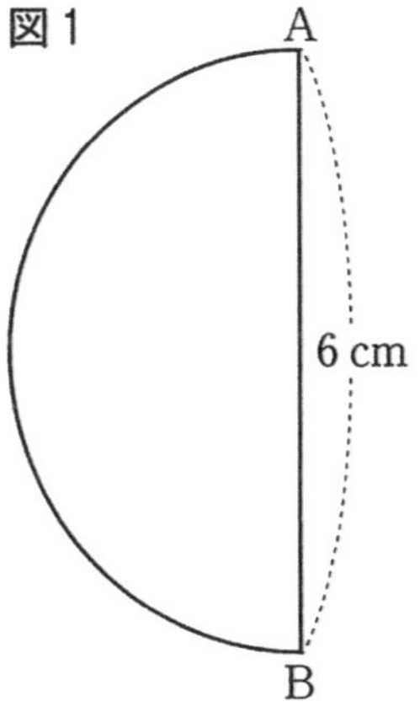

(2) **図2**は1辺の長さが1mである立方体である。この立方体を，ある3つの頂点を通る平面で切り取ると，立体Xと立体Yができる。**図3**は立体Xの投影図である。

立体Xの体積をV，立体Yの体積をV′としたとき，体積の比V:V′を，次の**ア**〜**エ**から1つ選び，記号で答えなさい。

ア V:V′＝1:1
イ V:V′＝3:1
ウ V:V′＝5:1
エ V:V′＝7:1

図2

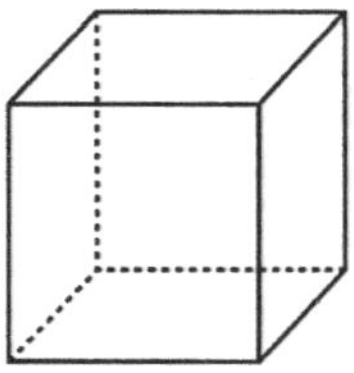

図3

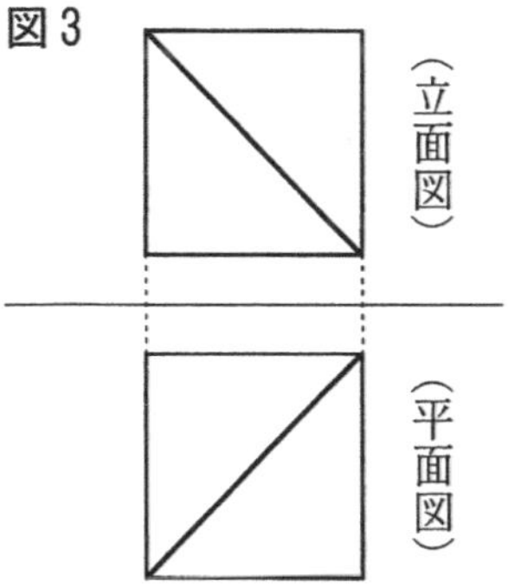

5 Aさんと Bさんは花壇に花の苗を植える計画を立てた。
次の(1), (2)に答えなさい。

(1) 買ってきた花の苗を5人で植えると，1人あたり70個植えることになる。
買ってきた花の苗をa人で植えると，1人あたり何個植えることになるか。aを使った式で表しなさい。

(2) Aさんと Bさんは，買ってきた花の苗の一部を使って**図1**のように，花の苗を三角形の辺上に同じ数ずつ植えることにした。例えば，花の苗を三角形の辺上に4個ずつ植えると，**図2**のようになる。ただし，●は花の苗を表す。

図1

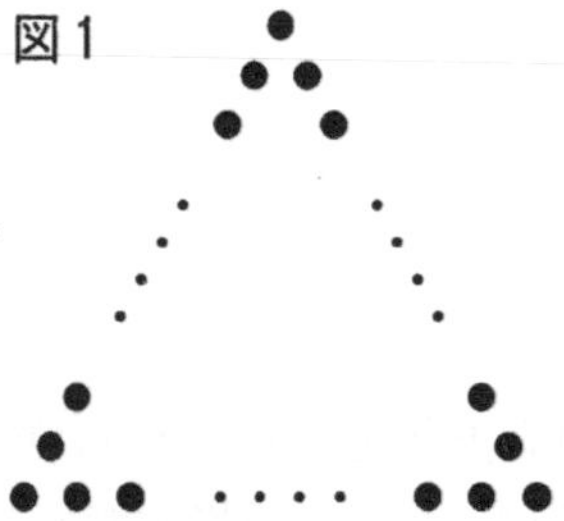

図2

Aさんは，三角形の辺上にn個ずつ植えるときの，苗の合計を次のように考えた。

Aさんの考え

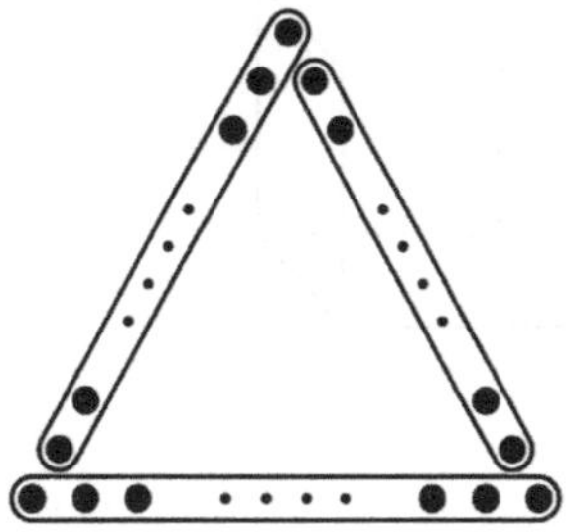

左の図のように，三角形の底辺にあるn個の苗をすべて数えると，左の辺は$(n-1)$個数えることになる。さらに右の辺は$(n-2)$個数えることになるから，苗の合計は，

$n+(n-1)+(n-2)$ (個)

一方で，Bさんは別の考え方で，$\{3(n-2)+3\}$個と考えた。
Bさんの考え方について，**Aさんの考え**のかき方にならって，解答用紙の●を囲んだうえで説明しなさい。

2022(R4) 山口県公立高
K 教英出版

6　大小2個のさいころについて，次の**操作**を行うとき，次の(1)，(2)に答えなさい。
ただし，この大小2個のさいころは，どの目が出ることも同様に確からしいものとする。

操作

大小2個のさいころを同時に1回投げて，出た目の数の和を記録する。

(1)　下の表は，**操作**を10回くり返したときの記録Aと50回くり返したときの記録Bを整理したものである。また，**説明**は，表をもとに記録Aと記録Bの散らばりの度合いについてまとめたものである。

目の数の和	2	3	4	5	6	7	8	9	10	11	12
10回くり返したときの記録A	0	0	1	1	3	1	1	2	0	1	0
50回くり返したときの記録B	3	4	6	6	6	8	4	4	7	1	1

説明

記録Aの四分位範囲は［ア］，記録Bの四分位範囲は5である。記録Aと記録Bの四分位範囲を比較すると，記録［イ］の方が散らばりの度合いが大きい。

説明が正しいものとなるように，［ア］には，あてはまる数を求め，［イ］には，A，Bのうち適切な記号を答えなさい。

(2)　**操作**を多数回くり返していくと，目の数の和が6，7，8になる回数が他よりも多くなっていくことがわかっている。

大小2個のさいころを同時に1回投げたとき，目の数の和が6以上8以下になる確率を求めなさい。ただし，答えを求めるまでの過程もかきなさい。

7 関数$y=ax^2$について，次の(1)，(2)に答えなさい。

(1) 関数$y=x^2$について，xの値が1から2まで増加したときの変化の割合は3である。xの値が-3から-1まで増加したときの変化の割合を求めなさい。

(2) 図のように，関数$y=x^2$のグラフ上にx座標が2となる点Aをとる。また，$a>0$である関数$y=ax^2$のグラフ上にx座標が-3となる点Bをとる。
△OABの面積が8となるとき，aの値を求めなさい。

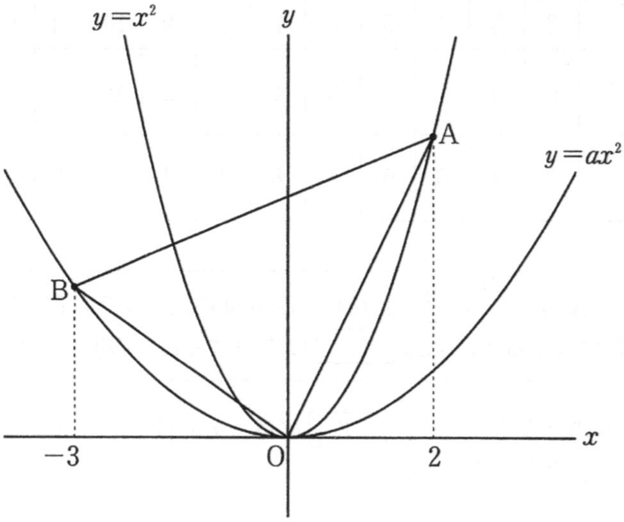

8　三角形に関連して，次の(1)，(2)に答えなさい。

(1)　**図1**のように，∠ABC＝70°，∠ACB＝30°である△ABCがある。辺AC上に点D，辺BC上に点Eをとり，∠BDE＝55°，∠BED＝90°であるような直角三角形BEDをつくりたい。このとき，点Eを定規とコンパスを使って作図しなさい。ただし，作図に用いた線は消さないこと。

図1

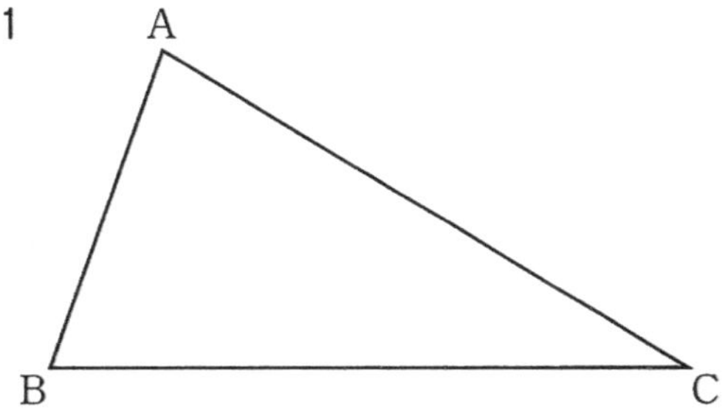

(2)　**図2**のような△ABCがあり，∠ABCの二等分線と辺ACの交点をPとする。また，線分BPの延長上にあり，CP＝CQとなる点Qをとる。
　このとき，BA:BC＝AP:CPであることを証明しなさい。

図2

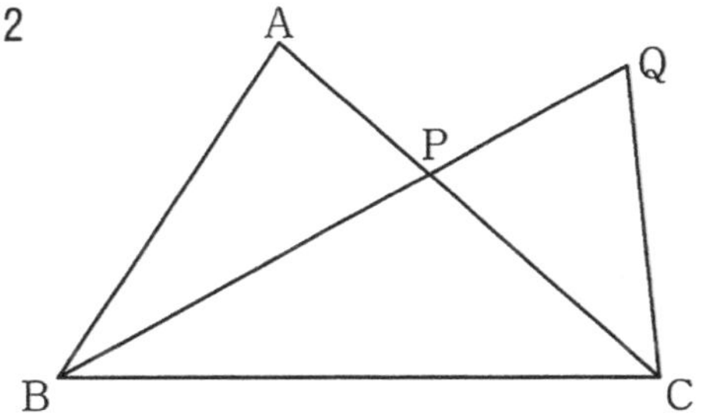

9 ある中学校では，体育祭の準備を行っている。
次の(1)〜(3)に答えなさい。

(1) Sさんは，倉庫にある玉入れ用の玉の中に，使える玉が何個あるか確認することにした。そこで，無作為に抽出した20個の玉を調べると，そのうち15個が使える玉であった。

玉が全部で413個あることが分かっているとき，使える玉はおよそ何個と推定されるか。小数第1位を四捨五入した概数で答えなさい。

(2) Tさんのクラスでは，ダンスの隊形について話し合っている。ダンスは運動場に用意された縦18 m，横22 mの長方形の形をした区域の中で踊ることになっている。

図1は，Tさんが考えた隊形を示しており，長方形の対角線の交点を中心とした半径7 mの円Oと，4つの同じ大きさの円A，B，C，Dを表したものである。円A，B，C，Dは，円Oより小さく，長方形のとなり合う2辺と円Oに接している。

円A，B，C，Dの半径をx mとしたとき，xの値を求めなさい。

図1

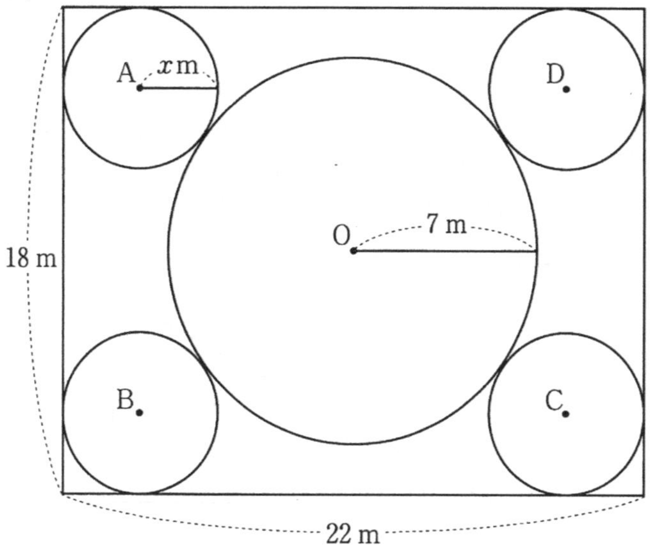

2022(R4) 山口県公立高
教英出版

(3) Uさんは，運動場に200m走のトラック（走路）をつくることになった。そこで，陸上競技用のトラックのつくり方について調べ，以下のようにつくることにした。

トラックのつくり方

① 半径がrmの2つの半円と，縦の長さが$2r$m，横の長さがbmの長方形を組み合わせる。

② ①の図形の外側に，幅が1mの4つのレーンをつくり，内側から第1レーン，第2レーン，第3レーン，第4レーンとする。

③ 各レーンのゴール位置は同じライン上とし，トラックを走る距離を各レーンすべて200mにする。そのため，第1レーンのスタート位置に対し，第2レーン，第3レーン，第4レーンのスタート位置をそれぞれ前方にずらす。

図2は**トラックのつくり方**をもとにつくったイメージ図である。第1レーン，第4レーンのスタート位置の最も内側の点を，それぞれA，Bとする。①の2つの半円のうち，ゴール位置のある方の半円の中心を点Cとする。

図2

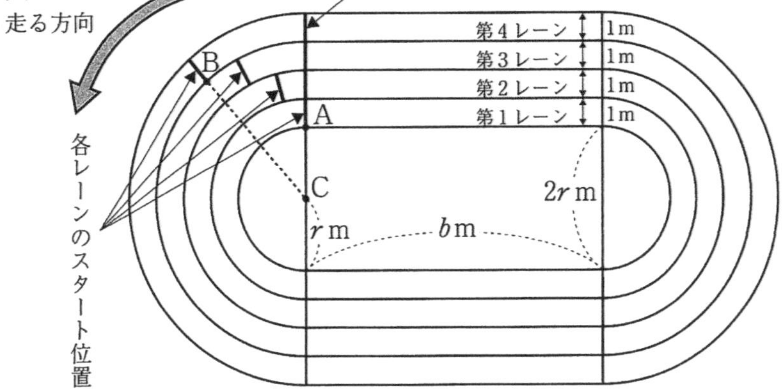

実際にトラックをつくるために，Uさんは**図2**を使ってクラスメイトに下のように説明した。

この説明が正しいものとなるように，[ア]，[イ]にあてはまる数を求めなさい。また，[ア]については，答えを求めるまでの過程もかきなさい。ただし，円周率はπとする。

各レーンで走る距離は，各レーンの内側にある線の長さを測るものとする。
第4レーンのスタート位置は，第1レーンのスタート位置より[ア]mだけ前方にずらす必要がある。$r=21$としてつくると，$\angle$ACBの大きさは[イ]度となる。

令和４年度山口県公立高等学校
入学者選抜学力検査問題

英語

（第３時限　11：20～12：10　50分間）

注意

1　指示があるまで，開いてはいけません。

2　答えは，すべて解答用紙に記入しなさい。

3　解答用紙は，問題用紙の中に，はさんであります。

4　問題用紙は，表紙を除いて10ページで，問題は［1］から［6］までです。

5　［1］は，リスニングテストで，1ページから3ページまでです。

1 放送によるリスニングテスト

★教英出版注
音声は，解答集の書籍ＩＤ番号を教英出版ウェブサイトで入力して聴くことができます。

テスト１　４つの対話を聞いて，対話の内容に関するそれぞれの問いの答えとして最も適切なものを，１～４から１つずつ選び，記号で答えなさい。

No. 1
1 Two hot dogs.
2 Two hot dogs and an apple juice.
3 Three hot dogs.
4 Three hot dogs and an apple juice.

No. 2
1 In a gym.
2 In a plane.
3 In a library.
4 In a supermarket.

No. 3
1 Because he needs to get to school by nine.
2 Because he'll have a game tomorrow.
3 Because he needs to practice soccer.
4 Because he'll play a video game.

No. 4
1 To clean the students' desks.
2 To take a desk to her classroom.
3 To clean the windows right now.
4 To take a box to the English room.

2022(R4) 山口県公立高
教英出版

テスト2　4つの対話を聞いて，それぞれの対話に続く受け答えとして最も適切なものを，1～4から1つずつ選び，記号で答えなさい。

No. 1
1　Yes, you should make *sushi*.
2　Yes, you can walk to the restaurant.
3　No, you should not eat it.
4　No, you can't make it at home.

No. 2
1　Oh, thank you for your help.
2　Now, I have a high fever.
3　OK.　Show me your computer.
4　Great.　It was too easy for you.

No. 3
1　Sorry.　I must do my homework.
2　No.　I watched it last month.
3　I see.　You can join us.
4　Sure.　I've seen it twice.

No. 4
1　You can give her the same flowers.
2　She doesn't like flowers, right?
3　How about a cup with a picture of flowers?
4　I am looking for flowers for my grandmother.

リスニングテストは，次のページに続きます。

テスト3　あなたは，3日間の「イングリッシュ・デイ」(英語に親しむイベント) に参加している。

今から，そのイベント初日における先生の話を聞いて，その内容に合うように，【ワークシート】の下線部(A)，(B)，(C)に，それぞれ話の中で用いられた英語1語を書きなさい。

また，下線部(D)には，先生の質問に対するあなたの返答を，4語以上の英語で書きなさい。

【ワークシート】

English Day

● Activities

Day 1	English ____(A)____ activity and presentation
Day 2	Going to a ____(B)____
Day 3	Making our ____(C)____ short movie in English

● Q&A

No. 1　I ________________(D)________________.

2022(R4) 山口県公立高
教英出版

2 次は，*Taro* と留学生の *Ann* との対話の一部である。これを読んで，下の(1)，(2)に答えなさい。

Ann: How do you usually spend New Year's Day?

Taro: Well, I go to my grandmother's house with my family ＿＿(A)＿＿ we have special food such as *ozoni*. Have you ever (B)(eat) *ozoni*?

Ann: No. What's that?

Taro: It's a Japanese traditional soup dish for New Year's Day. We ＿＿(C)＿＿ it *ozoni*.

Ann: A special dish for New Year's Day? That sounds interesting.

Taro: On New Year's Day this year, my aunt came to see us with her son. He was too little to eat *ozoni* well, so I helped him. I like to ＿＿(D)＿＿ little children. We enjoyed *ozoni* together.

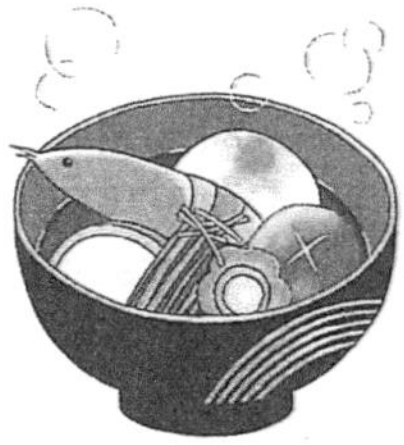

（注） spend～ ～を過ごす

(1) 下線部(A)，(C)，(D)に入る最も適切なものを，それぞれ１～４から選び，記号で答えなさい。

(A) 1 that　2 while　3 which　4 and

(C) 1 give　2 call　3 try　4 show

(D) 1 come from　2 arrive at
　　3 take care of　4 be famous for

(2) 下線部(B)の（　　）の中の語を，適切な形にして書きなさい。

3　次は，アメリカに留学中の*Nami*と，友人の*Chris*との対話の一部である。対話文と【ウェブサイト】を読んで，下の(1)～(3)に答えなさい。

Chris: Nami, what are you looking at?
Nami: This is a website about a photo book. I'll make a photo book with the pictures I took in this city.
Chris: That's a good idea. What kind of photo book will you make?
Nami: Well, I think I'll order a medium photo book.
Chris: How about a cover?
Nami: I know soft covers of all sizes are (c ______) than hard covers. But I'll choose a hard cover photo book. And I'll make it gloss-finished.
Chris: Sounds good. I'm sure it'll be nice.

(注)　photo book(s)　フォトブック（写真を各ページに印刷し製本したもの）
order ～　～を注文する　cover(s)　表紙　hard　硬い，厚手の
gloss-finished　つや出し加工の

(1) 【ウェブサイト】の内容に合うように，対話文中の下線部に入る適切な英語1語を書きなさい。ただし，(　　) 内に与えられた文字で書き始めなさい。

(2) 対話と【ウェブサイト】の内容によると，*Nami*が購入しようとしているフォトブックの値段はいくらになるか。次の1～4から1つ選び，記号で答えなさい。

1　20 dollars
2　30 dollars
3　35 dollars
4　40 dollars

(3) 【ウェブサイト】から読み取れる内容と一致するものを，次の1～6から2つ選び，記号で答えなさい。

1　People can order a photo book through the Internet.
2　Sending pictures is the first step to make a photo book.
3　There are four different sizes of photo books.
4　All the photo books people can order have thirty pages.
5　The shop needs a week to finish making a photo book.
6　People can receive a photo book at the shop.

【ウェブサイト】

Green City Photo Book Shop

Search

Order a Photo Book from This Website!

You have only 3 steps.

Easy!

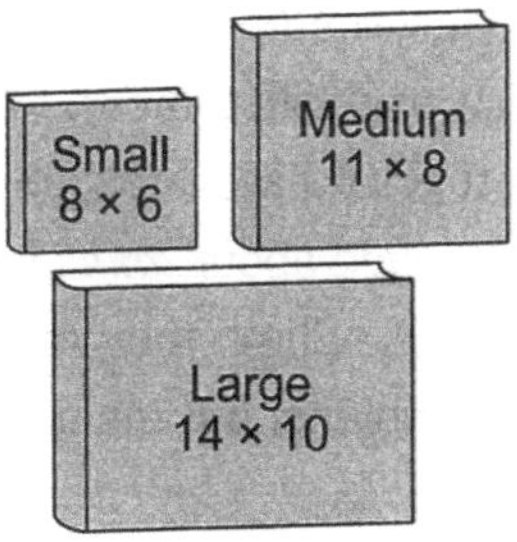

Step 1
Choose a size.

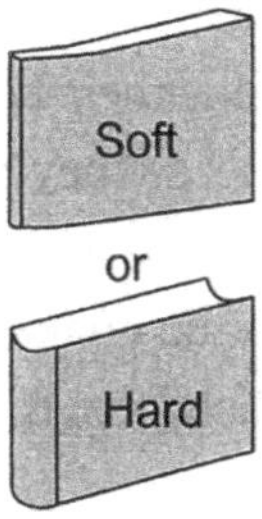

Step 2
Choose a cover.

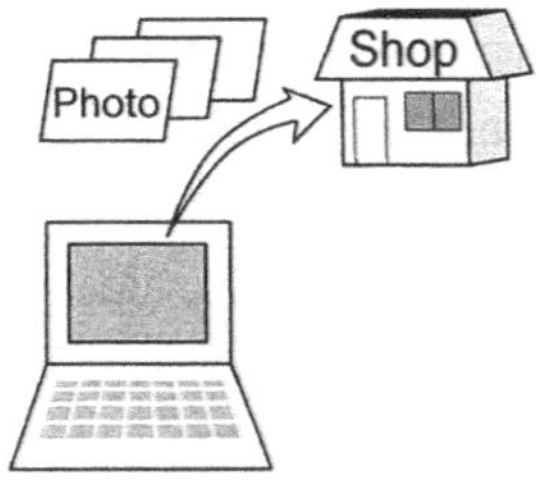

Step 3
Send your photos online.

The Type of Photo Books

Size	Soft Cover (20 pages)	Hard Cover (20 pages)
Small (8 × 6 inches)	$ 10	$ 25
Medium (11 × 8 inches)	$ 15	$ 30
Large (14 × 10 inches)	$ 18	$ 40

Option	Gloss-finished	+ $5

● We need **3 days** to print and make a photo book. When it's ready, we will send it to you. If you come to our shop, you can get it more quickly.

Create Your Photo Book Now!

（注） online　オンラインで
inch(es)　インチ（長さの単位，1インチはおよそ2.5センチメートル）
option　オプション（追加メニュー）

[4] 次の英文を読んで，あとの(1)～(3)に答えなさい。

Masato and Tom are junior high school students. They have been friends for a year and Tom has learned how to speak Japanese well during his stay in Japan.

Tom is interested in Japanese culture, especially *manga*. Masato also likes it and they often enjoy talking about the stories. Tom is also interested in *kendo*. He often practices it with Masato. They have had a great time together. But Tom is going to leave Japan and go back to London this July.

On Saturday in June, Masato and Tom went to school to practice *kendo*. After they finished practicing *kendo*, they talked about their homework. It was still difficult for Tom to do homework for Japanese classes alone, so they often did it together and Masato helped Tom. The homework for the weekend was to make *tanka*. They learned about *tanka* in a Japanese class. Tom said, "I don't know how to make *tanka* well. Show me your *tanka* first, please!" Masato said, " [ア] I wish I could show you a good one, but making *tanka* is also not easy for me."

Then, Ms. Oka, the teacher of *kendo*, came to them and said, " [イ] Are you talking about *tanka*?" Masato remembered that Ms. Oka loved making *tanka*. Masato sometimes saw her good *tanka* in the school newspaper. Masato said, "Yes. We're trying to make *tanka*, but we have no idea. Could you tell us how to make it? It's our homework!" Ms. Oka smiled and said, "OK. [ウ] You can make *tanka* freely." "Freely? But *tanka* has a rule about rhythm," Masato said. She said, "Of course it has some rules. [エ] But I think the most important thing is to make *tanka* freely with the words born from your heart. Talk with your heart. Then, you can make good *tanka*."

Masato repeated Ms. Oka's words in his heart and remembered the days with Tom. He thought, "We have enjoyed many things. Saying good-bye to Tom will be sad. But we have to grow in each place for our future. It may be hard but I believe we can." Masato decided to make *tanka* about this feeling and send it to Tom. He thought it would be a good present.

When Masato and Tom left school, Masato looked up at the sky. It was so blue. They stopped and looked at it for a while together. Then, Masato started making his first *tanka* for Tom.

(注) rhythm　リズム（ここでは短歌の５－７－５－７－７のリズムのこと）　heart　心
good-bye　さようなら　present　贈り物　for a while　しばらくの間

(1) 次の英文が入る最も適切な箇所を，本文中の［ア］～［エ］から選び，記号で答えなさい。

Making *tanka* is not so difficult.

(2) 次の(a)～(d)の質問に対する答えとして，本文の内容に合う最も適切なものを，それぞれ1～4から選び，記号で答えなさい。

(a) What do Masato and Tom usually enjoy together?
1 Creating a story about *kendo*.
2 Studying English.
3 Talking about *manga*.
4 Listening to *tanka*.

(b) Why did Masato and Tom often do homework for Japanese classes together?
1 Because Tom needed Masato's help to do it.
2 Because Masato was interested in teaching.
3 Because Tom liked Japanese classes very much.
4 Because making *tanka* was easy for Masato.

(c) How did Masato know that Ms. Oka made good *tanka*?
1 By buying Ms. Oka's book.
2 By learning about it in a Japanese class.
3 By talking with Tom.
4 By reading the school newspaper.

(d) What did Masato decide to make *tanka* about?
1 About a good present from Masato to Tom.
2 About the memories with Tom and their future.
3 About the beautiful blue sky in July.
4 About Ms. Oka's words to Masato.

(3) 次は，本文の内容についての【質問】である。この【質問】に対する適切な答えとなるように，【答え】の下線部に適切な英語4語を書きなさい。

【質問】

According to Ms. Oka, what should Masato do to make good *tanka*?

【答え】

He should ________________ and make *tanka* freely.

5　次は，Saori が英語の授業で発表する際に用いた【グラフ】(graph)と【原稿】である。これらを読んで，下の(1)～(3)に答えなさい。

【グラフ】

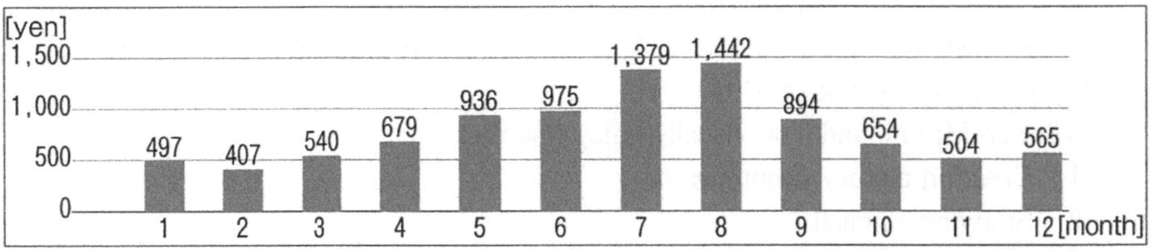

※ 2017 年～2019 年の平均値である。

【原稿】

Do you often eat ice cream? The graph shows how much money a family used for ice cream in a month on average in Japan. According to the graph, ＿＿(A)＿＿. It's hot in summer especially in these months, so I'm sure many people like to eat cold food. Then, the spending on ice cream decreases from August to November.

However, the spending increases in December and decreases again in January. That's interesting. That means ＿＿(B)＿＿ is not the only reason to eat ice cream. Then, why do people buy ice cream in cold December? I'll look for more information and find out the reason.

(注) show(s)～　～を示す　on average　平均して　spending (on ～)　(～についての)支出
decrease(s)　減る　find out ～　～を見つけ出す

(1)　【原稿】の文脈に合うように，下線部(A)に入る最も適切なものを，次の１～４から選び，記号で答えなさい。

1　ice cream sold in June is as popular as ice cream sold in October
2　a family used more than one thousand yen for ice cream in July and August
3　more than eight hundred kinds of ice cream are sold in summer
4　in May, a family used about nine hundred yen for ice cream

(2)　下線部(B)に入る最も適切なものを，次の１～４から選び，記号で答えなさい。

1　hot weather　　2　variety of ice cream
3　cold season　　4　changes in life

(3)　Saori の発表全体のテーマとして，最も適切なものを，次の１～４から選び，記号で答えなさい。

1　The easy way to make delicious ice cream at home
2　The important information to save money
3　The funny reason to buy ice cream in cold winter
4　The interesting change of the spending on ice cream

6 次は，*Kenta* と ALT の *Smith* 先生との授業中の対話の一部である。あなたが *Kenta* ならば，来日したばかりの *Smith* 先生に何を伝えるか。対話文を読んで，［　　　　］に *Smith* 先生に伝えることを書きなさい。ただし，下の【注意】に従って書くこと。

Ms. Smith: It's very hot in Japan now, but I know Japan has other seasons, too. Can anyone tell me about the seasons in Japan?

Kenta: Yes. I'll tell you about the next season. It's autumn. It's a good season for going out.

Ms. Smith: OK. What can I enjoy when I go out in autumn?

Kenta: ［　　　　　　　　　　　　　　　　　　　　］

Ms. Smith: Thank you. I'm looking forward to going out in autumn in Japan!

（注） autumn 秋　go(ing) out 外出する
look(ing) forward to ～ ～を楽しみにする

【注意】

① 対話の流れに合うように，20 語以上 30 語以内の英語で書くこと。文の数はいくつでもよい。符号（. , ? ! など）は，語数に含めないものとする。

② 内容的なまとまりを意識して，具体的に書くこと。

③ 解答は，解答用紙の【記入例】に従って書くこと。

令和４年度山口県公立高等学校
入学者選抜学力検査問題

社会

（第４時限　13：00～13：50　50分間）

注意

1　指示があるまで，開いてはいけません。

2　答えは，すべて解答用紙に記入しなさい。

3　解答用紙は，問題用紙の中に，はさんであります。

4　問題用紙は，表紙を除いて14ページで，問題は 1 から 6 までです。

1　Kさんは，中部地方の自然環境と生活·文化について興味をもち，調べ学習を行った。図Ⅰは，Kさんが使用した地図である。これについて，あとの(1)～(6)に答えなさい。

(1)　図Ⅰ中のアには，もともと山地の谷であった部分に海水が入り込んでできた，小さな岬と湾が連続する入り組んだ海岸がみられる。このような海岸を何というか。答えなさい。

図Ⅰ

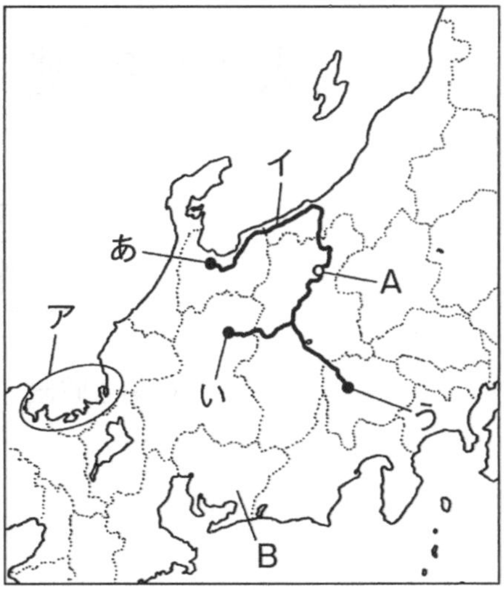

(2)　中部地方の太平洋側では，温室やビニールハウスを用いて野菜や花などを栽培する農業がさかんである。このような農業を何というか。答えなさい。

(3)　Kさんは，中部地方と関東地方の工業の違いに着目し，図Ⅱを用いて工業のようすを比較した。図Ⅱ中のa～cは，中京工業地帯，北関東工業地域，京葉工業地域のそれぞれについて，製造品出荷額等の品目別の割合を示したものである。a～cが示す工業地帯または工業地域の名称の組み合わせとして正しいものを，下の1～6から一つ選び，記号で答えなさい。

図Ⅱ

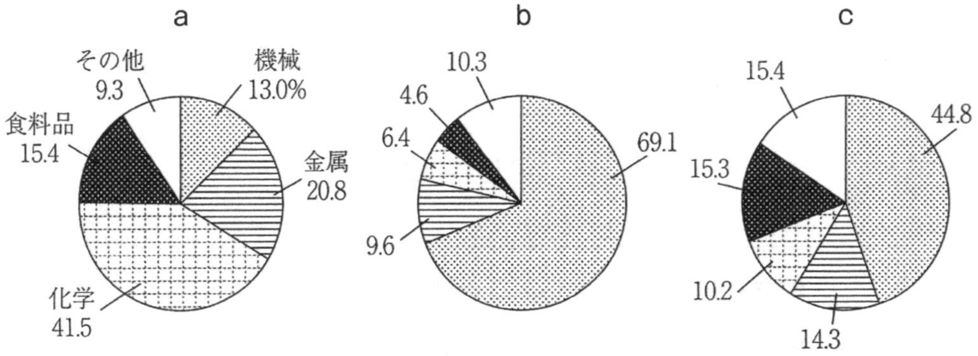

（注）データは2018年のものである。
（日本国勢図会2021/22により作成）

1　a - 中京工業地帯　　b - 北関東工業地域　　c - 京葉工業地域
2　a - 中京工業地帯　　b - 京葉工業地域　　c - 北関東工業地域
3　a - 北関東工業地域　　b - 中京工業地帯　　c - 京葉工業地域
4　a - 北関東工業地域　　b - 京葉工業地域　　c - 中京工業地帯
5　a - 京葉工業地域　　b - 中京工業地帯　　c - 北関東工業地域
6　a - 京葉工業地域　　b - 北関東工業地域　　c - 中京工業地帯

(4) 図Ⅰ中の**イ**は，図Ⅰ中の**A**の都市と**あ**～**う**の三つの都市を結ぶ経路の例を示したものである。右の表Ⅰは，Kさんがそれぞれの経路について，インターネットで調べた自動車での最短の所要時間と総走行距離を示したものであり，下の図Ⅲは，それぞれの経路の高低差を示したものである。**A**から**い**までの経路について示したものを，表Ⅰ中の**X**～**Z**および図Ⅲ中の**d**～**f**からそれぞれ一つ選び，記号で答えなさい。

表Ⅰ

	所要時間	総走行距離
X	131分	153.0km
Y	217分	147.3km
Z	177分	213.9km

（注）各都市の市役所を基準として算出している。

図Ⅲ

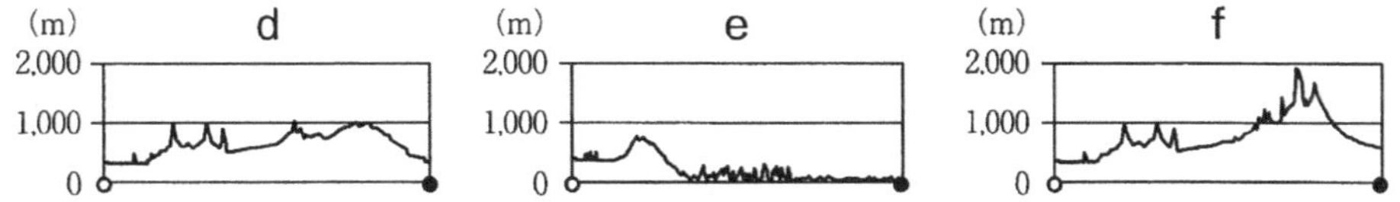

（注）図Ⅲ中の○と●は，図Ⅰ中の○と●と対応する。また，d～fそれぞれの○と●の間の実際の距離はすべて異なる。高さは強調して表現してある。

（地理院地図により作成）

(5) 高度経済成長期に人口分布の変化が起こったことを学習したKさんは，中部地方をB県とB県以外の八つの県に分け，それぞれについて人口の社会増減数の推移を調べ，図Ⅳ，図Ⅴを作成した。

図Ⅳ，図Ⅴを参考にして，日本における高度経済成長期の人の移動の特徴を説明しなさい。

図Ⅳ　B県の社会増減数の推移

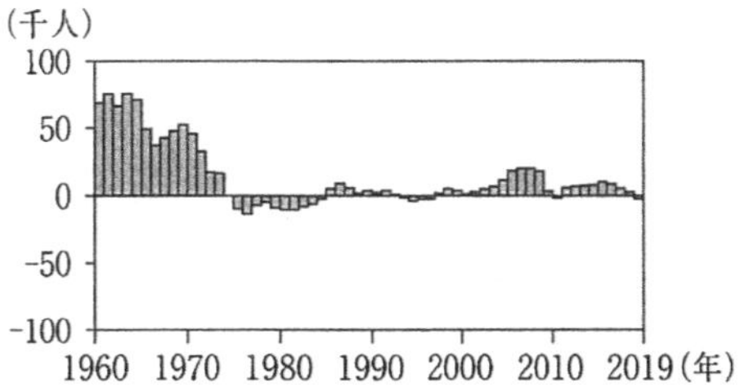

図Ⅴ　B県以外の八つの県における社会増減数の推移

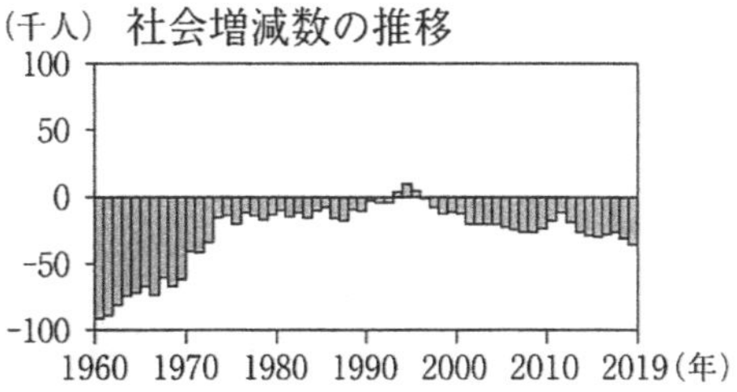

（注）社会増減数は「転入数－転出数」を表す。

（RESAS（地域経済分析システム）- 人口増減 - により作成）

(6) 図Ⅵは，静岡県牧之原市の地形図（2万5千分の1）の一部である。図Ⅵの範囲から読み取れることとして最も適切なものを，次の1～4から選び，記号で答えなさい。

図Ⅵ

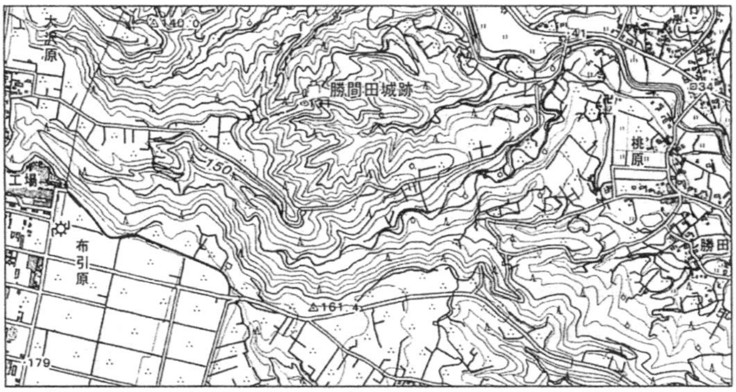

1 「勝間田城跡」から見下ろすと，「布引原」付近の茶畑がよくみえる。
2 「勝間田城跡」周辺の森林は，針葉樹林よりも広葉樹林が多くみられる。
3 二つの三角点の地図上の直線距離は約4cmなので，実際の距離は約2kmである。
4 「桃原」の西側には，谷に位置する果樹園がいくつかみられる。

2　Aさんのクラスでは，生徒が興味のある国を一つずつ選び，それぞれ調べることにした。次の図Ⅰ中の①～⑳は，生徒が選んだ国の位置を示している。これについて，あとの(1)～(4)に答えなさい。

図Ⅰ

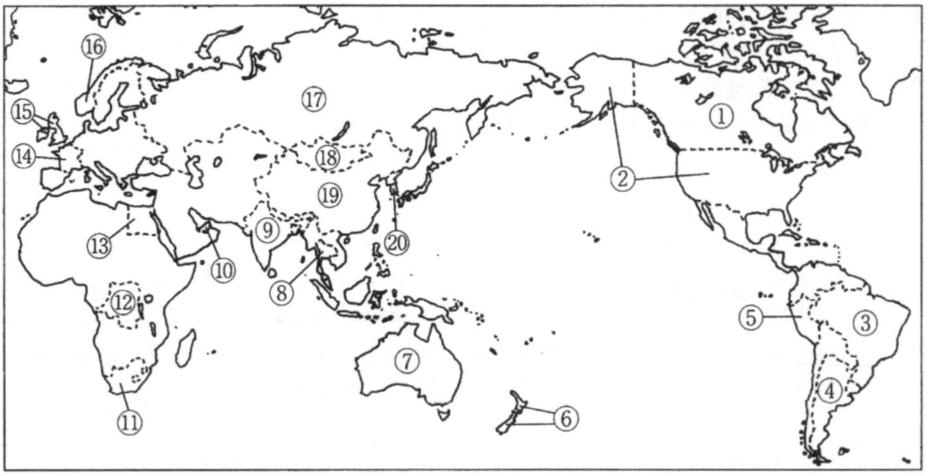

(1)　図Ⅰ中の①～⑳の国について述べた文として正しいものを，次の1～4から一つ選び，記号で答えなさい。

1　北半球に位置する国より，南半球に位置する国の方が多い。
2　世界を六つの州に分けた場合，アフリカ州に属する国が最も多い。
3　世界で最も人口が多い国と世界で最も面積が大きい国が含まれている。
4　領土内を，本初子午線が通っている国は含まれていない。

(2)　右の二つの写真は，Aさんが調べている国に関するものである。Aさんが調べている国を，図Ⅰ中の⑤，⑧，⑬，⑭から一つ選び，記号で答えなさい。

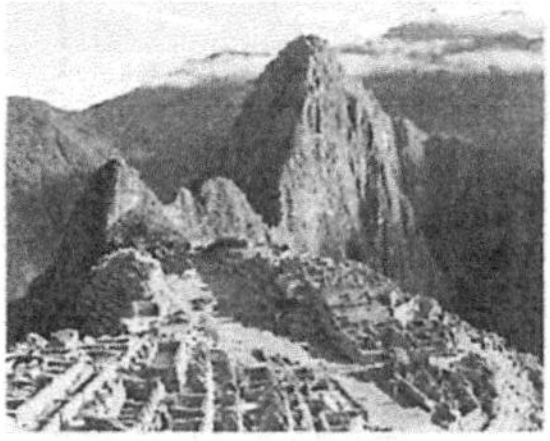
この国にある世界遺産

この国で伝統的に放牧されている家畜

(3)　Bさんは，図Ⅰ中の②の国が，世界有数の農産物の輸出国であることを，資料Ⅰともう一つの資料を組み合わせて説明しようとしている。Bさんが使用する資料として最も適切なものを，次の1～4から選び，記号で答えなさい。

資料Ⅰ　世界の穀物類の生産量に占める⑲，②，⑨の国の割合（2017年）

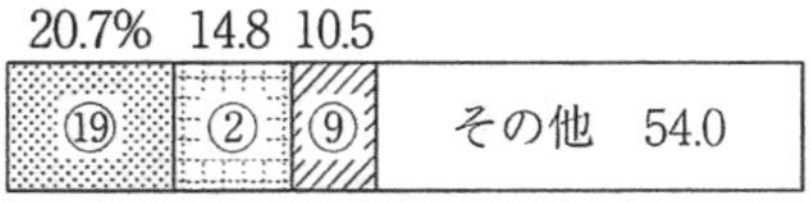

1

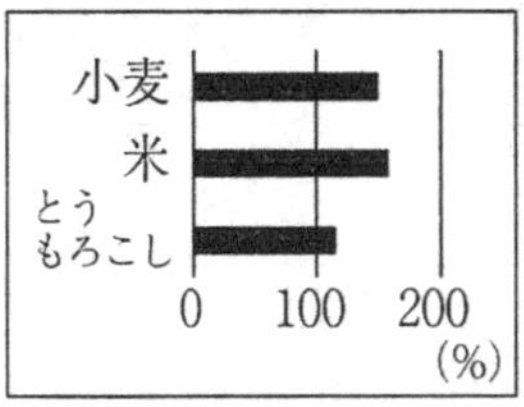

②の国のおもな農産物の自給率

2

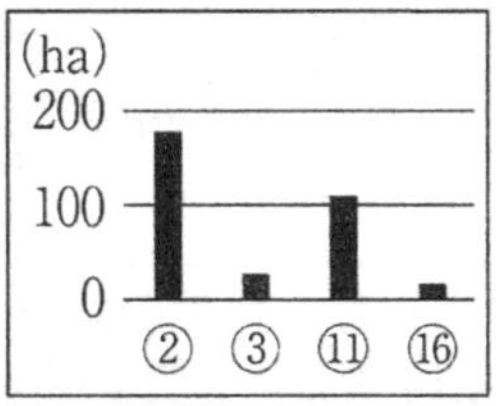

②，③，⑪，⑯の国の農業従事者1人当たりの農地面積

3

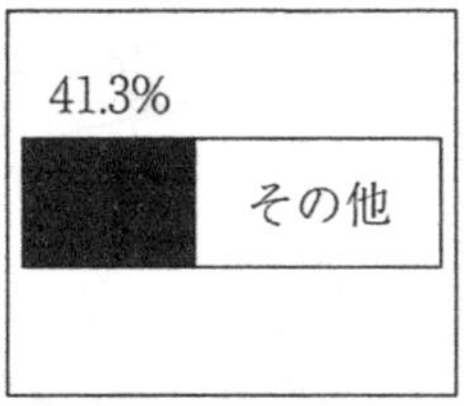

②の国の国土面積に占める農地の割合

4

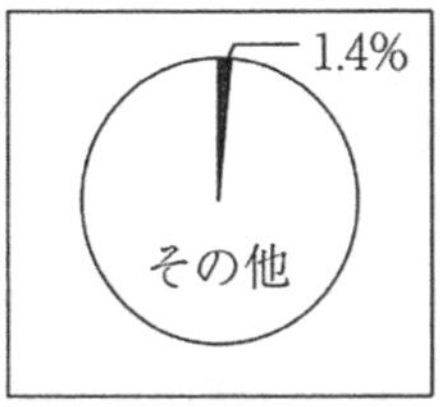

②の国の総就業人口に占める農林水産人口の割合

（注）データは2017年のものである。（世界国勢図会2020/21などにより作成）

(4)　Ｃさんは，図Ⅰ中の⑩の国に興味をもち調べた。次は，Ｃさんが作成したレポートの一部である。これについて，下のア～エに答えなさい。

1　**調査のテーマ**
アラブ首長国連邦の経済は，どのように発展してきたのか。

2　**仮説（テーマに対する予想）**
サウジアラビアなどと同じように，石油を輸出して得た利益をもとに，経済が発展してきたのではないか。

3　**調査方法**
教科書や地図帳，インターネットを利用して，産業や貿易の特徴，ⓐアラブ首長国連邦の人々の生活や文化，ⓑ世界の石油産業の状況について調べる。

アラブ首長国連邦にある
世界で最も高いビル

4　**調査結果と考察**
アラブ首長国連邦は，原油を輸出して得た利益をもとに，経済発展をとげてきた。しかし，表Ⅰから分かるように，石油などの資源は，［　あ　］ため，表Ⅱから分かるように，近年は，ⓒ原油の輸出のみに頼る経済からの脱却を進めている。

表Ⅰ　エネルギー資源の採掘が可能な年数（2017年）

資　源	年　数
石油	50年
天然ガス	53年
石炭	134年

表Ⅱ　アラブ首長国連邦の輸出品上位４品目が輸出総額に占める割合（％）

1990年		2017年	
原油	74.7	機械類	21.1
機械類	3.3	原油	12.4
繊維品	2.6	石油製品	9.5
アルミニウム	1.9	貴金属装身具	7.4

（データブック オブ・ザ・ワールド2021年版などにより作成）

ア　下線部ⓐについて，アラブ首長国連邦をはじめとする西アジアの国々で，最も多くの人々に信仰されている宗教は何か。答えなさい。

イ　下線部ⓑについて，表Ⅲは西アジアのおもな産油国の原油産出量を示しており，図Ⅱは，各国の値の100万の位を四捨五入した上で，主題図にまとめたものである。アラブ首長国連邦に該当する部分を，他の国の例にならって作成しなさい。

表Ⅲ　（2019年）

国　名	原油産出量（万ｋＬ）
サウジアラビア	56,898
イラク	27,271
アラブ首長国連邦	18,095

（世界国勢図会2020/21により作成）

図Ⅱ

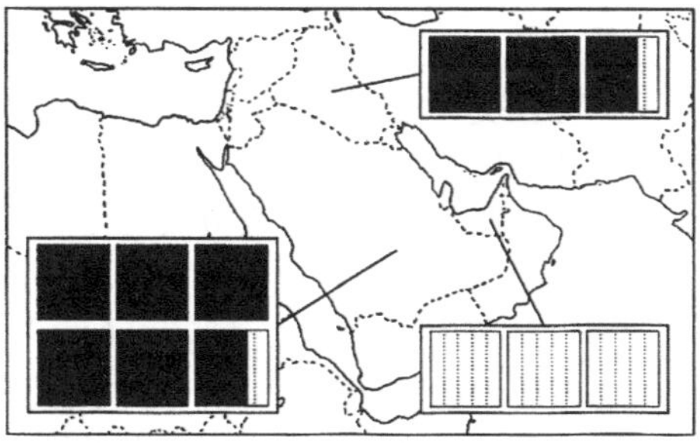

ウ　レポート中の［　あ　］に適切な語句をおぎない，文を完成させなさい。

エ　下線部ⓒのように，特定の資源や作物の輸出によって成り立つ経済を何というか。答えなさい。

3　Hさんは，江戸時代までの道の歴史と人々との関わりを調べ，発表の準備のために次のスライドA～Dを作成した。これについて，あとの(1)～(5)に答えなさい。

スライドA

戦国大名は，物資の輸送，敵からの防御，家臣との連絡などのため，道づくりに力を入れた。

①織田信長

スライドB

②五街道をはじめ全国各地の道が整備され，③参勤交代や旅行などに利用された。

五街道の起点 日本橋

スライドC

源頼朝が鎌倉幕府を開いたあと，幕府によって新たな道の整備が進められた。

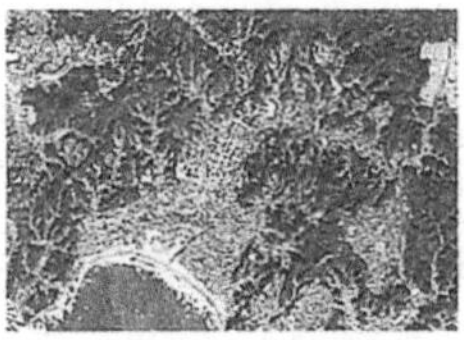

現在の鎌倉の写真

スライドD

④平城京の中央に幅約70メートルの道が南北にしかれ，碁盤目状に土地が区画された。

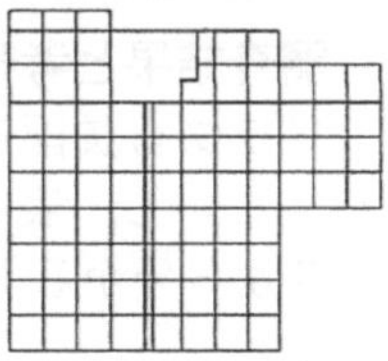

平城京の区画割

(1)　スライドAに関連して，下線部①が行った政策について述べた文として正しいものを，次の1～4から一つ選び，記号で答えなさい。

1　欧米の文化を取り入れ，道路沿いにガス灯やれんが造りの建物を建設した。
2　各地の特産物や布を納める調・庸を，人々が自分で都まで運ぶことを定めた。
3　米などを運ぶため，西廻り航路や東廻り航路などの海上交通網を整備した。
4　流通のさまたげになっていた各地の関所を廃止し，交通の便をはかった。

(2)　スライドBに関連して，次のア，イに答えなさい。

ア　次の文は，下線部②に関連する書物についてHさんが説明したものである。文中の（　あ　）にあてはまる人物は誰か。答えなさい。

（　あ　）が書いた『東海道中膝栗毛』は，人々の旅行への興味をかきたてた。

イ　Hさんは，下線部③について調べ，発表原稿と図Ⅰにまとめた。発表原稿を参考にして，（　い　）にあてはまる都市名を答えなさい。

発表原稿

参勤交代とは，武家諸法度で定められた制度で，これによって将軍と大名の主従関係が明確になりました。

また，図Ⅰから分かるように，長州藩は，藩内だけでなく，（　い　）でも多くの経費を使っており，参勤交代が経済的な負担になっていたと考えられます。

図Ⅰ　長州藩の経費のうち銀で支出されたものの内訳（1754年）

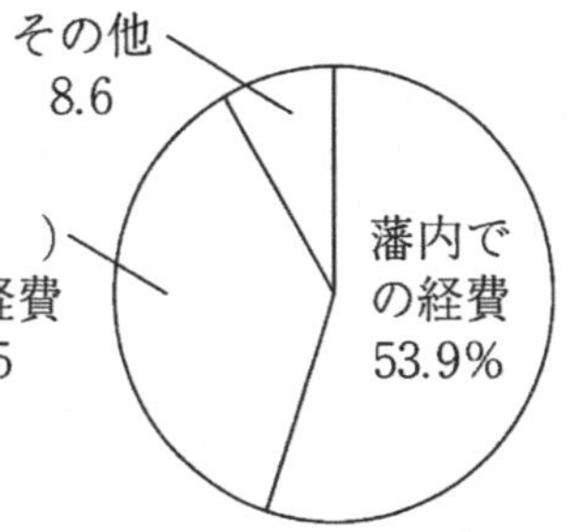

（萩市史第一巻などにより作成）

(3) スライドCに関連して，次のア，イに答えなさい。

ア　Hさんは，スライドCについて詳しく説明するため，資料Ⅰを作成した。スライドCを参考にして，資料Ⅰ中の［　う　］にあてはまる語句と（　え　）にあてはまる語の組み合わせとして正しいものを，次の1～4から一つ選び，記号で答えなさい。

資料Ⅰ

源頼朝が幕府を開いた鎌倉は，［　う　］であった。また，鎌倉に入るまでの道には，右の写真のような（　え　）が設けられた。

1　う - 広大な盆地に位置し，陸上交通の要　　え - 切通し
2　う - 広大な盆地に位置し，陸上交通の要　　え - 水城
3　う - 三方を山に囲まれ，南は海に面している地　　え - 切通し
4　う - 三方を山に囲まれ，南は海に面している地　　え - 水城

イ　Hさんは，スライドCと同時期の世界の歴史について調べる中で，十字軍の遠征路に興味をもち，図Ⅱを作成した。次のX，Yは，図Ⅱおよび十字軍に関して述べたものである。X，Yについて，その正誤の組み合わせとして正しいものを，下の1～4から一つ選び，記号で答えなさい。

X　十字軍の遠征の影響により，東西の人やものの交流がさかんになった。
Y　この遠征で，十字軍の当初の目的である，聖地の奪回に成功した。

1　X - 正　Y - 正　　2　X - 正　Y - 誤
3　X - 誤　Y - 正　　4　X - 誤　Y - 誤

図Ⅱ　1202年に出発した十字軍の遠征路

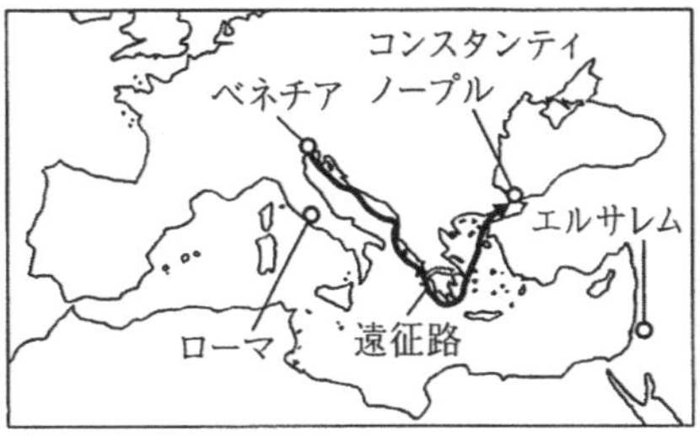

（注）→は，遠征路の出発地から到着地までの道のりを示している。

(4) スライドDに関連して，下線部④が当時の中国の都にならってつくられたことに着目したHさんは，同時期の日本と他国とのつながりについて調べ，図Ⅲ，資料Ⅱを作成した。

資料Ⅱ中のペルシャ産のガラス細工は，日本にどのようにしてもたらされたのか。図Ⅲ，資料Ⅱを参考にして説明しなさい。

図Ⅲ

資料Ⅱ

下の宝物は，日本に伝えられ，東大寺の正倉院におさめられている，西アジアのペルシャ産のガラス細工である。

この時期に，日本は大陸の進んだ文化や制度を取り入れようと，遣唐使を派遣した。遣唐使は，菅原道真の意見で中止が決定されるまで，十数回にわたり派遣された。

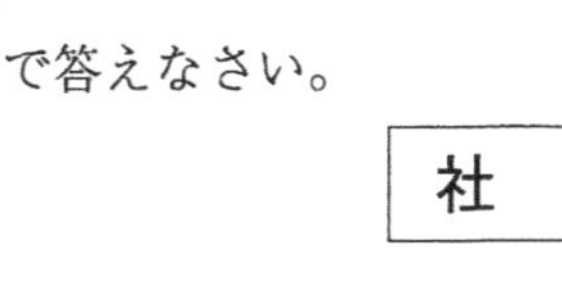

(5) スライドA～Dを，内容の年代が古い順に並べ，記号で答えなさい。

4　Sさんと Y さんは，社会科の授業で学習したことについて，それぞれ興味があることを，美術館や文書館などのウェブサイトで調べた。次はその一部である。これについて，あとの(1)～(6)に答えなさい。

Sさんのレポート：美術館の絵からみえる世界の歴史

ボッティチェリ作「春」

この絵は，ギリシャ神話の花の女神や美の三女神などが描かれ，春の喜びを表している。①古代ギリシャ・ローマの文化をもとにした芸術の特徴がよく表れている。

ダヴィド作「ナポレオンの戴冠式」

この絵は，ナポレオンが国民投票を経て皇帝になったときのようすを描いている。ナポレオンはヨーロッパの大半を支配した。その結果，②自由と平等など，この国で起きた革命の成果が広まった。

Yさんのレポート：山口県文書館の資料からわかる日本の歴史

資料Ⅰ

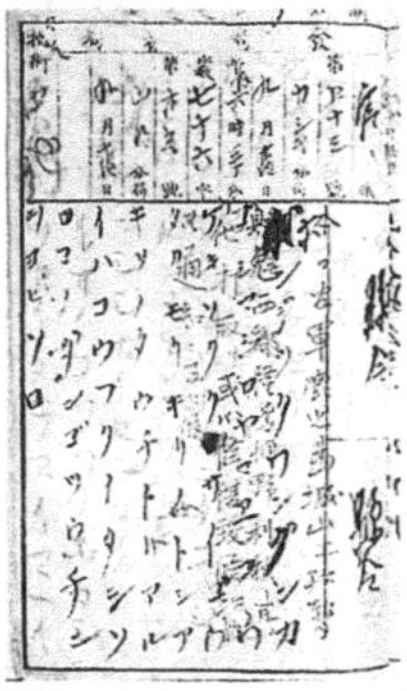

資料Ⅰは，鹿児島県令から山口県令へ送られた電報である。政府軍が③鹿児島の城山を攻撃し，西郷隆盛その他を打ち取ったり降伏させたりしたという内容が書かれている。

資料Ⅱ

資料Ⅱは，山口県の養蚕の歴史をまとめた『山口県之蚕糸業』という冊子である。山口県には，明治時代末期から大正時代にかけて，岩国，萩などに④製糸工場があった。

資料Ⅲ

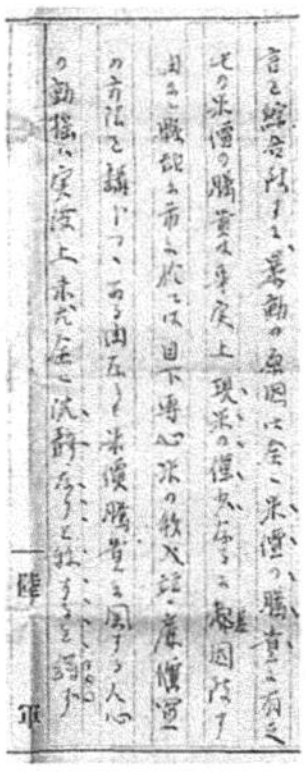

資料Ⅲは，陸軍参謀次長に，名古屋の状況を伝えた書簡である。暴動の原因はすべて米価の高騰であること，シベリア出兵に動員する兵士のための食料調達が，一層の米不足を招いていることなど，⑤この年に起きた暴動のようすが書かれている。

資料Ⅳ

資料Ⅳは，⑥1970年に大阪で日本万国博覧会が開催されたときに配布された広告である。「万国博がやってくる」「規模も内容もケタはずれ」といったキャッチフレーズや，明るいデザインに，当時の雰囲気がよく表れている。

(1) 下線部①について，このような芸術作品を生んだ，14世紀頃から西ヨーロッパ各地に広がった芸術，学問などの新しい風潮を何というか。答えなさい。

(2) 下線部②に関連して，次のア，イに答えなさい。

ア この革命で，自由と平等，人民主権，言論の自由，私有財産の不可侵などを唱えて発表されたものを，次の１～４から一つ選び，記号で答えなさい。

１ 権利の章典　　２ 人権宣言　　３ 独立宣言　　４ 大西洋憲章

イ 自由と平等の精神は，日本にも明治時代に欧米の近代化の背景となる思想として紹介された。明治時代に欧米のようすや思想を日本に紹介した人物のうち，『学問のすゝめ』の中で「天は人の上に人をつくらず」という言葉を残した人物は誰か。答えなさい。

(3) 下線部③について，この戦いが起こった時期を，右の年表の１～４から一つ選び，記号で答えなさい。

年	できごと	
1868	戊辰戦争の開始	
		1
1871	廃藩置県	
		2
1873	徴兵令	
		3
1876	帯刀の禁止	
		4
1881	自由党の結成	

(4) 下線部④に関連して，Ｙさんは，生糸が日本の主要な輸出品であったことに興味をもち，図Ⅰ，図Ⅱを用いて，明治時代初期と大正時代初期の日本の貿易のようすを比較したところ，生糸以外の品目にも大きな変化がみられることに気づいた。図Ⅱにおいて，図Ⅰよりも綿花の輸入が大幅に増加している理由を，図Ⅱの輸出品目に着目し，解答欄の書き出しに続けて説明しなさい。

図Ⅰ 明治時代初期の日本の貿易(1868年)

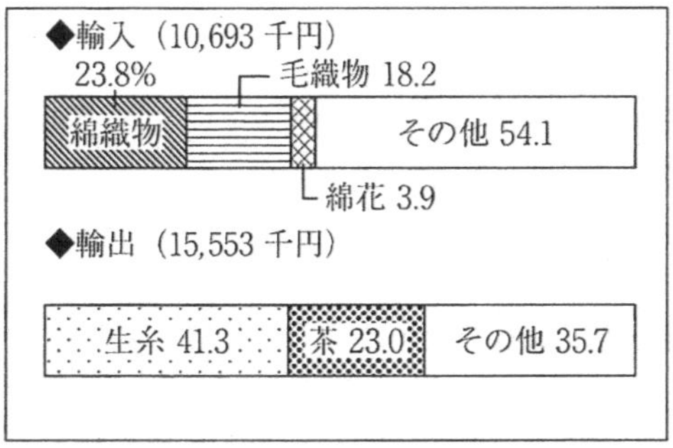

図Ⅱ 大正時代初期の日本の貿易(1915年)

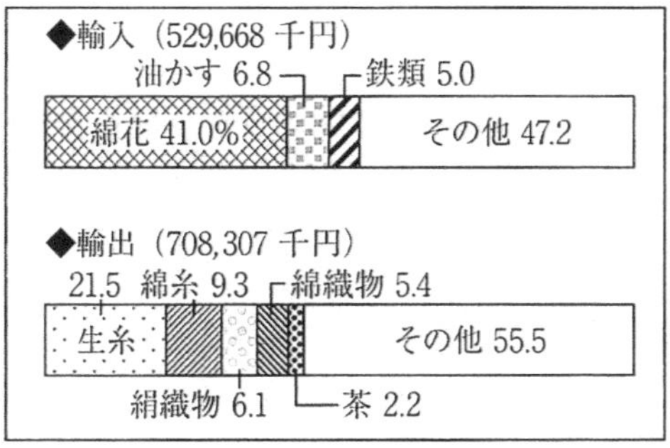

（明治大正国勢総覧により作成）

(5) 下線部⑤に関連して，この年に起こったできごとを，次の１～４から一つ選び，記号で答えなさい。

１ 立憲政友会の原敬が首相となり，本格的な政党内閣が組織された。
２ 藩閥政治を批判する護憲運動により，桂太郎内閣が退陣した。
３ 10年後に国会を開くことを約束する，国会開設の勅諭が出された。
４ 第１回衆議院議員選挙が行われ，自由民権派の政党の議員が多数をしめた。

(6) 下線部⑥に関連して，次の１～４は，第二次世界大戦後から日本万国博覧会の開催までの日本の経済に関するできごとである。１～４を年代の古い順に並べ，記号で答えなさい。

１ 池田勇人内閣によって，国民所得倍増計画が発表された。
２ ＧＨＱの指示で，日本の産業や経済を支配してきた財閥の解体が始まった。
３ 国民総生産が，資本主義国の中でアメリカに次ぐ第２位となった。
４ 朝鮮戦争の軍需物資の生産を引き受け，特需景気が起こった。

5 次は，生徒と先生の会話の一部である。これを読んで，あとの(1)～(7)に答えなさい。

生徒： 今年の４月から，成年年齢が引き下げられるそうですね。どのような経緯で，成年年齢が20歳から18歳へと引き下げられることになったのですか。

先生： 日本における成年年齢は，明治９年以来，20歳とされていました。ところが近年，①公職選挙法の選挙権年齢や，②日本国憲法の改正手続きにおける国民投票の投票権年齢が満18歳以上と定められるなど，18歳，19歳の若者にも国政上の重要な事項の判断に参加してもらうための政策が進められてきました。こうした流れをふまえて，市民生活に関する基本法である民法においても，18歳以上の人を成年として取り扱うのが適当ではないかという議論がされるようになりました。また，③国際社会においても，成年年齢を18歳とするのが主流です。このようなことから，④国会での審議を経て，成年年齢が18歳に引き下げられることになりました。

生徒： 成年年齢に達すると，市民生活を送るうえで，未成年のときと比べてどのような違いがあるのですか。

先生： 例えば，保護者の同意を得なくても，⑤自動車など高額な商品を購入することができます。ただ，現在でも，成年年齢を迎えた直後の若者が，⑥消費者トラブルにあう事例が多くみられるので注意が必要です。

生徒： 成年年齢を迎えると大人の仲間入りだから，個人の判断でさまざまなことができるということですね。以前，授業で学んだ「権利・⑦義務・責任」についての内容を思い出しました。

(1) 下線部①について，次のア，イに答えなさい。

ア 日本の選挙の原則のうち，財産や性別などに関係なく，満18歳以上のすべての国民に選挙権を保障する原則を，次の１～４から一つ選び，記号で答えなさい。

１ 直接選挙　　２ 平等選挙　　３ 秘密選挙　　４ 普通選挙

イ 表Ⅰは，公職選挙法が改正され，選挙権年齢が満18歳以上に引き下げられてから行われた国政選挙の実施年月について示したものである。表Ⅰ中の（ あ ）にあてはまる年を答えなさい。また，そのように判断した理由を，日本国憲法の規定にもとづいて，簡潔に述べなさい。

表Ⅰ

実施年月	国政選挙
2016年７月	第24回参議院議員通常選挙
2017年10月	第48回衆議院議員総選挙
（ あ ）年７月	第25回参議院議員通常選挙
2021年10月	第49回衆議院議員総選挙

（注）再選挙，増員選挙，補欠選挙は含まない。

(2) 下線部②について，日本国憲法を改正するためにはどのような手続きが必要か。「各議院」と「過半数」という二つの語を用いて説明しなさい。

(3) 下線部③に関連して，次のア，イに答えなさい。

ア　国際社会では，さまざまな地域で国際協力の体制がみられる。図Ⅰ中の で示された国と地域からなる政府間協力の枠組みを，下の１～４から一つ選び，記号で答えなさい。

図Ⅰ

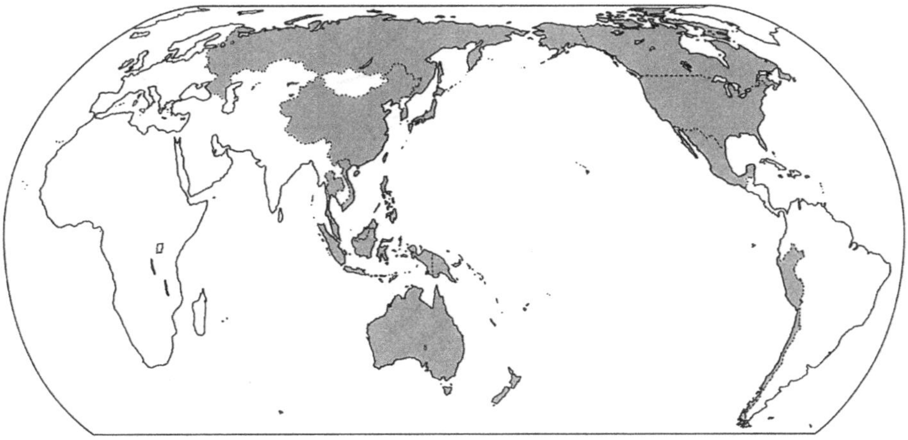

１　ＡＰＥＣ　　２　ＡＵ　　３　ＡＳＥＡＮ　　４　ＥＵ

イ　国際社会における課題として，南南問題がある。南南問題とは，どのような問題か。「格差」という語を用いて，簡潔に説明しなさい。

(4) 下線部④について，表Ⅱは，日本の国会の種類について，大まかにまとめたものである。表Ⅱ中の（　a　）～（　c　）にあてはまる語の組み合わせとして正しいものを，下の１～６から一つ選び，記号で答えなさい。

表Ⅱ

（　a　）	会期は150日間で，毎年１回，１月に召集される。
（　b　）	内閣または，いずれかの議院の総議員の４分の１以上の要求があった場合に召集される。
（　c　）	衆議院解散後の総選挙の日から30日以内に召集される。

１　a - 臨時会　　b - 常会　　c - 特別会
２　a - 臨時会　　b - 特別会　　c - 常会
３　a - 常会　　b - 臨時会　　c - 特別会
４　a - 常会　　b - 特別会　　c - 臨時会
５　a - 特別会　　b - 臨時会　　c - 常会
６　a - 特別会　　b - 常会　　c - 臨時会

(5) 下線部⑤に関連して，図Ⅱは，ものやサービスが自由に売買される市場における自動車の需要量，供給量，価格の関係を示したものであり，図Ⅱ中のｘとｙは，需要曲線または供給曲線である。技術の進歩によって自動車の生産効率が上がった場合，一般的にｘまたはｙのどちらがどのように移動するか。移動のようすを示したものとして最も適切なものを，次の１～４から選び，記号で答えなさい。

図Ⅱ

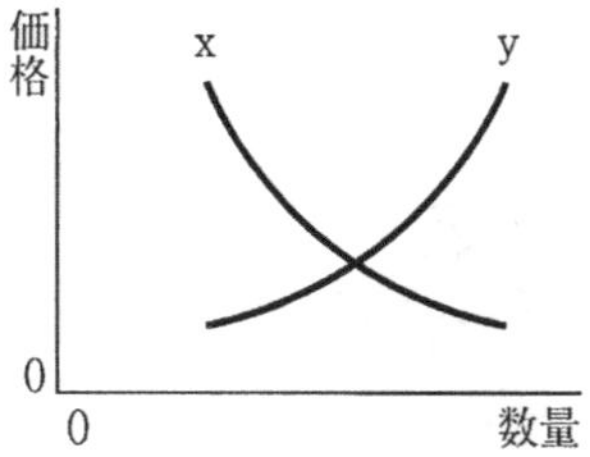

1

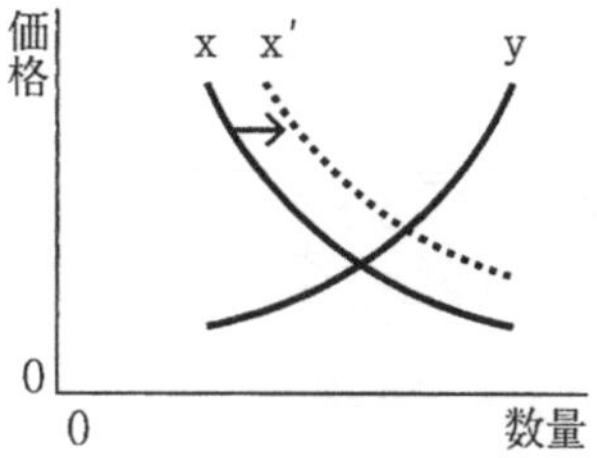

2

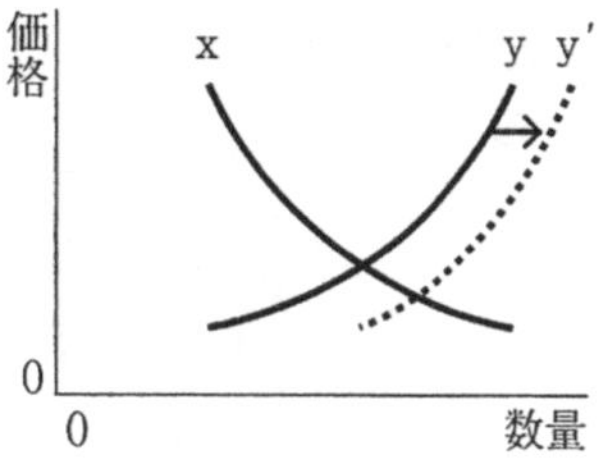

3

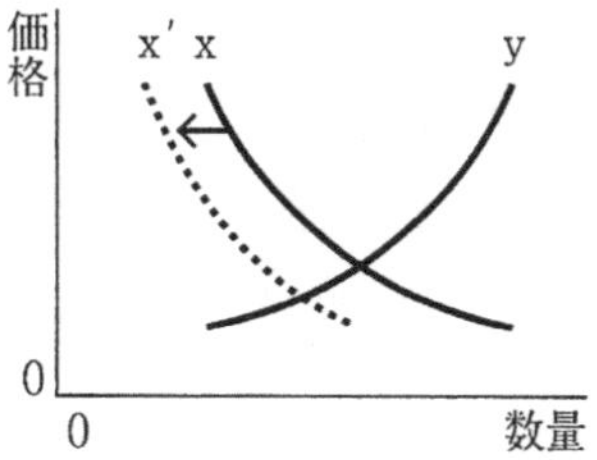

4

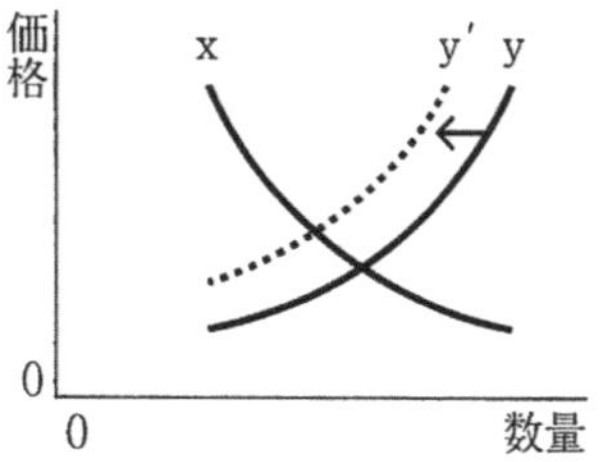

（注）x′はxの移動後の，y′はyの移動後の曲線をそれぞれ示している。

(6) 下線部⑥に関連して，消費者を保護する制度として，日本で1994年に制定された，欠陥商品により消費者が被害を受けた際に，その損害賠償を企業に義務づけた法律を何というか。答えなさい。

(7) 下線部⑦に関連して，国民の義務の一つに納税の義務がある。国民はさまざまな税金を負担する一方で，納めた税金は社会保障などに支出される。表Ⅲは，日本の社会保障制度について，大まかにまとめたものである。表Ⅲ中の（　い　）にあてはまる語を答えなさい。

表Ⅲ

種　類	内　容
社会保険	医療保険，介護保険，雇用保険，年金保険など
社会福祉	高齢者福祉，児童福祉，障がい者福祉，母子福祉など
（　い　）	感染症予防，公害対策，下水道整備，廃棄物処理など
公的扶助	生活保護（生活，住宅，教育，医療などの扶助）など

6 Nさんのクラスでは，地球規模の課題の中から関心のあるテーマを一つ選んで，レポートを作成することにした。次は，Nさんが作成したレポートの一部である。これについて，あとの(1)～(6)に答えなさい。

地球温暖化についてのレポート

【地球温暖化とは】

・ 地球温暖化とは，大気中に二酸化炭素などの温室効果ガスが増えることで，地球の気温が高くなっていく現象である。

・ 地球温暖化の進行は，干ばつ，洪水，①海面の上昇などを引き起こし，自然環境や私たちの生活に大きな影響を及ぼすため，②地球環境問題の一つとして世界各国で対策が進められている。

【地球温暖化への対策】

・ 日本をはじめとする世界各国で，温室効果ガスの増加をおさえるための取り組みとして，③再生可能エネルギーを利用した発電の普及が進められている。

太陽光を利用した発電施設

【国際社会における取り組み】

1992年：国連環境開発会議（地球サミット）

当時の④国際連合加盟国のほぼすべてに相当する172か国が参加して，気候変動枠組条約が調印された。

1997年：気候変動枠組条約第3回締約国会議（COP3）

二酸化炭素などの温室効果ガスの排出量について，1990年を基準年として削減目標を定める⑤京都議定書が採択された。

2015年：気候変動枠組条約第21回締約国会議（COP21）

温室効果ガス排出量の削減目標について，京都議定書にかわる新たな枠組みとして，⑥産業革命前からの気温上昇を2℃未満におさえることなどを定めた協定が採択された。

(1) 下線部①に関連して，今から約1万年前に地球が温かくなって海面が上昇し，現在の日本列島の姿ができあがった。このころの日本列島で暮らす人々のようすを述べた文として最も適切なものを，次の1～4から選び，記号で答えなさい。

1 たて穴住居に住み，狩猟や採集，漁を中心に生活した。
2 太陽の動きをもとに，1年を365日とする太陽暦を発明した。
3 王や豪族の墓として，各地に前方後円墳などの古墳をつくった。
4 稲作をさかんにおこない，収穫した米を高床倉庫にたくわえた。

(2) 下線部②に関連して，環境問題に関する日本の法律について，次の1～3を，制定された年の古い順に並べ，記号で答えなさい。

1 環境基本法　　2 公害対策基本法　　3 循環型社会形成推進基本法

(3)　下線部③について，Nさんは，ある再生可能エネルギーの普及を進めているブラジルの取り組みについて興味をもち，図Ⅰ～Ⅲを作成した。図Ⅰ，図Ⅱ中の（　あ　）にあてはまる再生可能エネルギーは何か。図Ⅲを参考にして，答えなさい。

図Ⅰ　ブラジルの発電量の内訳（2019年）

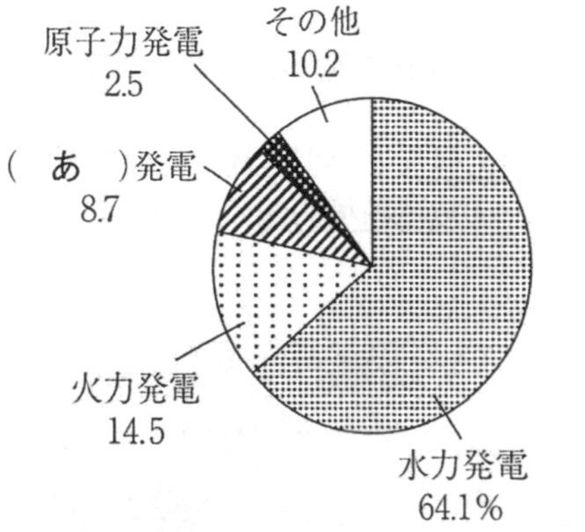

（アメリカ合衆国エネルギー省資料により作成）

図Ⅱ　ブラジルの（　あ　）による発電量の推移

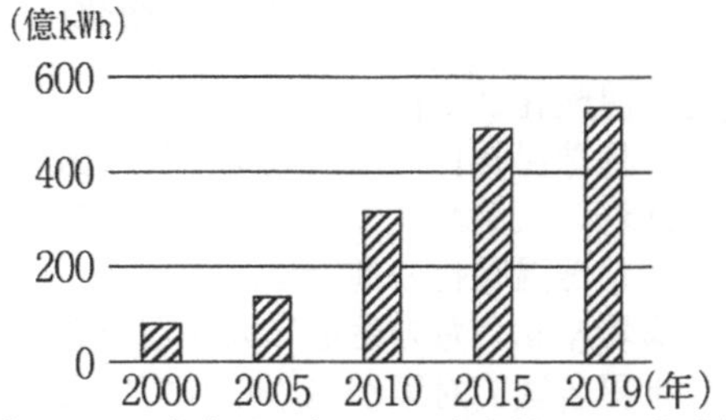

（アメリカ合衆国エネルギー省資料により作成）

図Ⅲ　ブラジルのさとうきびの生産量と砂糖の生産量の推移

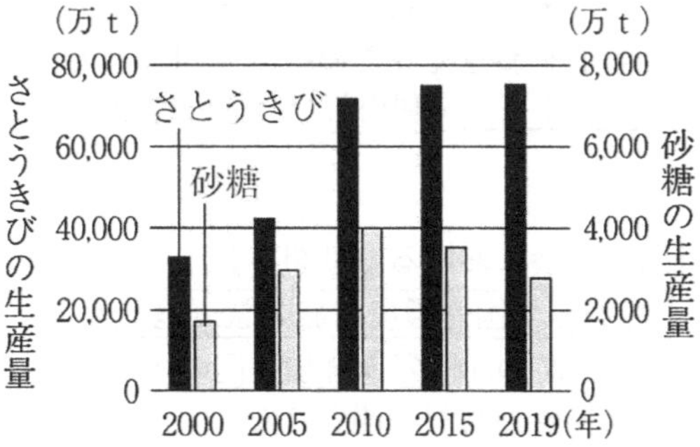

（国際連合食糧農業機関資料により作成）

(4)　下線部④について，図Ⅳは1985年から1995年までの国際連合の加盟国総数の推移を示したものである。図Ⅳ中のXの期間において加盟国総数が大幅に増加している理由について，Nさんは，社会科の授業で学習した図Ⅴのできごとを参考にして考察した。下のNさんの考察が正しいものとなるように，（　い　）に適切な語を，[　う　]に適切な語句をそれぞれおぎない，文を完成させなさい。

図Ⅳ　国際連合の加盟国総数の推移

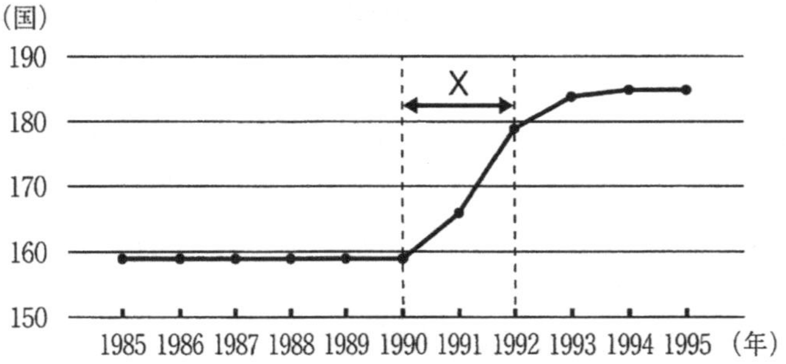

（国際連合広報センター資料により作成）

図Ⅴ

ベルリンの壁の崩壊（1989年）

Nさんの考察

図Ⅴのできごとを踏まえると，図Ⅳ中のXの期間に国際連合の加盟国総数が大幅に増加しているおもな理由は，1989年に（　い　）が終結し，Xの期間に[　う　]ことによって，多くの国々が独立を果たして国際連合に加盟したからではないか。

(5)　下線部⑤に関連して，図Ⅵから，2018年の世界全体の二酸化炭素排出量は，京都議定書の基準年と比較して増加したことが読み取れる。図Ⅶ，表Ⅰ，表Ⅱから読み取れることを関連付けながら，2018年の世界全体の二酸化炭素排出量が増加した理由として考えられることを，説明しなさい。

図Ⅵ　世界全体の二酸化炭素排出量

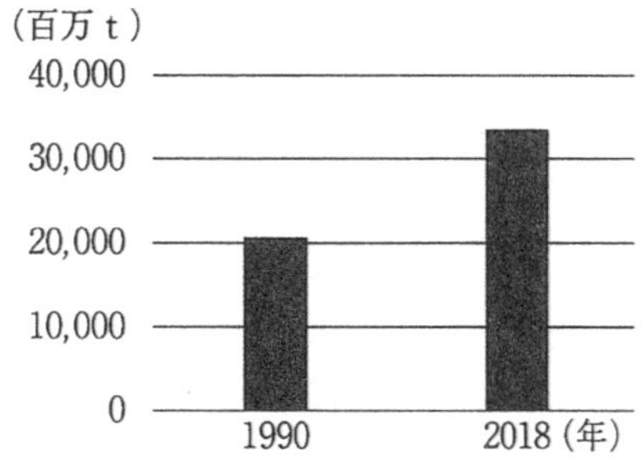

(世界国勢図会2021/22により作成)

図Ⅶ　おもな京都議定書締約国の人口１人当たりのＧＤＰ

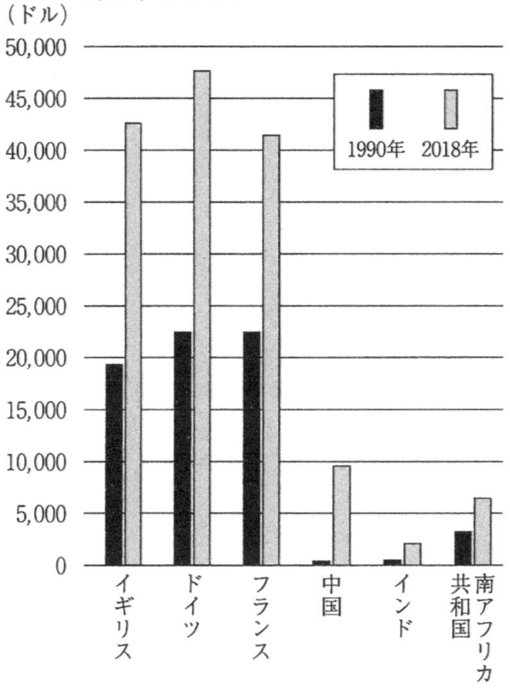

(世界国勢図会2021/22などにより作成)

表Ⅰ　おもな京都議定書締約国の1990年を基準年とした二酸化炭素排出量の増減率(2018年)

国名	増減率（%）
イギリス	－35.9
ドイツ	－26.0
フランス	－12.4
中国	＋356.1
インド	＋335.5
南アフリカ共和国	＋75.4

(世界国勢図会2021/22により作成)

表Ⅱ　おもな京都議定書締約国の1990年を基準年とした温室効果ガス排出量の削減目標値(%)

国名	2008年から2012年まで	2013年から2020年まで
イギリス	－８	－20
ドイツ	－８	－20
フランス	－８	－20
中国	目標値なし	
インド	目標値なし	
南アフリカ共和国	目標値なし	

(6)　下線部⑥の協定の名称は何か。答えなさい。

令和４年度山口県公立高等学校
入学者選抜学力検査問題

理　科

（ 第５時限　14：10～15：00　50分間 ）

注　意

1　指示があるまで，開いてはいけません。

2　答えは，すべて解答用紙に記入しなさい。

3　解答用紙は，問題用紙の中に，はさんであります。

4　問題用紙は，表紙を除いて10ページで，問題は［1］から［9］までです。

1 図1の1～5のカードは，原子またはイオンの構造を模式的に表したものである。下の(1)，(2)に答えなさい。ただし，電子を●，陽子を◎，中性子を○とする。

図1

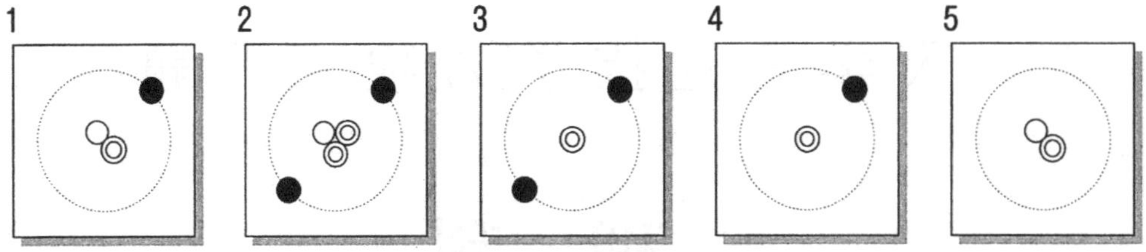

(1) イオンを表しているものを，図1の1～5からすべて選び，記号で答えなさい。

(2) 図1の1で表したものと同位体の関係にあるものを，図1の2～5から1つ選び，記号で答えなさい。

2 カーリングでは，氷の上で目標に向けて，図1のようにストーンを滑らせる。ストーンは，選手が手をはなした後も長い距離を進み続けるが，徐々に減速して止まったり，別のストーンに接触して速さや向きを変えたりする。次の(1)，(2)に答えなさい。

図1

(1) 氷の上を動いているストーンが徐々に減速するのは，動いている向きと反対の向きの力がストーンの底面にはたらくからである。このように，物体どうしがふれ合う面ではたらき，物体の動きを止める向きにはたらく力を何というか。書きなさい。

(2) 図2は，静止しているストーンBと，ストーンBに向かって動いているストーンAの位置を真上から見たものであり，⇧は，ストーンAの動いている向きを表している。

また，図3は，ストーンBにストーンAが接触したときの位置を真上から見たものであり，•――→は，2つのストーンが接触したときに，ストーンBがストーンAから受けた力を表している。

2つのストーンが接触したとき，ストーンAがストーンBから受けた力を，図3に矢印でかきなさい。なお，作用点を「•」で示すこと。

図2

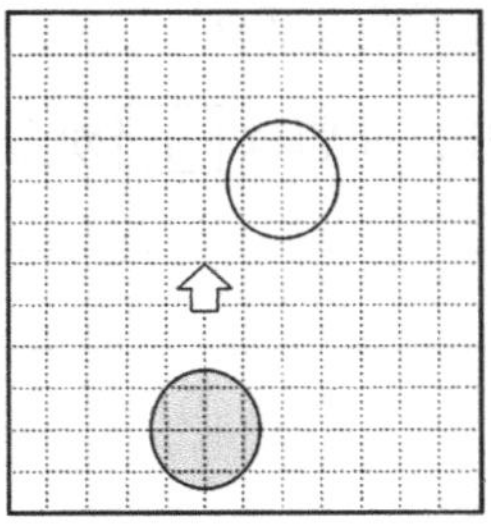

図3

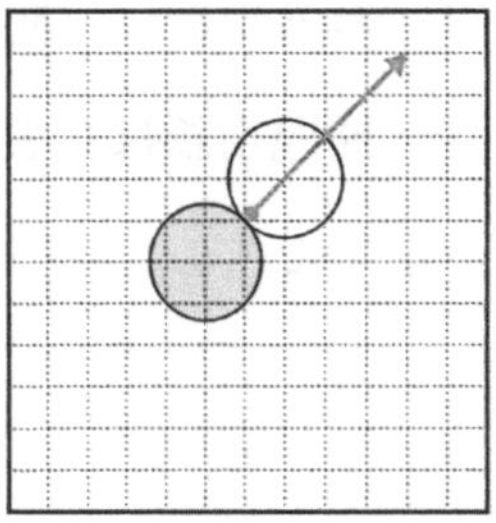

3　Kさんは，正月飾りにウラジロやイネといった植物が使われていることに興味をもち，植物の体のつくりにおける共通点や相違点を調べ，図1のように分類した。次の(1)，(2)に答えなさい。

図1

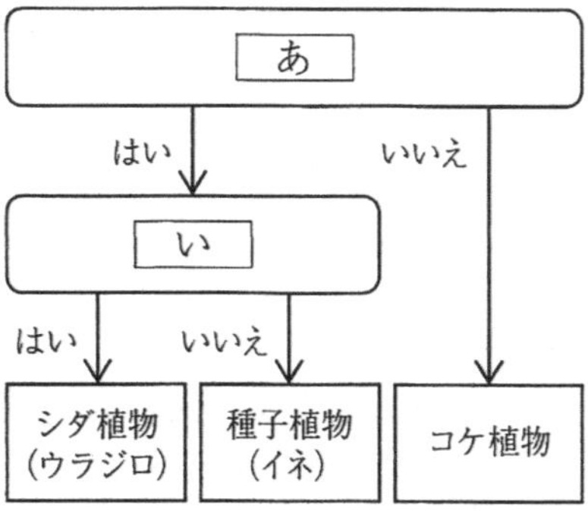

(1)　あ，い にあてはまる文を，次の1～4からそれぞれ1つずつ選び，記号で答えなさい。

1　種子をつくる。
2　胞子をつくる。
3　維管束がある。
4　子房の中に胚珠がある。

(2)　Kさんは，種子植物であるイネについてさらに調べを進め，イネが単子葉類に分類されることを知った。次の文が，イネの体のつくりを説明したものとなるように，(　　)の中のa～dの語句について，正しい組み合わせを，下の1～4から1つ選び，記号で答えなさい。

葉脈が（ a 網状脈　b 平行脈 ）で，（ c 主根と側根からなる根　d ひげ根 ）をもつ。

1　aとc　　2　aとd　　3　bとc　　4　bとd

4　ある中学校では，図1のような緊急地震速報を受信したという想定で避難訓練を実施した。次の(1)，(2)に答えなさい。

図1

緊急速報（訓練）
緊急地震速報 ●●で地震発生。強いゆれに備えてください。

(1)　地震の規模の大小を表す値を何というか。書きなさい。

(2)　次の文が，緊急地震速報について説明したものとなるように，(　　)の中のa～dの語句について，正しい組み合わせを，下の1～4から1つ選び，記号で答えなさい。

地震発生後，地震計で感知した（ a P波　b S波 ）を直ちに解析することで，各地の（ c 初期微動　d 主要動 ）の到達時刻やゆれの大きさなどを予測し，伝えるしくみである。

1　aとc　　2　aとd　　3　bとc　　4　bとd

5　Lさんは，図1のような，長さの異なる水筒に飲み物を入れるとき，水筒によって，音の高さの変化のしかたが異なることに気づいた。この音の高さの変化について調べるため，太さが同じ試験管を用いて，Mさんと次の実験を行った。あとの(1)～(3)に答えなさい。ただし，実験における息の吹きかけ方は同じとする。

図1

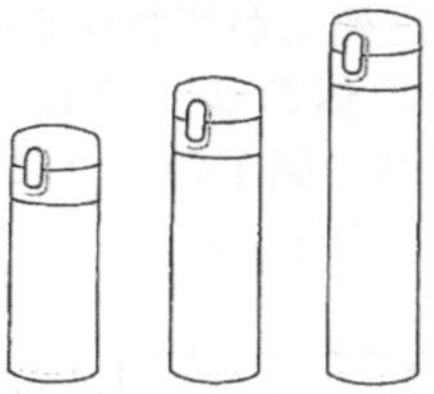

［実験］

① 図2のような太さが同じで，長さが 14 cm の試験管A，16 cm の試験管B，18 cm の試験管Cを用意した。

② ①の試験管Aに，底から水面までの高さが 2 cm になるように水を入れた。

③ 図3のように，②の試験管の上端に息を吹きかけ，発生した音を，タブレット端末のアプリケーションで解析し，音の振動数を求めた。

④ ②の試験管に水をさらに加え，底から水面までの高さを，4 cm，6 cm，8 cm，10 cm に変えて，③の操作を行った。

⑤ 試験管Aを，試験管B，試験管Cに変えて，②～④の操作を行った。

⑥ 実験の結果を表1にまとめた。

図2

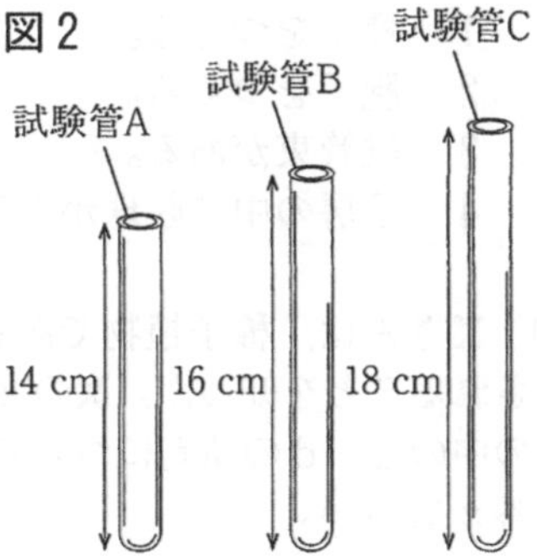

図3

表1

底から水面までの高さ〔cm〕	2	4	6	8	10
試験管Aの音の振動数〔Hz〕	708	850	1063	1417	2125
試験管Bの音の振動数〔Hz〕	607	708	850	1063	1417
試験管Cの音の振動数〔Hz〕	531	607	708	850	1063

(1)　実験において，音をタブレット端末に伝えたものは何か。書きなさい。

(2)　**図4**は，531 Hzのおんさを鳴らした後にオシロスコープの画面に表示された波形の1つである。また，次の**1**～**4**の中には，1063 Hzのおんさを鳴らした後にオシロスコープの画面に表示された波形が2つある。

図4をもとにして，1063 Hzのおんさを鳴らした後にオシロスコープの画面に表示された波形を，次の**1**～**4**から2つ選び，記号で答えなさい。ただし，オシロスコープが示す1目盛りの大きさはすべて等しいものとする。

図4

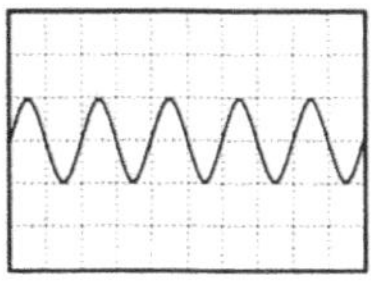

1

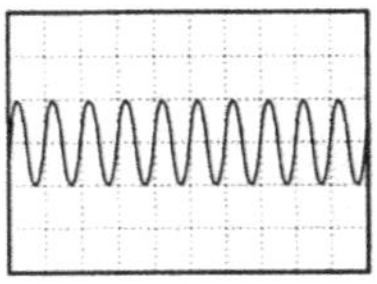

2

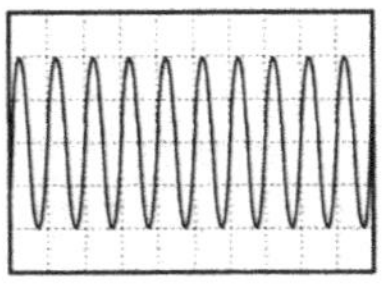

3

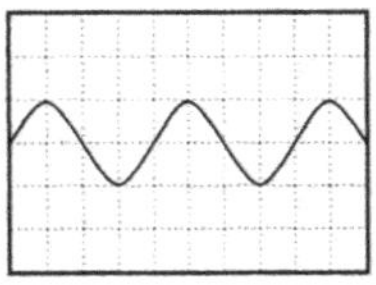

4

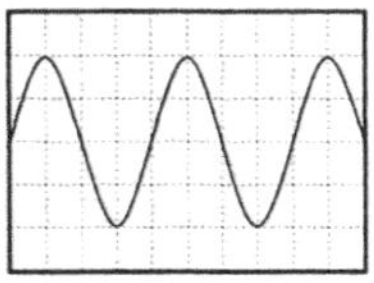

(3)　LさんとMさんは，次の［　　］のような会話をした。LさんとMさんの発言が，実験の結果をもとにしたものとなるように，下のア，イに答えなさい。

Lさん：　**表1**から，音の振動数は，［　あ　］の長さによって決まることがわかるね。
Mさん：　水筒に飲み物を入れるとき，音の高さの変化のしかたが異なるというLさんの気づきも，**表1**をもとに科学的に説明できそうだね。
Lさん：　太さが同じで長さの異なる水筒に飲み物を入れるとき，入れ始めの音の高さは，長い水筒ほど［　い　］ということだよね。
Mさん：　他にも，**表1**からは，太さが同じで長さの異なる水筒に同じ量の飲み物を入れるとすると，［　う　］水筒ほど，入れ始めから入れ終わりまでの音の振動数が大きく変化することもわかるよ。

ア　［　あ　］に入る適切な語句を，「試験管」という語を用いて答えなさい。

イ　［　い　］，［　う　］に入る語句について，正しい組み合わせを，次の**1**～**4**から1つ選び，記号で答えなさい。

	い	う
1	低い	短い
2	低い	長い
3	高い	短い
4	高い	長い

6 学校で飼育しているヒメダカを用いて，次の観察を行った。下の(1)～(4)に答えなさい。

［観察］

① 図1のように，水を入れたチャック付きのポリエチレン袋にヒメダカを入れ，チャックを閉めた。

② ①のヒメダカの尾びれの血管を，顕微鏡で観察し，タブレット端末で動画を撮影した。

③ 撮影した動画をもとに，図2のように，スケッチをかき，気づきをまとめた。

図1

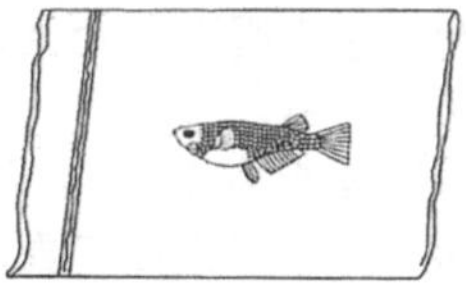

図2

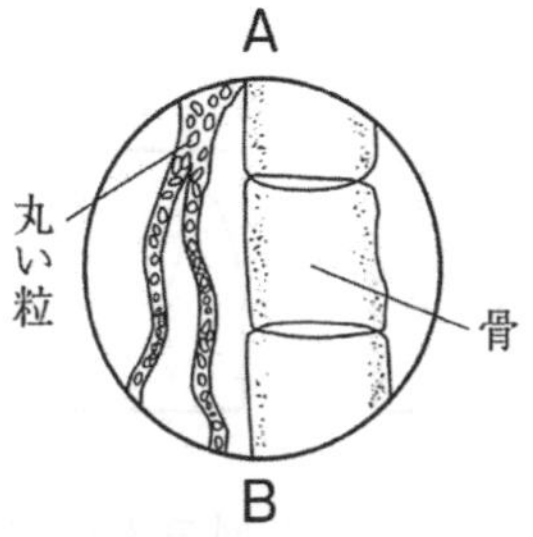

<気づき>

・ 骨に沿って血管が見られた。骨は，血管より太かった。

・ 血管内に，たくさんの(ア)丸い粒が見えた。(イ)丸い粒は，B側からA側に流れていた。

・ (ウ)血管がA側からB側へ枝分かれしていた。枝分かれした血管は，元の血管より細くなっていた。

(1) 飼育を続けていると，ヒメダカが産卵し子が卵からかえるようすを確認することができた。このように，親が卵を産んで，卵から子がかえるふやし方を何というか。書きなさい。

(2) 図2の下線(ア)は赤血球であり，体のすみずみに酸素を運ぶはたらきがある。次のア，イに答えなさい。

ア 血液は，赤血球などの固形成分と液体成分からなる。血液中の液体成分を何というか。書きなさい。

イ 赤血球が酸素を体のすみずみに運ぶことができるのは，赤血球にふくまれるヘモグロビンがどのような性質をもっているからか。簡潔に述べなさい。

(3) 図2のスケッチにおいて，ヒメダカの頭部は，A，Bのどちらの方向にあるか。書きなさい。また，そのように判断した根拠となる<気づき>を，図2の下線(イ)，(ウ)から1つ選び，記号で答えなさい。

(4) 図3は，ヒトの心臓のつくりと血液の流れを模式的に表しており，➔ は，心臓に出入りする血液が流れる方向を示している。

ヒメダカが，ヒトと同じセキツイ動物であることをふまえ，図3を参考にして，ヒメダカの血液の流れを表した模式図として正しいものを，次の1～4から1つ選び，記号で答えなさい。

図3

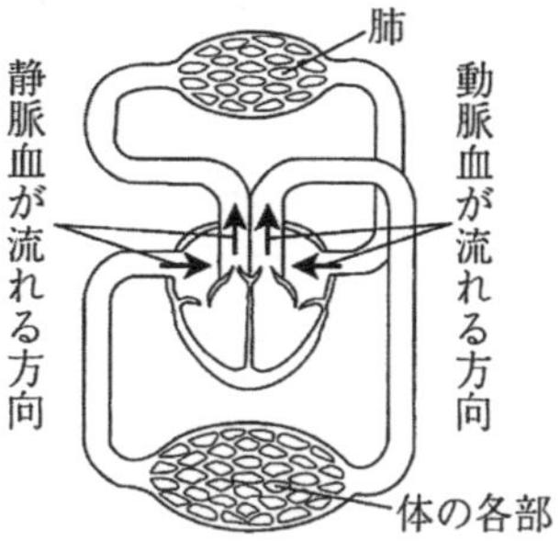

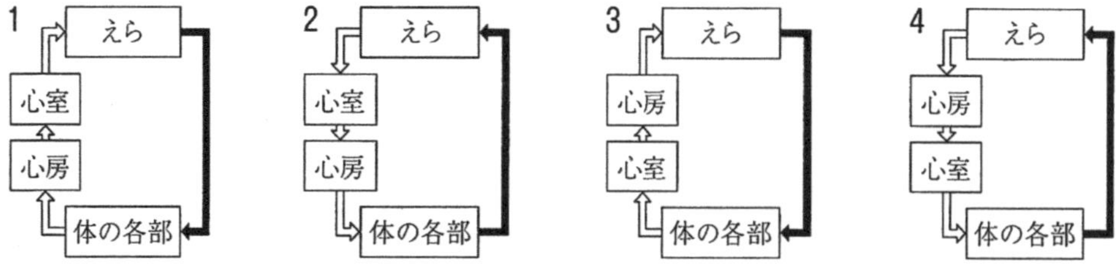

〔 ⇨ は静脈血の流れを，➡ は動脈血の流れを示している。〕

令四 山口県

国語解答用紙

＊印の欄には何も記入しないこと。

受検番号

得点

＊

点

※50点満点

一

＊

(一) (二) (三) (四) (五) Ⅰ Ⅱ Ⅲ (六)

(一)1点
(二)1点
(三)1点
(四)3点
(五)Ⅰ．1点
Ⅱ．1点
Ⅲ．2点
(六)2点

二

＊

(一) (二) (三) 〜 (四) (五) (六)

(一)1点
(二)1点
(三)2点
(四)2点
(五)3点
(六)2点

三

＊

(一) (二) ア

(一)1点
(二)1点
(三)2点×2

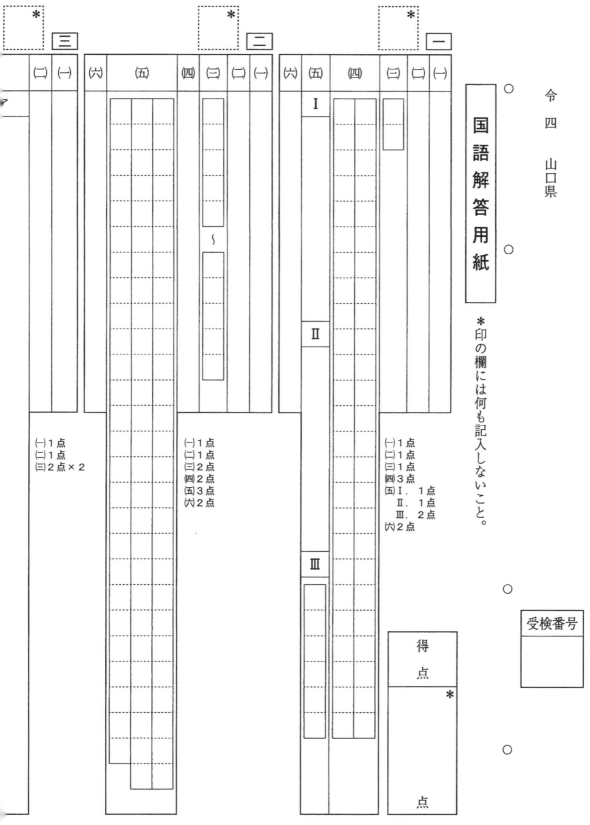

5

*

(1) 1 点
(2) 3 点

(1)	(個)	
(2)	説明	

6

*

(1) 2 点
(2) 3 点

(1)	ア	イ
(2)	解 答え	

(2)	

9

*

(1) 2 点
(2) 2 点
(3) 4 点

(1)	およそ 個	(2)	$x=$
(3)	ア 解 答え m		
	イ 度		

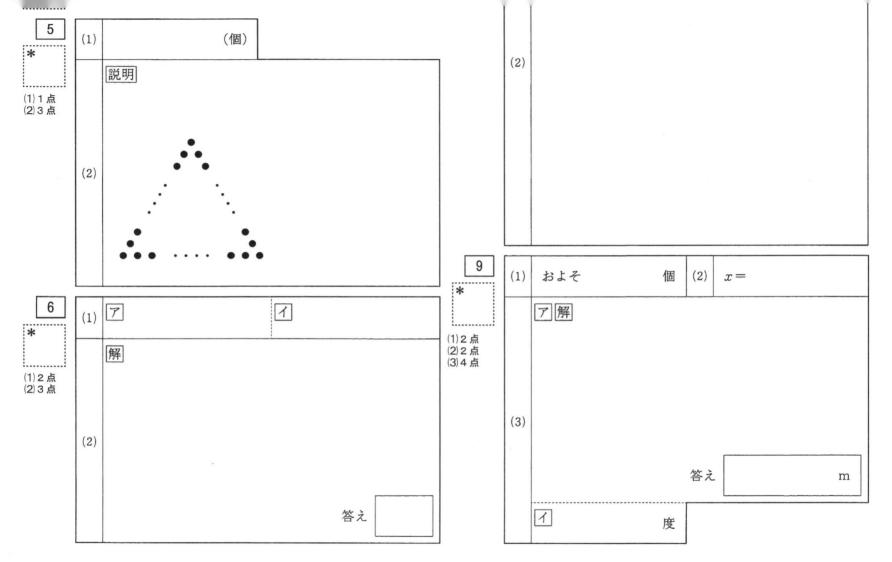

*

(1)								
(2)	(a)		(b)		(c)		(d)	
(3)	He should ____________________ and make *tanka* freely.							

２点×６

5

*

(1)	
(2)	
(3)	

２点×３

6

*

				20語
				30語

８点

【記入例】

Hi	,	how	are	you	?	I'm		
a		high	school	student		now	.	

イ．２点
ウ．１点
エ．１点

(4)	イ	
	ウ	
	エ	

(3)	ア	
	イ	
(4)		
(5)		
(6)		
(7)		

3

＊

(1) １点
(2) １点×２
(3) １点×２
(4) ２点
(5) １点

(1)		
(2)	ア	
	イ	
(3)	ア	
	イ	
(4)		
(5)		→ → →

6

＊

(1) １点
(2) １点
(3) １点
(4) ２点
(5) ２点
(6) １点

(1)		
(2)		→ →
(3)		
(4)	い	
	う	
(5)		
(6)		

(2)	

⑴１点
⑵２点

5

＊

⑴１点
⑵２点
⑶２点×２

(1)		
(2)		
(3)	ア	
	イ	

6

＊

⑴１点
⑵ア．１点
　イ．２点
⑶２点
⑷２点

(1)		
(2)	ア	
	イ	
(3)	方　向	
	根　拠	
(4)		

	イ	

9

＊

⑴１点
⑵１点
⑶２点
⑷１点×２
⑸１点×２

(1)		
(2)		
(3)		
(4)	あ	
	X	
(5)	い	
	う	

令　4　　山口県

受検番号	

理科解答用紙

得　点	* 点

＊印の欄には何も記入しないこと。

※50点満点

1

＊

(1) 2点
(2) 1点

(1)	
(2)	

2

＊

(1) 1点
(2) 2点

(1)	
(2)	図3 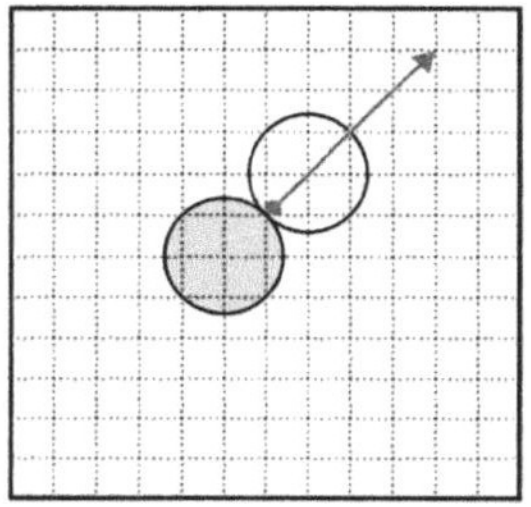

3

＊

(1) 1点×2
(2) 1点

(1)	あ	
	い	
(2)		

7

＊

(1) 1点
(2) 2点
(3)ア． 2点
イ． 1点
×3

(1)			
(2)			
(3)	ア		
	イ	あ	
		い	
		う	

8

＊

(1) 1点
(2) 2点
(3) 2点×2

(1)	
(2)	

【解答用

令　4　　山口県

受検番号	

○　○　○　○

社会解答用紙

得　点	* 点

※50点満点

＊印の欄には何も記入しないこと。

1

＊

(1) 1点
(2) 1点
(3) 1点
(4) 2点
(5) 2点
(6) 1点

(1)		
(2)		
(3)		
(4)	表Ⅰ	
	図Ⅲ	
(5)		
(6)		

2

＊

(1)	
(2)	

4

＊

(1) 1点
(2) 1点×2
(3) 1点
(4) 2点
(5) 1点
(6) 1点

(1)		
(2)	ア	
	イ	
(3)		
(4)	(産業革命によって)	
(5)		
(6)	→ → →	

5

＊

(1) 1点×2
(2) 2点
(3) 1点×2
(4) 1点

(1)	ア	
	イ	あ（　　　）年 理由

令　4　　山口県

受検番号	

英語解答用紙

得　点	* 点

※50点満点

＊印の欄には何も記入しないこと。

1 ＊

テスト1	No. 1	No. 2	No. 3	No. 4
テスト2	No. 1	No. 2	No. 3	No. 4

テスト3	(A)		(B)		(C)	
	(D)	I ＿＿＿＿＿＿＿＿＿＿＿＿＿＿＿＿.				

テスト1…1点×4
テスト2…1点×4
テスト3…（A）1点
（B）1点
（C）1点
（D）2点

2 ＊

(1)	(A)		(C)		(D)	
(2)						

1点×4

3 ＊

(1)	
(2)	
(3)	

(1)2点
(2)1点
(3)2点×2

【解答

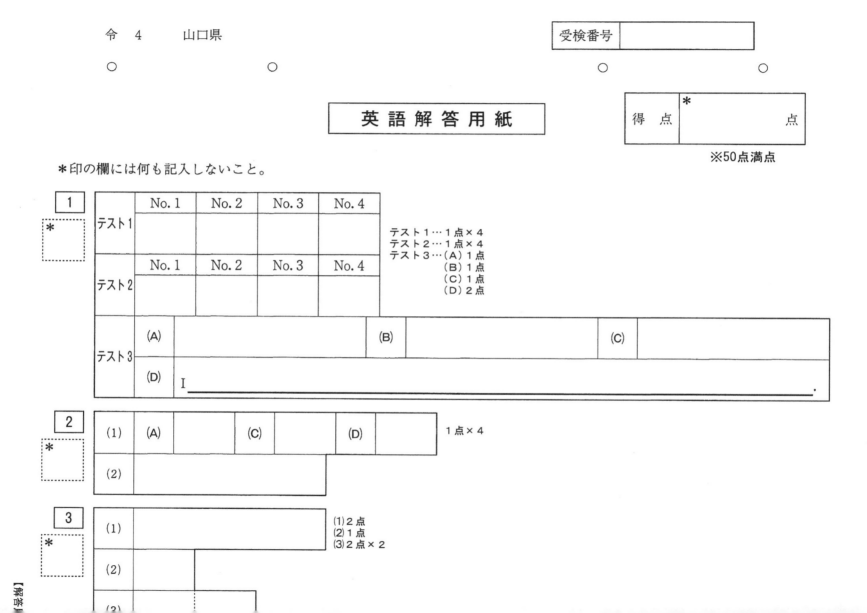

令　4　　山口県

受検番号	

数学解答用紙

得　点	* 点

※50点満点

*印の欄には何も記入しないこと。

1

(1)	(2)	(3)
(4)	(5)	

*

1点×5

2

(1)	$y=$	(2)	
(3)		(4)	

*

2点×4

3

(1)	
(2)	式{
	アプリP　　MB，アプリQ　　MB

*

(1)2点
(2)3点

4

7

(1)		(2)	$a=$

*

2点×2

8

*

(1)3点
(2)4点

(1)

作図

図1

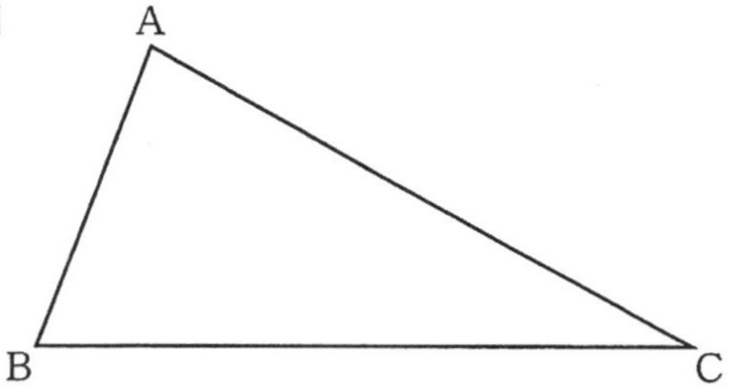

証明

【解答

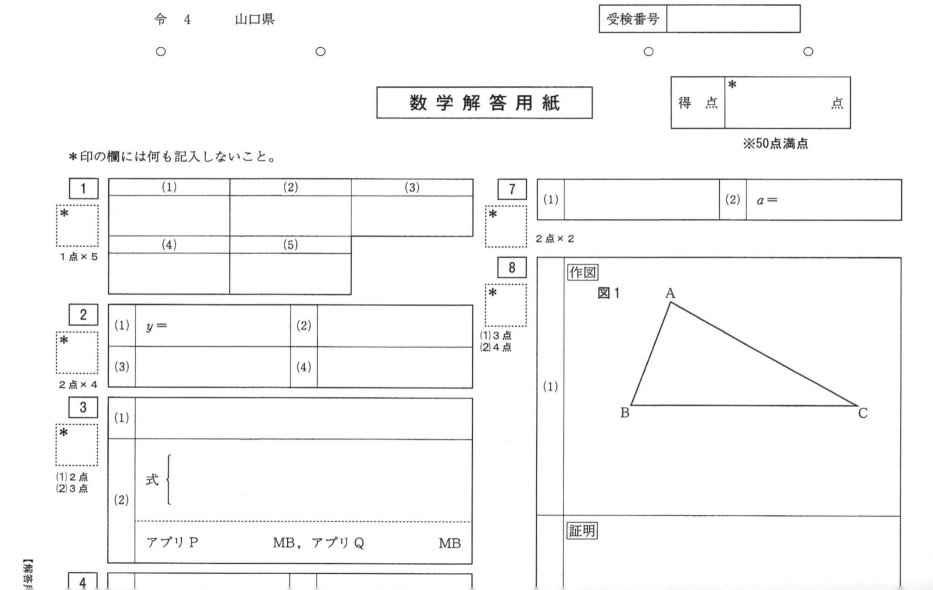

四

(一)

(二)

(三)

(一)1
(二)3
(三)2

五

(一)

1 い

2

3

4 やかに

5

(二)

(三)

ア 巧詐ハ不ト如カ拙誠ニ。

イ

(一)1点×5
(二)1点
(三)1点×2

六

12 11 10 9 8 7 6 5 4 3 2 1

7点

7 ペットボトルを利用して，次の実験を行った。下の(1)～(3)に答えなさい。

［実験］

① 炭酸飲料用のペットボトルに水を少量入れた。
② ①のペットボトルに，線香の煙を少量入れた。
③ ②のペットボトルを氷水で冷やすと，白いくもりが発生した。
④ ③のペットボトルを氷水から取り出し，**図1**のように，ポンプ付きのふたをして閉めた。
⑤ ポンプを20回押して空気を入れると，白いくもりが消えた。
⑥ 栓を外してペットボトル内の空気を勢いよく出すと，再び白いくもりが発生した。

図1

(1) 各地の天気は，降水を伴わない場合，空全体を雲が占める割合で決められている。くもりの天気記号として正しいものを，次の１～４から１つ選び，記号で答えなさい。

1  2  3  4 

(2) ［実験］の②において，ペットボトルに線香の煙を入れたのは，白いくもりが発生しやすくするためである。線香の煙を入れることで白いくもりが発生しやすくなるのはなぜか。その理由を簡潔に述べなさい。

(3) 自然界では，空気が上昇気流によって運ばれることで雲が発生する。また，［実験］の③の白いくもり，［実験］の⑥の白いくもりのいずれかは，自然界における雲と同じしくみで発生したものである。次のア，イに答えなさい。

ア 次の文が，自然界で上昇気流が生じる原因について述べたものとなるように，（　）の中のａ～ｄの語句について，正しい組み合わせを，下の１～４から１つ選び，記号で答えなさい。

> 寒気と暖気がぶつかり（ａ 暖気が寒気を　ｂ 寒気が暖気を）おし上げたり，地表の一部が強く（ｃ 熱せられ　ｄ 冷やされ）たりすることで生じる。

1 ａとｃ　2 ａとｄ　3 ｂとｃ　4 ｂとｄ

イ 次の文章が，実験の考察となるように，[あ]，[い] に入る適切な語を書きなさい。また，[う] に入る適切なものを，［実験］の③，⑥から１つ選び，③，⑥の記号で答えなさい。

> 自然界では，上空に行くほど大気の [あ] が下がる。上昇気流によって空気が上空に運ばれると，[あ] が下がり，[い] が下がることで雲が発生する。
> ［実験］の③と⑥の白いくもりのうち，［実験］の [う] の白いくもりは，ペットボトル内の空気の [あ] が下がり，[い] が下がることで発生した。もう一方の白いくもりは，ペットボトル内の空気の [い] のみが下がることで発生した。
> このことから，自然界における雲と同じしくみで発生したものは，［実験］の [う] の白いくもりである。

8 水溶液によって電流の流れやすさが異なることを学んだSさんは，次の［仮説１］を立て，［実験１］を行った。あとの(1)～(3)に答えなさい。

［仮説１］
電流が流れる水溶液どうしを混ぜると，混ぜる前の水溶液と比べて電流がもっと流れるようになる。

［実験１］
① ２％の塩酸と２％の水酸化ナトリウム水溶液を用意した。
② ①の塩酸を４mLずつ４個のビーカーにはかりとり，それぞれ液A_1～液A_4とした。
③ ①の水酸化ナトリウム水溶液を４mLずつ４個のビーカーにはかりとり，それぞれ液B_1～液B_4とした。
④ 図１のように２つの液を混ぜ，８mLの液C～液Eをつくった。
⑤ 図２のように，ビーカーに入った液A_1に，十分に洗浄した炭素電極を入れ，電源装置，電流計を直列につないだ。
⑥ 電源装置のスイッチを入れ，３Ｖの電圧を加えた。
⑦ 10秒後に電流計の値〔mA〕を読みとり，電源装置のスイッチを切った。
⑧ ⑤の液A_1を，液B_1，液C，液D，液Eに変えて，⑤～⑦の操作を行った。
⑨ 実験の結果を，表１にまとめた。

図１

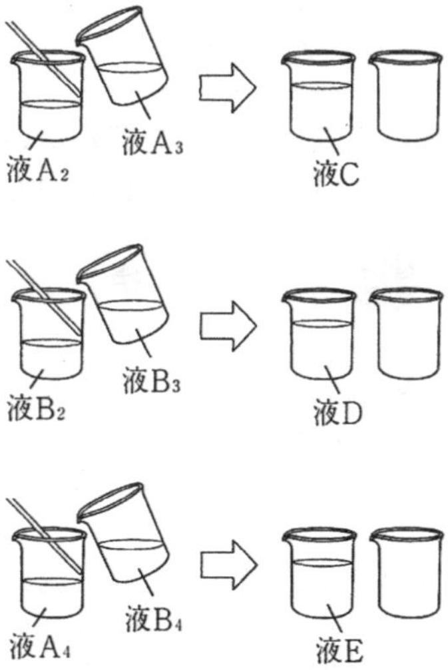

図２

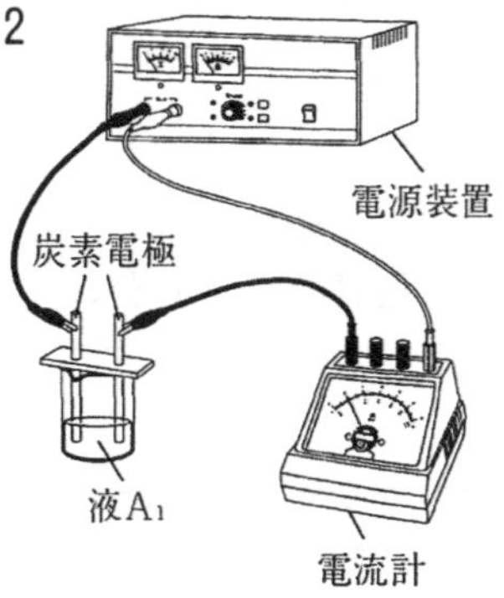

表１

	液A_1	液B_1	液C	液D	液E
液の体積〔mL〕	4	4	8	8	8
電流計の値〔mA〕	22	12	22	12	5

(1) 水に溶けると水溶液に電流が流れる物質を何というか。書きなさい。

(2) ［実験１］の⑥では，液A_1で塩化水素HClの電気分解が起こった。塩化水素の電気分解を，化学反応式で書きなさい。

(3) ［実験１］を終えたＳさんは，Ｔ先生と，次の［　　］のような会話をした。下のア，イに答えなさい。

> Ｓさん：　混合後の液の電流計の値が，混合前の液の電流計の値よりも大きくなることはありませんでした。
> Ｔ先生：　同じ液どうしを混ぜた場合も，異なる液どうしを混ぜた場合も，［仮説１］が誤っていることがわかったのですね。
> 　実験の結果をもとに，さらに調べてみたいことはありますか。
> Ｓさん：　はい。**表１**のように，液Ｅの電流計の値が，液A_1や液B_1の電流計の値と比べて小さくなったことに興味があります。いつも小さくなるのでしょうか。
> Ｔ先生：　それでは，新しい仮説を立てて，実験を行ってみましょう。

ア　下線部のように，液Ｅの電流計の値が小さくなったのは，液中のイオンの量が減少したことが関係している。液中のイオンの量が減少したのはなぜか。その理由を簡潔に述べなさい。

イ　Ｓさんは，この会話の後，Ｔ先生のアドバイスをもとに，下の［仮説２］を立て，［仮説２］を適切に検証することができるよう［実験２］を計画した。［　あ　］に入る語句として最も適切なものを，次の**１**～**４**から選び，記号で答えなさい。

1　混合後の液の体積　　　**2**　混合前の塩酸の体積
3　混ぜる順序　　　　　　**4**　混ぜる割合

［仮説２］
２％の塩酸と２％の水酸化ナトリウム水溶液の混合において，「［　あ　］」と「混合後の液の電流の流れにくさ」には関係がある。

［実験２］
①　２％の塩酸と２％の水酸化ナトリウム水溶液を，**表２**のように混ぜた液Ｆ～液Ｊをつくる。

表２

	液Ｆ	液Ｇ	液Ｈ	液Ｉ	液Ｊ
２％の塩酸の体積〔mL〕	2	3	4	5	6
２％の水酸化ナトリウム水溶液の体積〔mL〕	6	5	4	3	2

②　［実験１］の**図２**のように，ビーカーに入れた液Ｆに，十分に洗浄した炭素電極を入れ，電源装置，電流計を直列につなぐ。
③　電源装置のスイッチを入れ，３Ｖの電圧を加える。
④　10秒後に電流計の値〔mA〕を読みとり，電源装置のスイッチを切る。
⑤　②の液Ｆを，液Ｇ～液Ｊに変えて，②～④の操作を行う。
⑥　実験の結果をまとめる。

9　Yさんは，素材となる金属の違いによって調理器具の特徴が異なることを知り，Zさんと次の［　　］のような会話をし，実験を行った。あとの(1)～(5)に答えなさい。

Yさん：　プロの料理人は，使う食材や調理方法によって，銅やアルミニウム，鉄など，素材の違うフライパンを使い分けているらしいよ。
Zさん：　そういえば，理科の実験でカルメ焼きをつくったとき，銅のお玉を使っていたけれど，銅の性質が関係しているのかもしれないね。
Yさん：　金属には，熱が伝わりやすい性質や，温まりやすく冷めやすい性質があると学習したけれど，それらの性質は，金属の種類によって異なるのかな。
Zさん：　おもしろそうだね。実験で確かめてみようよ。

［実験1］

① **図1**のように，縦 20 cm，横 20 cm，厚さ 0.5 mm の銅板に油性ペンで対角線を引き，頂点Aから 4 cm, 8 cm, 12 cm の対角線上に，点B，点C，点Dをとった。
② ①の銅板の表面全体に，ろうを薄くぬった。
③ **図2**のように，②の銅板をスタンドに固定し，銅板の点Aの部分をガスバーナーで加熱した。
④ 加熱すると同時にストップウォッチのスタートボタンを押した。
⑤ 点B,点C,点D上のろうがとけた時間を測定し記録した。
⑥ 銅板の加熱を止め，室温になるまで放置した。
⑦ ②～⑥を２回繰り返した。
⑧ ①の銅板を，アルミニウム板，鉄板に変えて，①～⑦の操作を行った。
⑨ 記録した時間を平均したものを，**表1**にまとめた。

図1

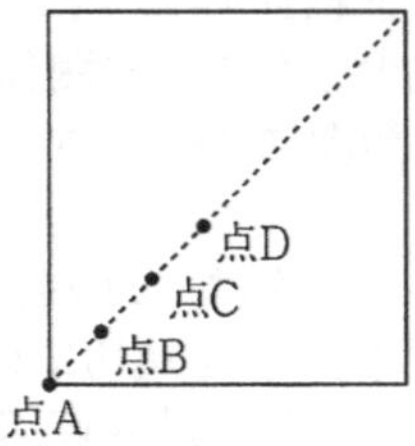

図2

［実験2］

① ビーカーに水を入れ，ガスバーナーで加熱し，水を沸とうさせた。
② ①の水に，一辺が 2 cm の立方体の銅を入れ，１分間放置した。
③ ②の銅をすばやく取り出し，室温の水 30 g の中に入れた。
④ ③の水の温度を，デジタル温度計を用いて測定し，記録した。
⑤ ②の銅を，アルミニウム，鉄に変えて，②～④の操作を行った。
⑥ 記録した時間と水の温度を，**図3**にまとめた。

表1

	銅	アルミニウム	鉄
点B〔秒〕	5	6	13
点C〔秒〕	28	33	88
点D〔秒〕	62	87	415

図3

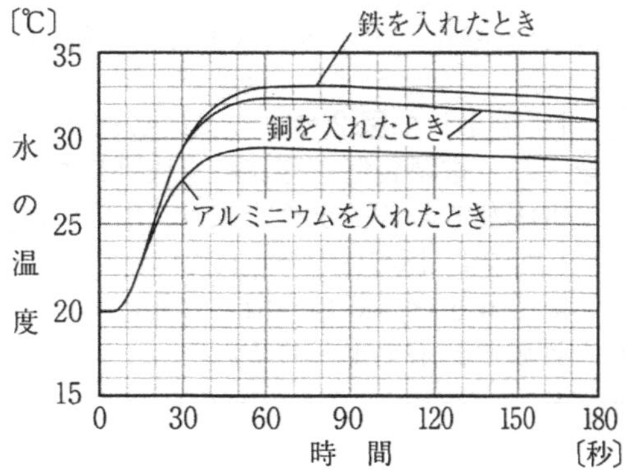

2022(R4) 山口県公立高
教英出版

(1) 調理する際，手を近づけることで，フライパンが温まっていることを確認することができる。これは，熱が赤外線などの光として放出されているからである。このように，物体の熱が光として放出される現象を何というか。書きなさい。

(2) 下線部に関連して，金属より冷めにくい性質をもつ岩石は，調理器具の素材に用いられることがある。火成岩のうち，花こう岩などのように，マグマが地下でゆっくり冷えて固まった岩石を何というか。書きなさい。

(3) **図４**は，［実験１］において，ある金属板を加熱したときのようすである。

次の文が，**表１**をもとに**図４**を説明したものとなるように，（　　）の中のａ～ｅの語句について，正しい組み合わせを，下の**１**～**６**から１つ選び，記号で答えなさい。

図４

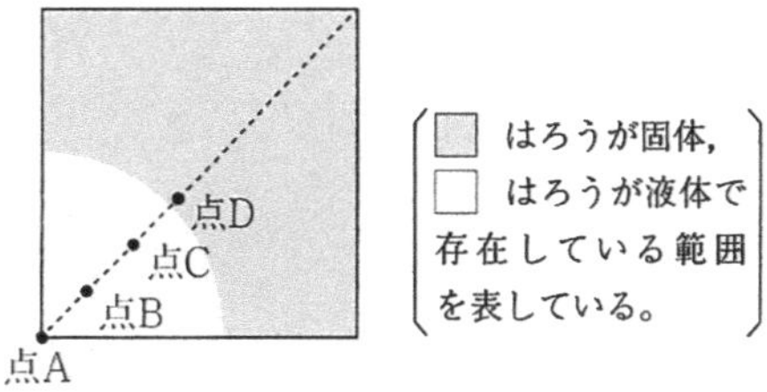

図４は，加熱し始めてから（ａ 20秒後　ｂ 80秒後）の（ｃ 銅　ｄ アルミニウム　ｅ 鉄）板のようすである。

１ ａとｃ　**２** ａとｄ　**３** ａとｅ　**４** ｂとｃ　**５** ｂとｄ　**６** ｂとｅ

(4) ［実験２］において，水の温度が最高温度に達した後も測定を続けたのは，水から空気への熱の移動による，１秒間あたりの温度変化を見積もるためであり，見積もった値を用いて，空気への熱の移動を考慮した最高温度を推定することができる。

次の文が，最高温度に達した後の１秒間あたりの温度変化の求め方について説明したものとなるように，［あ］に入る適切な語句を，［X］に入る適切な数値を，それぞれ書きなさい。

図３から，最高温度に達した後の水の温度の下がり方が一定なので，例えば，アルミニウムを入れたときの，60秒と180秒の［あ］を［X］で割ると，１秒間あたりの温度変化を見積もることができる。

(5) ＹさんとＺさんは，次の［　　］のような会話をした。ＹさんとＺさんの発言が，実験の結果と合うように，［い］，［う］に入る適切な語句を，下の**１**～**４**から１つ選び，それぞれ記号で書きなさい。

Ｚさん：　実験前にＹさんが考えていたとおり，金属の性質は，金属の種類によって異なっているといえるね。
Ｙさん：　そうだね。［実験１］の結果から，同じ面積で同じ厚さの３種類の金属のうち，銅は，［い］ことがわかったよ。
Ｚさん：　［実験２］の結果からは，同じ体積で同じ温度の３種類の金属のうち，鉄は，［う］こともわかったね。
Ｙさん：　それぞれの金属の性質を知っていると，料理するとき役に立ちそうだね。

１　金属全体に熱が最も伝わりにくい
２　金属全体に熱が最も伝わりやすい
３　金属全体の温度が最も冷めにくい
４　金属全体の温度が最も冷めやすい